"中小学课程建设促进学校特色构建"理论与实践研究丛书

致明课程故事

宁静的改变

杜心华 主编

华中科技大学出版社
http://www.hustp.com
中国·武汉

图书在版编目（CIP）数据

宁静的改变 / 杜心华主编. -- 武汉：华中科技大学出版社, 2018.8
(《中小学课程建设促进学校特色构建》理论与实践研究丛书)
ISBN 978-7-5680-4523-0

Ⅰ.①宁… Ⅱ.①杜… Ⅲ.①中小学 – 课程建设 – 研究 Ⅳ.①G632.3

中国版本图书馆CIP数据核字(2018)第201907号

宁静的改变	杜心华 主编
Ningjing de Gaibian	

责任编辑：赵丹
封面设计：孙琴
出版发行：华中科技大学出版社（中国 武汉）
　　　　　东湖新技术开发区华工园六路　邮编：430223　电话：（027）81321913
印　　刷：宜昌雅江印务股份有限公司
开　　本：787mm×1092mm　1/16
印　　张：20.25
字　　数：350千字
版　　次：2018年8月第1版第1次印刷
定　　价：66.00元

本书若有印装质量问题，请向出版社营销中心调换
全国免费服务热线：400-6679-118　竭诚为您服务
版权所有　侵权必究

《宁静的改变》编委会

顾　　问：朱昌林　温敬东　范俊明　席群英　李红杨
　　　　　冯发柱　蒋葵林

总　　编：石少波

副 总 编：严传琴　黄海军

主　　编：杜心华

副 主 编：郑红山

执行主编：彭宗芝　蔡艳峰

文字编辑：杨春燕

编　　委：李　琦　王玉茜　戴赛男　邹　琼　周拥军
　　　　　代卫华　望鸣晖　陈　莉　赵艳青　付振强
　　　　　李　莉　孙桃桃　王晶晶　邢小茜　姚　丽
　　　　　张群英　熊敏燕　李　颖　雷泽民　李倩倩
　　　　　蒋杨丽　王　炎　唐淑娟　王　华

东湖路校区

北正街校区

序一

我国基础教育课程改革从来没有停止过,很多学校也根据本地本校情况,将课程改革进行得热火朝天,但真正将课程改革由理论落到实处、让学生真正受益的却为数不多。

然而,宜昌市外国语实验小学(简称"外小")的课程改革却引起了大家的高度关注,关键是他们的改革没有唱高调,没有走过场,而是实实在在地研究,踏踏实实地实践,让学生受益匪浅。

都说一个好校长就是一所好学校,校长的眼界和格局决定了学校发展的高度。的确如此,宜昌市外国语实验小学的校长杜心华就是这样一位高瞻远瞩的好校长。短短6年时间,他硬是带着他的教师团队改革了传统的课程体系,建立了以学生核心素养为指导的致明课程体系,课程的终极价值就是培养学生适应将来社会所需的关键能力和必备品格。杜心华校长的魄力和对科研孜孜以求的精神不得不令人叹服。

看了该校的"致明"课程故事,我感受到他们的课程改革不是一个人在作战,而是一个团队的智慧结晶。上至校长主任,下到老师、家长和学生,都参与其中。一篇篇生动有趣又接地气的课程故事诉说的是整个改革团队奋力奔跑的过程和含笑收获的喜悦。外小的探索历程使我认识到,课程改革的意义和价值并非仅仅在于使教师单纯地掌握课程开发的技术这么简单。他们用实践向我们证明了：课程开发可以成为课程专家与教师、学生甚至家长之间交流的平台和纽带，使课程改革得到他们更好的信任、理解和支持；课程开发可以使学校从内部实施系统性变革；课程开发所倡导的"参与理念"为教师的专业发展开辟了新的道路。当然，课程改革和开发最大的受益者还是学生，学生收获的是最高品质的学习、最为全面的成长，这也是课程改革的初心。

读罢全书，掩卷之时仍有感动在心头涌动。我为外小课程改革取得的丰硕成果而欣慰！外小的老师是幸运的，外小的孩子们都是幸福的！如此丰富的课程，如此难忘的求索故事，都将是教师教学生涯和学生学习成长中的宝贵财富。真心希望外小的课程改革团队不要停下求索奋进的脚步，相信美好的明天就在他们教育梦想开始的地方！

广州市教育研究院课程教材研究室副主任 邹立波

2017年秋

序二

对当前许多学校的课程建设,我是有意见的。许多学校课程建设极不慎重,有些盲目跟风之嫌,不研究培养目标,不进行课程设计与论证,随意开发课程,课程散而乱,课程效益不高。外小是个例外。

从2012年开始,外小大力实施课程改革,努力探索适合学生生命健康成长的课程。外小的探索实践是值得我们学习和借鉴的。

1.外小的探索精神值得我们学习和借鉴。教育是坚守的事业,一锹挖口井,急功近利,办不了教育,做不了教育研究。外小的课程建设和研究,已坚持数年,而且还在继续进行。我十分赞赏外小的这种坚守精神。

2.外小进行课程建设的思想方法值得我们学习和借鉴。整体性、系统性、结构性是课程建设最重要的思想方法。外小正是按照这种思想方法去建设"致明"课程,形成了学校的课程体系。审读外小的"致明"课程体系,我觉得有理有据、有毅有力。看来,只要思想方法对头,做好一件事情就有了基础保障。

3.外小的探索情怀值得我们学习和借鉴。我特别喜欢本书的表达方式。"我们的课程管理故事",用讲故事的方式来表现严肃的研究成果,这是需要情怀的。透过这些故事,我仿佛看到了外小的老师们、领导们孜孜不倦、热情似火的研究情形。在快乐中,在兴味盎然中研究教育问题,这是多么美妙的境界啊!

外小这种探索局面的形成,得益于一批人。

石少波先生是一位我们应该认真研究的教育专家,他的思想厚度、理论高度、践行力度,常人不及。没有石少波先生的坚守、情怀和思想方法,恐怕难有"致明课程体系"的形成。

杜心华同志,外小原校长,"致明"课程建设的牵头人。他在牵头建设"致明"课程中的酸甜苦辣,无法道尽。要做好一件事情,真的不容易。

蔡艳峰等诸位老师,他们辛苦并快乐着。外小有一支优秀的教师队伍!

此时此刻,我们应该向这批人致敬!

有了"致明"课程体系,外小一定能开创"致明"新局面。

宜昌市西陵区教育局 冯发柱
2017年秋

前言

"非淡泊无以明志,非宁静无以致远",这是诸葛亮《诫子书》里的一句话。我很喜欢,因为它一直激励着我在教育的路上慢慢行走,静静思索。

从理性地思考教育到感性地享受教育,从课程的改革创新到老师和学生的成长变化,虽然背后有许多不足为外人道的艰辛,但它成了我生命中最为重要的一部分。求索的路上,走一步,再走一步,每一步都是坚定而从容的。

2004年,我怀揣着教育梦想,从一所可以端"铁饭碗"的公办初中毅然辞职,走进金东方,成了一名中层管理者。2008年,西陵区外国语实验小学被金东方教育集团接管,我成了外小这个大家庭中的一员。从一名中层管理者到校长,这个角色的转变,使我重新思考,做好教育不再是一个人的事,而是一群人的事,怎么带好头,扎扎实实做教育,为学生的终身幸福奠基,是我的责任和使命。

曾天山教授指出,教育要发展就必须进行改革,而教育微观的改革是课程的改革。特别是当今的教育,维持现状的心态使教育的改革进入了深水区,只有进行改革,才能激发创造力,增强动力。于是,我想到,一所有特色的学校,它的特色应该是课程。唯有激发学生潜能、适应社会进步、彰显人性美好的课程被开发出来,才能凸显学校的与众不同,也才能使我们的学生与众不同。

"心动"容易,"行动"不易,它需要灵感,需要契机,需要大家的齐心协力。这个灵感和契机需要我潜下心来去发现。当我浏览学校的课程表时发现,除了形体课以外,其他课程与普通学校没什么区别。渐渐地,我观察到上了形体课的学生,站姿挺拔,气质不凡。我突然茅塞顿开,既然有形体课,我们为何不开设"体育舞蹈"这门新的课程呢?我的这一提议得到了大家的拥护。从选拔老师、培训老师,到根据学生年龄特点选择课程内容,我们群策群力、反复研究。终于,一门新的课程——体育舞蹈课诞生了。伦巴、恰恰、华尔兹等舞蹈,从一年级到六年级的学生个个会跳,他们用标准优雅的舞姿诠释了什么是"文明儒雅,阳光向上"。这门课程的开设如星星之火,大有燎原之势,让家长们为之惊叹,让教育同仁们为之侧目,让其他学校的学生们羡慕不已。我想,我们的这次尝试是成功的!

良好的开端是成功的一半,课改的序幕刚刚拉开,我们绝不能停下奋进的脚步。因为我深深地相信:要让学校整体水平再上新台阶,必须继续深化课程改革,加大课程开发的力度,只有逐渐形成自己的特色课程才能保持学校发展的优势。

接着,我校创设了一门又一门新课程:设置女孩节、男孩节,首次关注性别教育;开展人生远足的研学活动,不断拓宽学生的国际视野;开设游泳课,培养学生的生存技能;等等。起初这些课程是零散的,不成体系的。老师们觉得活动繁杂,疲于应付而未能享受到新课程的美好。

我不禁陷入沉思:想到什么改什么是不可取的!我们的课程改革应该考虑课程体系建设:一是将国家课程校本化,即把国家课程所表达的理念,通过自身实践之后,不断地对国家课程进行调整、补充、拓展和整合,形成符合自身特点的课程理念,然后付诸实施;二是活动内容要课程化,即把所有教育教学的内容以课程的形式固定下来。基于这个理念,我们创设了"1+X+Y"课程体系:"1"即国家课程,"X"即延伸课程,"Y"即个性化课程。这个课程体系一经提出立刻引起巨大震动,老师们按部就班的传统教学模式彻底被打破。"不破不立",我们的课表中出现60分钟的大课时,还有30分钟的小课时,语文、数学、英语、思品、体育等课程不再囿于40分钟的限制,也不再是古板地教课本,而是将这些科目进行整合和延伸,有的在活动中训练,有的在节日里渗透,有的在比赛中升华。整合后的课程,一切都是新的!

当我们一步一步往前推进的时候,我们深深知道:改革之路只有顺应时代的发展才更有生命力。近几年,随着核心素养的提出,我们的课改团队对学校的课程体系再次进行丰富,将核心素养根植于课程体系之中,构建了外小"253"课程体系:"2"即"阳光、智慧"两大核心素养,"5"即五大领域,"3"即三类课程。教育需要温度,也需要厚度,教育改革的路是漫长的,而我们唯有一步一个脚印,才能拥有诗和远方。基于这种美好的愿景,我们在思考:能否赋予我们的课程一个名称?于是,"253"课程体系正式更名为"致明"课程:"致"即到达、极致之意,"明"即明天、光明之意。把课程改革做到极致,让每个学生享受课程的美好,拥有灿烂的明天,才是我们进行课程改革的初心。

在研究和探索的过程中,我和老师们都在不断地成长和进步:课程领导者的思路被打开了,学校课程的脉络被厘清了,老师们更富有活力和创造力,学生们更有学习兴趣,家长们对学校课程也有了全新的认识。学校课程建设能取得这样大的进步,我由衷地觉得,改革很艰辛却也很美好。

回首漫漫研究路,汗水与泪水并驾,激动与感动齐驱,探索的辛劳与收获的喜悦同在。我们一路披荆斩棘,克难奋进,这样或那样的质疑之声渐渐消失了,这样或那样的困难被攻克了,我们无怨无悔地付出,终于等到收获的那一刻。一路走过,没有惊天动地,只有"清风徐来",我们摸着石头寻找过河的路,跌倒了,爬起来;方向不对,换个方向。一切,都在宁静中改变着。其中,一个个感人的小故事就像一颗颗珍珠洒满求索之路。于是,我们决定将这些"珍珠"一一捡拾,汇成一本课改的书,既是记录,也是纪念,更是一种课改精神的淬炼。

这本书的第一章,我们解读了"致明"课程的内涵和形成的背景,目标、体系、实施、评价的创设,都为了适合学生的需求,符合学生的发展规律,真正体现学生立场。教育要目中有人,要以人为本,解放学生,他们才能更自由;解放老师,他们的生命才更有价值;解放课堂,才能让它焕发生命的活力。

在第二章里，我们收集了参与课改的伙伴们在各个学科领域发生的课程故事和一个个鲜活的案例。它分为这几个板块：语言与阅读、数学与科技、品德与生活、艺术与审美、体育与健康。我们的课程是与传统的一次相遇，是与艺术的一次相遇，是与语言的一次相遇，是"读万卷书"与"行万里路"的一次相遇。每一次学生与课程的相遇，都会碰撞出"奇异"的火花，都会演绎美好的故事。这些故事的主角是学生，他们在课程改革中有了不一样的经历和收获，有了别样的感受和成长。文字很质朴，感情很真挚。学生们在新课程中找到了自己，完善了自己；老师们在新课程中锻炼了自己，成长了自己；家长们在新课程中认识了教育，理解了教育。现实比任何理论都有说服力。

第三章，讲述的是我们的课程管理的故事。我们重点论述课程的领导路径，它是一次领导风格、管理思路的展示，课程的领导力将在这里得到完全的体现。本章摈除了高深难懂的理论，通过故事、照片、漫画甚至实物图片的形式进行呈现，这体现的是外小领导的管理姿态和管理艺术，不是高高在上，而是身先士卒；不是高谈阔论，而是事必躬亲。

第四章讲述的是"致明"课程的朋友们对课程的看法，这些朋友包括各级专家、社会人士、家长及学生。教育需要听到不一样的声音，课程改革更需要听到不一样的声音，我们在或褒或贬的声音里发现自己的不足，以便随时清零，随时出发。

白驹过隙，时光如梭，我们在课程改革的路上行走了近六年。我常常叩问自己：课程到底是什么？看了伙伴们的课程故事，我越来越清晰地明白了：课程不是缥缈的梦想，也不是响亮的口号，它不能只停留在领导者的脑海里，而应该结合校情的构建和学生的发展，从"纸上"落到"地上"。它的变革不似惊雷，而似细雨，"无声"地"润物"，悄悄地浸染。大海的宁静孕育着希望，高山的宁静承载着无限可能。让我们在多彩的课程里宁静地改变，稳稳地走向教育的远方！

宜昌市外国语实验小学校长 杜心华
2017年7月8日

目 录
Contents

课程介绍

我们一路走来 ……………………………… 彭宗芝 3
"致明"课程,为阳光与智慧的人生奠基 …课程中心 9

01 品德与生活

课程与生活相融 …………………………… 李　颖 16
好习惯伴孩子健康成长 ……… 302班　王采瑶妈妈 20
好习惯成就好人生 ………………………… 张敏敏 22
我的好朋友 ………………………… 302班　曹懿瑄 25
评价自治,家校合力,习惯方成 …………… 张　玲 27
成长的方向 ………………… 102班　代明轩家长 31
在《萌芽》中成长 …………… 103班　欧阳星月妈妈 34
神奇的"绿皮魔法书" ………… 103班　邹俊豪妈妈 36
我最爱的国际理解课 ………… 402班　胡景杨 37
我爱读《智慧课程——人与自我》…402班　王采瑶 38
博物大课堂提升大视野 ……… 604班　彭鲁宜妈妈 40
外小的博士讲堂 ……………… 104班　胡雨嘉妈妈 42
竞选香港游学代表的故事 …… 403班　陈鹏宇 44
我和孩子们的台湾之行 …………………… 杨春燕 46
又是一年毕业季 …………………………… 李　颖 49
我勇敢我是男子汉 ………………………… 向海燕 57
我是女孩,我快乐 ………………………… 王　莉 60
绽放自由之花 ……………… 201班　覃泓茗家长 63

001

02 语言与阅读

课程与语言相遇 ……王丽君　王晶晶　杨春燕 68
语文课从"小"到"大"的改变…………………李知文 70
以群读，以类学 ……………………………邢小茜 73
"走进田园、热爱乡村"大单元整合解读 …胡春艳 75
《黄山奇松》组文教学设计………………王晶晶 78
大家一起读三国……………………………林　芳 83
你们是读书长大的 …………………………胡春艳 89
将普通话测试进行到底………………………罗　璇 92
我是小讲师…………………………404班 邓一鸣 95
当我站在领奖台上…………………503班 王浩然 97
推开认识世界的窗 …………………………熊敏燕 99
让擂台欢起来 ………………………………张群英 103
猜猜我有多爱你 ……………………………张群英 108
多彩的英语作业 ……………………………王小华 110
"黑"外教来啦 ………………………………田羽佳 113

03 数学与科技

课程与思维碰撞……姚　丽　王　炎　唐淑娟 116
有趣的数学游戏课 …………………………喻　玲 119
接地气的数学作业 …………………………程　雯 121
孩子喜欢的分享式课堂 ……401班 奂振楠妈妈 125
数学与信息技术整合教学设计
………………………………………马　云 127
小小未来工程师 ……………………………王　炎 130
小制作大智慧 ………………………………吴启立 134
《纸上科技——纸绳拉重》活动设计 ……王　炎 138
科技之星放光彩 …………………305班 李喆宁 141

三年级课程目标细化表	王　炎 143
微微一课,很爱你	曾亚劲 145
我的"微"之旅	刘友谊 148
巧用信息技术,实现学科整合	王　华 151
整合,让课堂更高效	唐淑娟 154
整合出的精彩	边　疆 157
整合的火花	高　春 159

04 体育与健康

课程与健康同行	雷泽民 162
水花溅起慢的艺术	雷泽民 165
我与足球的故事	602班 叶晨翔 167
梦想,在这里启航	602班 奂振楠 170
让我们一起跳起来	郑祥伟 172
美丽的错过	张凡帆 174
快乐的游泳课	302班 胡羽琪 176
三年级体育课程目标细化表	雷泽民 178

05 艺术与审美

课程与艺术共舞	李倩倩　蒋杨丽　杨春燕 182
一沙一世界	蒋杨丽 184
指尖创意	郝婷婷 187
母亲节的礼物	朱雅琴 190
让艺术之花华丽绽放	李倩倩 193
掌声	李　莉 196
快乐哆来咪	404班 周梁怡晨 199

我们的课程管理故事

"护照"评价,让学生更加阳光、智慧……戴赛男 203
独特节日收获精彩童年……………………代卫华 207
研学手册带我看世界………………………邹　琼 212
基于学生核心素养的研学旅行课程………王玉茜 215
澳洲课程,离我们很远也很近………………蔡艳峰 219
习惯是梦想的翅膀…………………………代卫华 223
一张课表的故事……………………………望鸣晖 234
创意水果拼盘大比拼………………………付振强 236
触动就要行动………………………………陈　莉 242
开学第一周…………………………………陈露露 245
启程月里欢乐多……………………………艾文卿 248
第一节 iPad 课……………………………马　云 256
磨课日记……………………………………胡　静 259
艰难　美好　辽阔…………………………王晶晶 262
掌声中的泪花………………………………朱雅琴 266
"金苹果"的故事……………………………陈　莉 268

"致明"课程的朋友们

外小力量……………………………………李德强 275
从课堂到课程………………………………黄家涛 277
我与"致明"课程的美丽邂逅………………汪宏军 280
映日荷花别样红……………………………刘春林 285
一位校长的课程故事………………………乔能俊 287
宁静的改变…………………………………徐　鸣 289
遇见那道独特风景…………………………罗　莉 292
静水流深……………………………………陈晓华 295
体育课堂视角:"另类"学生的美…………王晓捷 298

后记

后记一………………………………………郑红山 301
后记二………………………………………杜心华 304

课程介绍
Course Introduction

我们一路走来

文|彭宗芝

2008年8月,宜昌市外国语实验小学(简称"外小")实行改制,正式由宜昌金东方教育集团接管,成为一所全日制民办小学,这在外小发展史上具有里程碑的意义。

我是谁?从哪里来?要到哪里去?这是哲学的三大终极问题。对于办学者来说,我们是一所什么样的学校,我们的学校将怎样发展,我们要培养什么样的学生,也是每个教育者要思考的问题。外小在新任校长杜心华的带领下,历经多年的探索,渐渐明确了办学思路,并闯出了一条课程改革的新路。一路走来,虽然有过迷惘,也有过彷徨,但最终,我们在课改的路上越走越坚定,越走越从容。

课程核心

作为宜昌市唯一一所以"外国语"命名的学校,外小经过较长时间的酝酿,确立了"学兼中西、开放包容"的办学理念,以"我从这里走向世界"作为学校的校训,把实施国际理解教育作为学校的办学方向,把"培养具有民族情怀,国际视野,兼具外小特质的现代少年"作为学校的育人目标,努力办学生喜爱的学校。之所以确立这样的目标,不仅是因为我们倾听了专家、老师、家长、学生等多方面的声音,更重要的是因为我们对教育的本质有了自己的理解。

教育是什么?教育就是服务,一切为学生的发展服务。

明确了学校教育的最终目的是为了学生的终身发展之后,接着需要厘清的问题是学校到底凭借什么来促进学生的发展。构成学校教育达到目标的要素固然有很多,比如校长、教师、学生、办学条件,以及维系这些要素运行的评价、管理等,但不得不说，这些要素需要聚合成一个载体——课程来实现。只有开发适合每个学生发展的课程，才能真正促进每个学生的健康成长。

因此，从2012年开始，外小从课程着手，努力探索适合外小学生成长的课程，尝试将国家课程校本化。

课程2.0版

2012年9月至2013年12月是外小课程发展的第一个阶段，通过国家课程校本化实施推动学校课程改革。学校经过多方论证和反复酝酿，开始从单一课程入手尝试改革，如：在体育课中整合形体舞蹈课程，开设人生远足课程、国际理解课程、多彩节日课程，等等，初步推行了单一课程的校本化实施方案。通过嵌入式融合新的元素，不断丰富课程内涵。教师的教育观和行为方式也开始变化，不仅只关注学科学习，还关注学生的全面发展和个性成长。学生的校园生活更加丰富多彩，学校的环境也悄然发生了变化，课程升级为2.0版。

课程3.0版

2014年3月至2015年12月是外小课程发展的第二个阶段。外小通过对全国课改先进学校的实地考察，反复研读和领悟国家教育部门关于深化课程改革的指导意见，明确了学校发展的原动力应是课程的改革与发展。

为了办一所以课程为鲜明特色的学生喜欢的学校，我们先后邀请华东师范大学教授，上海复旦大学教授和各省、市教科院专家进行专项指导，从优化设计入手，进行系统规划。通过重建"五大"课程领域，结合学科之间的联系和共有属性，将课程进行分类整合，形成"语言与阅读、数学与科技、艺术与审美、体育与健康、品德与生活"五大课程领域，重建各个领域的课程目标，完善课程结构，通过实施三类课程，即基础课程、延伸课程和个性课程，构建"1+X+Y"课程体系，我们称之为外小课程3.0版。

设计再好的课程也必须通过实践去检验它的可行性。

外小通过整体构建、层层推进、点状突破的方式进行有效实施。一是学科整合。既有学科之间的整合，也有学科内部的整合，如：信息技术与其他学科的整合，音乐课与器乐的整合，语文课与阅读教学的整合，英语课与绘本的整合，设置数学思维训练课，设置综合实践周，等等；二是重建目标。结合外小的培养目标，着眼学生终身发展,对各学科各年级进行教学目标的梳理与重建;三是重建课堂。课堂上,老师更加重视课堂生成,更加重视习惯和兴趣的培养,更加重视学生的生命成长,从知识中心逐步转向人文素养及科学精神的培养,从课程观、学生观、教师观、发展观等方面对课堂进行深度改良;四是调整课时。学校打破传统40分钟一节课的固有模式,设置大小课时,如大课时60分钟,基础课时35~40分钟、小课时20分钟等,根据不同的课程、不同的课时、目标进行有机的整合;五是编写校本教材。建立各学科资源包,如编写《品德与生活》校本教材、《思维灵动手册》、《英语绘本》,让教材更切合学生的发展需要,更加符合外小的培养目标;六是开发特色课程。如三年级开设游泳课、在美术课中开设沙画课,还有生存课程、视野课程、性别课程等,把学校可以利用的资源尽可能地开发成课程,让每个学生在多彩的课程中有选择性地学习,学生的潜能在无形之中被发掘和开发出来;七是进行评价改良,尝试学分管理,建立"阳光护照"系统,注重形成性评价和发展性评价。

两年的实践验证了课程是育人的载体,是教育的核心。在一定程度上说,有怎样的课程才可能有怎样的教育,也才可能培养怎样的学生。

课程4.0版

2016年3月至今为外小课程发展的第三个阶段。教育部《关于全面深化课程改革 落实立德树人根本任务的意见》,让我们进一步明确了课程改革的深化方向,学校的课程改革必须着眼学生未来发展需要的必备品格和关键能力,第一次提出了核心素养这个概念。

外小课程改革必须顺应时代发展,向纵深推进。通过反复论证,确立"阳光、智慧"两大核心素养,给外小的课程体系融入了新的元素,构建两大核心素养指导下的"253"课程体系("2"即两大核心素养,"5"即五大领域,"3"即三类课程),将"核心素养"的培养目标置于课程构建之中,确立了"培养阳光智慧,具有民族情怀和国际视野的现代少年"为外小新时期的培养目标。外小在实践中不断求证、反复研究学校课程的结构、目标定位、实施路径、课程评价以及课程效果,进一步修订完善,凸显课程的鲜活与生长,指向学生核心素养,将"253"课程进一步升级为"致明"课程。这里的"致明"既有阳光向上、聪明智慧之意,又有面向未来、实现远大理想之意,意为让每一个学生在学校课程的滋润下,孕育心智、发展潜能、完善自我,有效促进学生核心素养的形成。我们称之为外小课程4.0版。

两年的求索,无悔的付出,最终摘得课改的累累硕果。

外小成为宜昌市第一批课程改革实验学校,学生综合素质不断提升,在各级各类竞赛中喜获大奖:2016年10月,外小五年级学生余佳诺凭着一出京剧花旦戏《拾玉镯》脱颖而出,获得全国少儿戏曲小梅花京昆业余组金奖。师生合作的沙画和朗诵节目《宜昌情书》、音乐剧《猫》荣获宜昌市"我要上春晚"金奖。2017年1月,外小选送的戏曲类节目《贵妃醉酒》参加宜昌广电中心主办的少儿新春文艺晚会,获得最佳节目奖;2017年3月,在文化部批准备案的第13届全国青少年艺术风采大赛中,外小三年级学生黄心皓的钢琴独奏荣获器乐类儿童B组金奖……这些耀眼的成绩鼓舞着我们,也激励着我们一路向前。

课程5.0版

随着外小的发展,"致明"课程还将持续地改进、完善和提高,使它焕发更强的生命力。

外小还将进一步探索与研究:一是提炼领域核心素养,建构领域目标体系,使原来学科本位的知识体系纵横联系,更加凸显核心素养的整体发展;二是梳理学科核心素养,让学科核心素养成为教师课程实施以及教学监控的指南,并深耕课堂,研究如何在课堂教学中使学生的两大核心素养与学科素养落地;三是进一步加强整合研究,以某一学科为阵地,在课程内容的选取和设计时,开展跨学科的项目式学习研究,积累跨学科的整合学习经验,使之实用、高效。

当我们真正建构起适合每一个学生需要的课程时,外小课程即升级为5.0版。课程5.0版就像一个百花园,有辛勤的园丁培土浇水,有快乐的蜜蜂寻花采蜜,假以时日,外小课程必将酿出甘甜的蜂蜜。

愿外小因为课程而改变,愿学生因为课程而健康成长。我们,正行走在通往"课程5.0版"的路上……

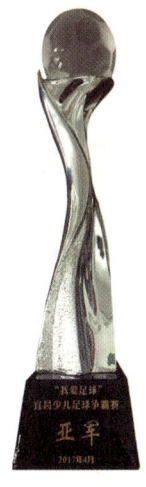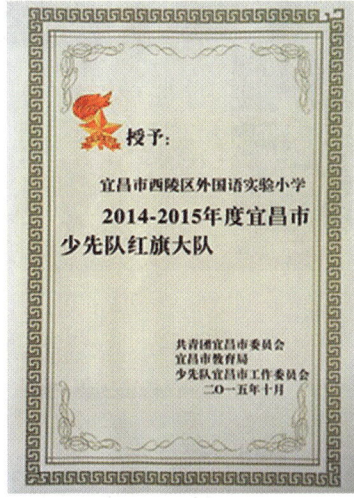
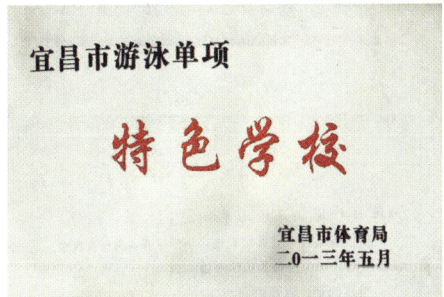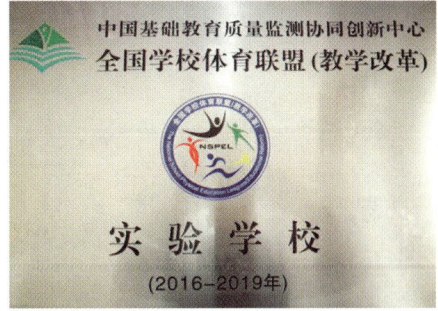

课程介绍

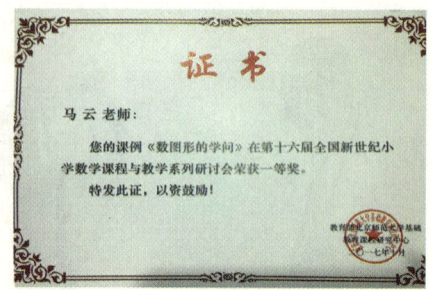
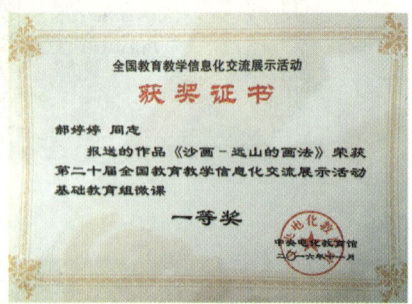
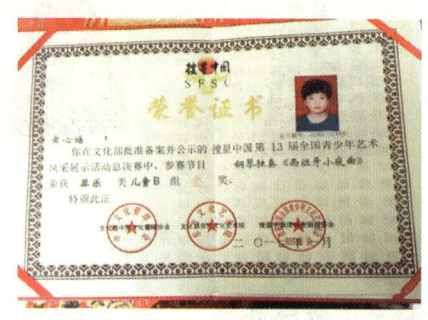

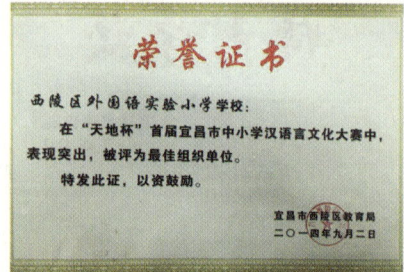
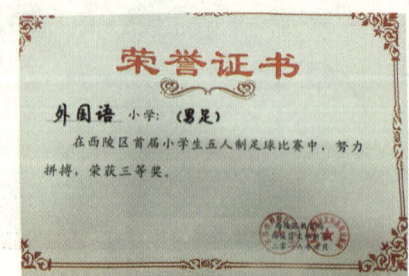
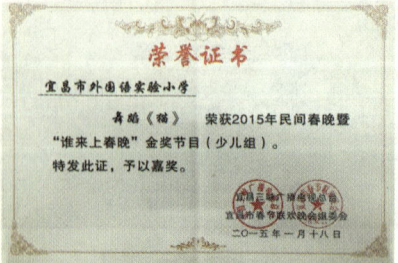

"致明"课程,为阳光与智慧的人生奠基

文|课程中心

一、课程背景

《国家中长期教育改革和发展规划纲要(2010—2020年)》指出:进入21世纪,科技进步日新月异,人才竞争日趋激烈,国际化深入发展。国际、国内形势的变化进一步凸显了提高国民素质、培养创新人才的重要性和紧迫性。

2014年教育部颁布了《关于全面深化课程改革 落实立德树人根本任务的意见》,第一次提出了核心素养的概念,明确学生应具备的适应终身发展和社会发展需要的关键能力和必备品格。这个意见厘清了学校育人的教育价值,明确了课程改革的深化方向,规划了学校发展的行动路径是课程建设。

纵观当前的学校课程,还存在着明显的局限性,主要表现为束缚于教室、拘泥于教材、忠实于学科。学科分得过细,点状分割,交叉重叠,缺少整合;注重知识技能,忽视人文、社会、公民意识和创新意识的形成;重视学科知识的均衡而忽视学生差异发展和个性发展等。

我校作为宜昌市唯一一所以"外国语"命名的小学,经过较长时间的酝酿,确立了以"学兼中西 开放包容"作为学校的办学理念,以"我从这里走向世界"作为学校的校训,把实施国际理解教育作为学校的办学方向,努力培养阳光智慧,具有民族情怀和国际视野的现代少年。学校培养什么样的人,就必须有相应的课程作支撑。致明课程的开发和构建,则着眼学生未来发展需要的关键能力和必备品格,在学校办学理念、培养目标的指导下,将"核心素养"的培养目标,置于课程构建之中,本着"让每一个学生得到更好的发展"的课程理念,努力探索适合外小学生成长的课程。

二、基本含义

课程是学校为实现培养目标而选择的教育内容及其策略、进程的总和,它包括各门学科和所有教育活动。致,有达到或者穷尽的意思;明,有光明、明白、明天的意思。这里的"致明"有两层含义:第一层可解读为致明天,我们的教育是基于儿童,科学施教,指向学生的未来和终身的教育,为学生的幸福人生奠基;第二层可借用光明与明白的含义,引申为阳光与智慧之意,直接指向外小学生两大核心素养。因此,这里的"致明"既有阳光向上、聪明智慧之意,又有面向未来、实现远大理想之意。我校课程以"致明"命名,意为外小学生在学校课程的滋润下,孕育心智、发展潜能、完善自我,既立足本土,又面向世界;既学兼中西、包容大气,又智慧灵动、阳光自信,最终展翅飞翔,实现"我从这里走向世界"的远大理想。

三、基本理念

我校秉承"学兼中西、开放包容"的办学理念,以"我从这里走向世界"作为学校的校训,把实施国际理解教育作为学校的办学方向,把"培养阳光智慧、具有民族情怀和国际视野的现代少年"作为学校的育人目标,努力办一所以课程为鲜明特色的学生喜欢的学校。坚持儿童立场和国际视野,聚焦学生两大核心素养:阳光、智慧。"阳光"的意蕴是"身心健康,习惯良好,兴趣广泛,善于合作",是立人之根,是必备品格;"智慧"的意蕴是"智而乐思,慧而善学,知行合一,学以致知",是立人之径,是关键能力。

四、课程结构

五大领域:品德与生活、语言与阅读、数学与科技、体育与健康、艺术与审美。

三类课程:基础性课程、延伸性课程、个性课程。课程结构表和结构图如下所示。

"致明"课程结构表

课程领域	课程类别		
	基础课程	延伸课程	个性课程
品德与生活	道德与法治 品德与生活 品德与社会	国际理解小学生课程 智慧课程 启程课程　毕业课程	人生远足 小博士讲堂 开心农场 面点艺坊 职场体验

续表

课程领域	课程类别		
	基础课程	延伸课程	个性课程
语言与阅读	语文	阳光阅读 国学经典	金话筒 阳光剧社
	英语	英语绘本	英语秀场
数学与科技	数学	思维游戏	趣味数学 思维直通车
	科学	STEM课程	未来工程师
		头脑奥林匹克	
	信息技术	学科整合课程	iPad课程
体育与健康	体育	体育舞蹈	轮滑 武术 足球
		花式跳绳	篮球 羽毛球 乒乓球
		游泳(三年级)	
	心理健康	—	—
艺术与审美	美术	沙画	手工艺坊 七巧创意 魔法气球 美艺坊 十字绣
	音乐	一、二、三年级小钟琴	葫芦丝 竹笛 合唱 舞蹈
		四、五、六年级口风琴	
	书法	—	翰墨飘香

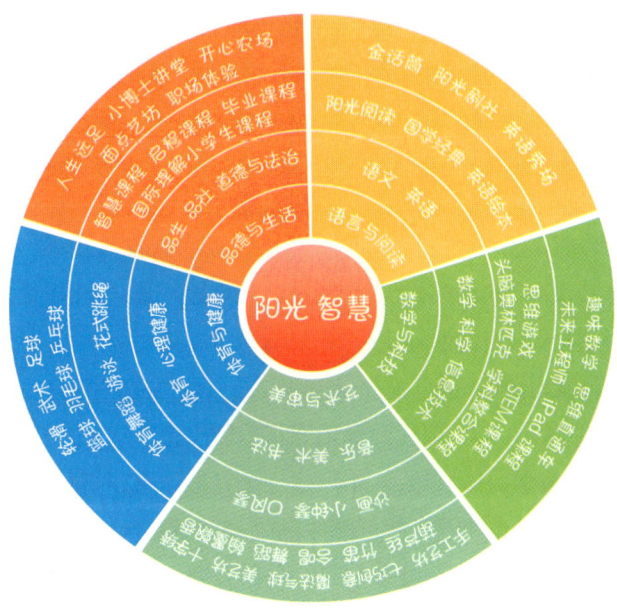

"致明"课程结构图

五、课程实施

不一样的"语言与阅读"课程。语文学科每周安排三至四节大课时(学校设置有大小课时,大课时60分钟,基础课时35~40分钟,小课时20分钟),每个大课时前学生们可以通过丰富多样的形式开展课前3分钟演讲,展示自己的语文学习成果。语文学科依托语文"群读类学"的实验课题,推进我校语文"大单元主题教学"研究。英语学科使用朗文英语教材,彰显外小英语特色,并根据外小学生的基础和能力研发了校本教材《英语绘本》,每周一节大课时来实现教材和绘本的整合,夯实学生的口语基础,同时通过英语擂台赛、英语角、英语日、英语节等,全面提升学生的英语素养。

不一样的"数学与科技"课程。数学课注重学生思维能力的培养,学校自主研发《让思维灵动起来》思维训练手册,让学生在数学课上感受独特的思维训练。学校每学期开展6~8课时的思维游戏教学,对学生进行思维专项训练,每学年开展计算能力竞赛、解题能力竞赛、智力游戏竞赛等,为学生搭建了能力提升的平台。我校大胆尝试对信息课进行整合,在一、二年级开设信息基础课,在三至六年级开设信息技术与其他学科的整合课,充分利用网络媒体及信息技术的优势辅助教学,实现跨学科的项目式学习。在科学课中整合STEM课程,以头脑奥林匹克和未来工程师课程提高学生的科技素养,促进学生的个性发展。

不一样的"体育与健康"课程。体育课上,学生们除了完成常规体育课所要完成的基本技能和基本目标外,学校从一年级开设体育舞蹈课,训练形体。一、二年级学生学习恰恰舞,三、四年级学生学习伦巴舞,五、六年级学生学习华尔兹。学校让外小的学生全员参与,实现"人人会跳舞,个个爱运动"的目标。学校与宜昌市游泳学校合作,在三年级开设游泳课,由专业教练执教,每周两个小时,一年20次课,构建"体教结合"的新模式。在四年级开设露营课,在五年级开设生命自护自救课,在六年级开设理财课等生存课程,让学生们在活动中去磨炼、去体验,提高学生们的生存能力。

不一样的"艺术与审美"课程。音乐课将乐器引进课堂,一、二、三年级学习小钟琴,四、五、六年级学习口风琴,六年形成一个完整体系,对教学内容进行整合与重组,充分体现学科特点和国家教育部体艺"2+1"的精神(每个学生至少掌握两项体育运动技能和一项艺术审美技能)。美术课将沙画教学纳入学校课程体系,"指尖上的创造"正激发着越来越多的学生对美术课的兴趣。

不一样的"品德与生活"课程。三类课程相互补充,相得益彰:一是基础课程,包含优化整合后的《道德与法治》《品德与社会》等;二是延伸课程,即我校自主研发的视野课程,也是我校德育特色课程,包含国际理解教育小学生课程、博物课程、智慧课程、人生远足课程、多彩节日课程等;三是个性课程,设置可供学生选择的校本德育活动,如男生节、女孩节、春游、毕业旅行、世界嘉年华、人生远足(三年级学生走进乡村,五年级走进新加坡)。如今我们已和新加坡的学校建立了手拉手联系,定期走进彼此的学校,学生们一起上课,一起活动,结成手拉手对子。走出国门看世界,让"我从这里走向世界"的校训贯穿于教育教学的方方面面。

六、课程评价

1.对课程开发与设置本身的评价。由学校管理者、专家指导组、学校课程中心成员、家长代表等组成评价小组,对学校课程的设置、课程目标、课程内容、课程实施、课程评价等方面进行全程监控和评价,并根据实施情况进行及时的调整和优化。

2.对教师的评价。课程中心成员带领大家精心提炼出各学科的核心素养和学科目标,制定各学科评价体系与评价量表,用于检测各学科课程实施质量,成为老师们教学实践的有力指导。

3.对学生的评价。学校实施"护照评价",注重形成性评价和发展性评价。首先是优化评价内容,在原有的评价项目"品德发展水平、学业发展水平"的基础上,增加"实践能力与兴趣特长、学生自我诊断"两项内容。其次,评价形式上,将原有的学生素质报告书变身为"阳光护照"评价体系,将"一言堂"变身为"大家评",将"评过去"变身为"看未来",将"评阶段"变身为"评全程"。学生从入学至毕业,护照评价中的各项内容,先通过等级呈现,计入相应学分,并在每学期期末进行综合,最后纳入学生的"成长积分"。同时,我校还根据成长积分,每学期评选出班级、校级各类大使、学习之星、活动之星等。学生毕业时,汇总小学阶段的成长积分,评选出外小"荣誉毕业生"。我们期望通过"护照评价",不断促进学生全面动态的发展。

七、课程资源

1.成立课程研发中心,实施顶层设计。学校课程改革,必须围绕核心素养来进行顶层设计。一要关注学生发展,强调培养适应现代社会所需的关键能力和必备品格；二要强调课程的整合性，注重学科之间的相互融合；三要关注完整的人与全面的人，把握好课程的全面育人。课程中心则由校长、分管教育教学的副校长、教师发展处主任、课程发展处主任、各学科牵头人、备课组长等组成，负责课程的开发与实施、监控与评估。

2.充分整合教育资源。强调精选适合学生需要，具有合理结构、符合学生未来发展需要的课程内容，关注学生经验，联系生活，把可以利用的资源都尽可能地开发成课程，建立各学科教学资源包，建立各类教育资源包，较好地实现资源共享。

3.不断促进教师专业成长，特别是跨学科整合能力的提高。教师的观念、专业素养、教学方式方法的改变，都直接关系到课程实施的水平与成效，尤其是课程整合后，新的课程设置激发了教师对新课程理解力、整合力、研发力。

4.借力专家智慧，及时诊断评估。学校经常邀请市、区教科院的各级领导及专家深入我校进行指导，对课程改革实施情况进行调研、评估和诊断，及时地给予指导，助力我校课程改革向纵深推进。

我校的"致明"课程是基于学生核心素养的校本构建，坚持儿童立场和国际视野是我们一直秉承的教育理念。我们把可以利用的资源尽可能地开发成课程，就是想给学生丰富的人生"底座"，让有不同发展可能的学生都能找到自己的方向，在外小课程的滋润下萌生他们一生的兴趣、爱好和专长，最终能够通过我们的课程到达光明的远方，成为阳光、智慧的人。

课改，我们一直在路上！

01
品德与生活
Personal Character and Life

课程与生活相融

文/李颖

著名教育家杜威提出"教育即生活"的观点,他强调"所有的教学活动都应建立在学习者直接的、具体的经验之上"。因此,我们大胆创新,整合优化了品德与社会课程体系,形成了"基础课程""延伸课程"和"个性课程"三类课程,为学生开辟了一条通向体验的渠道,让课程走进学生的生活里。

一、"基础课程"创情境

"基础课程"是优化整合后的"道德与法治"课程。

为了让品德教育回归生活,在"道德与法治"的课堂教学中,我们凭借学生的生活实际,精心创设生动的生活情景,让学生在生活情境中学会观察,在体验中收获智慧。

《道德与法治》第一册第一单元内容"我是小学生啦"与我校开学第一周"新生启程周"中的常规训练相融合,使品德教学真正与校园生活相结合。

在我校的"道德与法治"课堂中,教师们都十分重视教学内容与学生生活的联系,以"生活化、故事化、娱乐化"为

"冰雪世界欢乐多"一课中,学生们正在整理"出行用品"

导向,开展了一系列活动,让学生在活动中体验和感悟,真正回归生活。

像这样,打破常规课堂模式,创设生活体验情境的方式,在我们的品德课上经常出现,正因为引入了"生活"这"源头活水",我们的品德课堂更加生机盎然,品德教育自然水到渠成、润物无声。

二、"延伸课程"重探究

延伸课程是根据我校办学理念,从基础课程延伸开发出的"国际理解"与"智慧课程"两个校本特色课程。

四年级学生在国际理解课上分小组进行探究学习

延伸课程让学生从走近自我、认识自我开始,去感受自然,融入社群,学会思辨,并增进对世界多元文化的了解,为将来参与国际竞争与合作打下扎实的基础,更好地诠释了我校"学兼中西,开放包容"的办学理念。

我校根据学生的认知特点,精选国际知识、全球问题,社会问题和价值观问题等,通过热爱家乡、认识自然、学习文化、学会交往四个维度,汇编成《国际理解教育读本》。通过丰富典型的历史故事、风景秀丽的自然景观、生动有趣的异国风俗,去引领学生感受世界文化的神奇和人类历史的悠久。

我校从三年级起开设"智慧课程",根据学生年龄特点共编写教材四本,依次为"人与自然""人与自我""人与社会""人与哲学"四大主题。这四大主题让学生从生活中引发思考,在分析、思辨的过程中获得智慧的启迪,从而更好地认识自我、感受自然,在人际交往中树立自己的人生信念。

三、"个性课程"见成长

个性课程是我们整合学校丰富的活动,让活动课程化,设置的可供学生选择

在"智慧课程"的课堂上,实验、辩论、角色体验等教学方式是常见的

的个性化活动课程。

个性课程内容包括人生远足课程、国情考察课程、小明星课程、多彩节日系列。在这些个性化体验课程中,学生们走出国门、了解世界,分享异国文化氛围,以提升国际理解素养,了解山区孩子的学习生活现状,培养珍惜幸福生活和懂得感恩的美德。通过实践学习、合作学习,让有能力、有爱好的学生走上讲台,参与"小博士讲堂",对研究的课题进行展示。在我校丰富多彩的节日文化中,通过多角度、多层次、多方位的活动,帮助学生获得丰富的情感体验,形成积极的生活态度,养成良好的行为习惯,提高适应社会的能力,从而实现课程目标。

学生们参加"魅力香港"文化交流活动

学生们参加"魅力台湾"文化交流活动

好习惯伴孩子健康成长

文/302班 王采瑶妈妈

闲时,给孩子的《好习惯养成手册》签完字,顺手认真往前翻了翻,心里竟突然被什么撞了一下——有一丝羞愧也有一丝惊喜。羞愧的是我以往每一次签字都只是对孩子的表现做了简单评价,有如例行公事般,从未细想;惊喜的是我发现孩子在潜移默化中慢慢发生了越来越多的变化。我突然感到,《好习惯养成手册》原来是一本有魔力的工具书!

记得刚上小学那会儿,有好长一段日子几乎每天都在她耳边叨叨:"上课要认真听讲、积极发言啊!认真书写,不要边写边玩啊!饭前便后要洗手!自己的东西自己收拾好!公共场所不要疯赶打闹……"终于有一天,我要追着她收拾书本

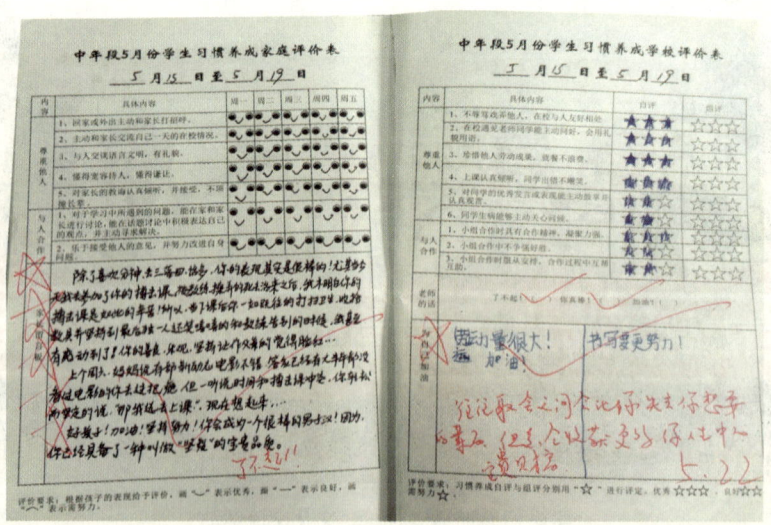

整理书包的时候,她自己主动接了过去,说:"好习惯要求我们勤于动手,自己的事自己做,我可不想丢掉这颗星。"那个周五,看着她认真评价自己一周表现的样子,突然觉得,她分明长大了啊!从那以后,好像再也没落过书和学习用品;从那以后,催她起床的次数越来越少,催她读书的时候也越来越少;从那以后,我好像也少了好多唠叨。

还记得有一次,我们两位妈妈带孩子去剧院看表演,表演开始前大家伙儿都聊得热火朝天,主持人宣布请大家安静,妈妈们话刚说到一半仍小声地继续讲着。这时小家伙们看见了,开始严厉批评自己的家长:"妈妈,表演开始了,请安静,请遵守公共秩序"!两位妈妈相视一笑,不再说话,开始认真地看表演。

点点滴滴的小事一一浮现在眼前,心里很温暖,因为孩子学会了自理,学会了尊重,学会了感恩!再回过头仔细阅读《好习惯养成手册》,才真正明白什么是"润物细无声"!无论是行为习惯还是学习习惯,每一项都被分解成若干个小项,每一个月重点落实一至几项好习惯!《好习惯养成手册》带给孩子们的是一朝一夕、循序渐进、一步一步的成长。

"行为养成习惯,习惯形成性格,性格决定命运",让好习惯伴随孩子一路健康成长!

好习惯成就好人生
——我们这样使用《好习惯养成手册》

文/张敏敏

行为形成习惯，习惯决定品质，品质决定命运。小学阶段是培养习惯的关键期，一、二年级又是最佳期。中国古代的大教育家孔子对从小养成习惯的重要也做了精辟的解释："少成若天性，习惯如自然。"从小养成良好习惯，优良素质便犹如天性一样坚不可摧。教育的核心不只是传授知识，而是教育学生学会做人。良好的习惯是一个人的资本，一个人养成良好的习惯，一辈子都用不完它的利息；坏习惯则是道德上无法偿清的债务，养成一种坏习惯，一辈子都偿还不清它的债务。蔡元培先生

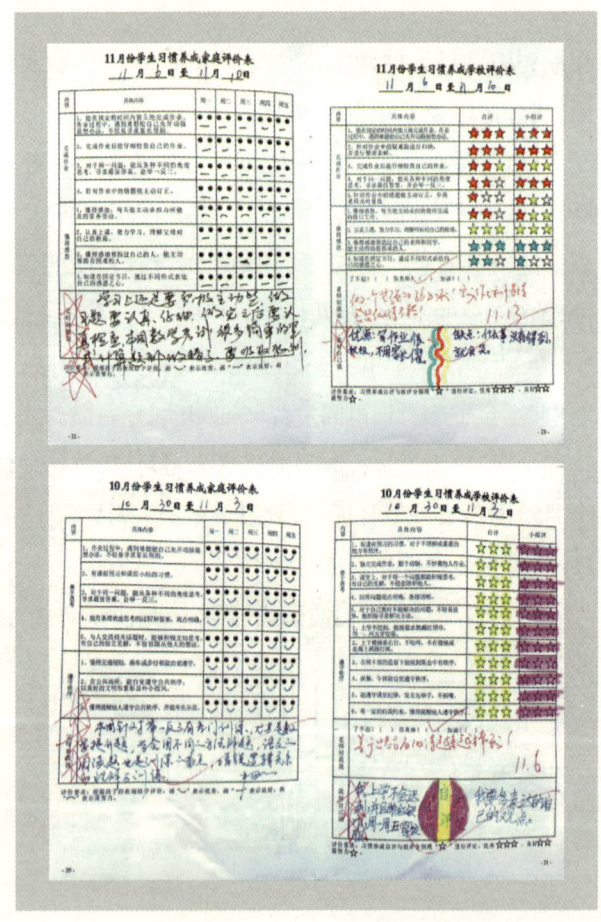

10月和11月学生习惯养成评价表

也曾说过:"教育者,养成人格之事业也。"教育的核心是培养人的健康人格,而培养健康人格应从培养良好行为习惯入手。

那么,怎样培养学生的良好习惯呢?我校非常重视学生良好习惯的培养,编写了《好习惯养成手册》一书。在我们看来,《好习惯养成手册》就是一本用来查阅习惯养成的书,天天翻,天天看,习惯方面出了问题的都可以找它。我总是跟学生说:"迟到也好、疯赶打闹也好、说谎也好、不讲文明也好,好习惯手册上总有一条是为你量身定制的。"我们班有个学生天天午休起不来,每天都会迟到,就让他仔细阅读"守时惜时篇";班上有几个学生特别爱疯赶打闹,我就让他仔细阅读"遵守秩序篇";有几个学生上课特别喜欢插嘴,我就让他仔细阅读"尊重他人篇"。总之,学习习惯和行为习惯方面的问题都找它。在外小,《好习惯养成手册》是学生好习惯养成的航标灯,老师们都是学生习惯改变的见证人。

一、老师的重视

我常常跟学生们说:"《好习惯养成手册》里面的每一个习惯就像你的身份证号码一样,缺一不可。"每一个好习惯都是小学、初中、高中、大学,甚至是每个成年人都要养成的,所以,只有从小学开始养成了这些好的习惯,你才会受益终身。每周五的班会时间,我即便再忙也会抽出时间对《好习惯养成手册》做自评和小组评,小组评还可以参照个人每周量化评分的结果来进行评价。

二、家长的重视

以前,我们班的《好习惯养成手册》经常收不齐,家长要么不填,要么就是填"加油"二字,很多家长不能结合孩子的实际情况进行客观评价,真是令我伤透了脑筋。所以每一次家长开放日我都会把《好习惯养成手册》拿出来,跟家长讲填写方法和如何落实习惯的养成,并表扬填写认真的家长,每周将《好习惯养成手册》填写认真和履行认真的家长进行拍照并上传到班级博客,并给对应的学生加5分,奖励1个奖励贴。家长们对于《好习惯养成手册》也有了新的认识,不再小瞧它的作用,而是认真对待,每天结合《好习惯养成手册》上的行为习惯和学习习惯对学生进行评价,也知道了同年级的学生应该努力的方向和方法。认真的家长越来越多,学生的习惯变化和进步也越来越大。

三、学生的重视

每周五我都会把填写《好习惯养成手册》作为家庭作业写在黑板上,甚至具体到填写哪一页,学生们觉得这也是一项重要的任务,一定要认真完成。学生们能结合自己一周的实际表现填写本周表现优秀的方面,还如实填写表现不足的方面,力争日后慢慢改正。有了目标也就有了前进的动力。完成好的拍照上传,加5分,还会获得1个奖励贴。这种奖励的机制促使很多学生填写的态度越来越认真,甚至还有的学生将本月好习惯的8个字写在家校练习本的页眉和页脚来提醒自己、鞭策自己逐渐去养成好习惯。同学之间互相激励,不交作业的学生少了,懂礼貌的学生多了;打人的学生少了,有责任感的学生多了;下课疯闹的学生少了,助人为乐的学生多了。

学生的心灵是一块神奇的土地,你播种一种思想,就会收获一种行为;播种一种行为,就会收获一种习惯;播种一种习惯,就会收获一种性格;播种一种性格,就会收获一种命运。为了学生的健康成长和终身的幸福,让我们用好外小的《好习惯养成手册》,将每一个习惯的养成落实在细微之处,培养更多品德高尚、素质全面、有修养、有抱负的外小学子。

我的好朋友

文/302班 曹懿瑄

刚刚上学,老师就教育我们"好的习惯是成功的开始";爸爸也经常说"成功与失败,都源于你所养成的习惯"。习惯是长时间慢慢形成的做事情的方法和态度,一旦养成就很难改变。

我们小学生的自控能力不是很好,所以我经常犯一些小毛病。比如:我回家进门换鞋,总是两只脚互相一蹭一蹭,鞋子就脱下来了,然后再飞起一脚,把鞋子踢到鞋柜旁边。小时候爸爸批评了我好多次,可我就是不改。后来到了外小上学,每周都要对照《好习惯养成手册》进行评价,爸爸妈妈就会举着这本小册子,一条条地来讲解什么叫作举止文明。

有一天,我主动把换下来的鞋放进了鞋柜,一回头发现爸爸在身后露出了赞许的笑容。从那以后,这个乱丢鞋子的坏习惯终于改过来啦!从那时起,我就爱上了这个好朋友——《好习惯养成手册》。

学习过程中的好习惯同样重要。有时候,我觉得语文、数学、英语都超级简单,不愿意认真思考,一回到家不是打电脑游戏就是吃零食,很晚了才想起来写作

宁静的改变

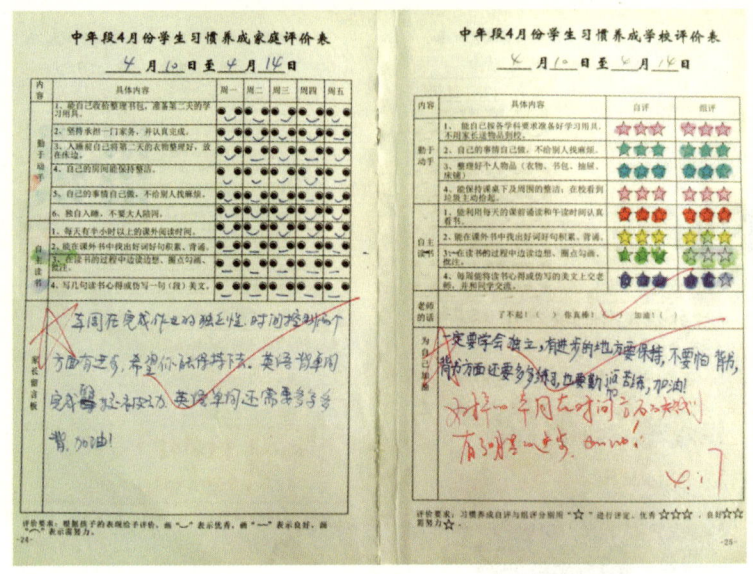

业。爸爸妈妈又会请出这个"好朋友",根据《好习惯养成手册》上的要求,教育我要多思考多提问,要守时惜时,合理安排好时间。现在我每天一回家就先完成作业,再预习功课。学习过程当中只要有问题就马上去找老师或者爸爸问,直到弄懂为止。因为合理安排了时间,我自主读书的时间也多了,读了很多有趣的课外书。

　　有了《好习惯养成手册》这个好朋友,当我有松懈时,总会想起那一条条清晰的要求,似乎每一条都在提醒我远离坏毛病,要和好习惯交朋友!我相信,有了这个好朋友,我一定会在成长的路上走得更远、更好!

评价自治，家校合力，习惯方成
文/张玲

家校合作是学生成长的重要保障，只有坚持家校共育，努力实现家校共建，家校共赢的局面才能最终形成。因此，通过实践，我认为除了要制定规范的班级评价标准，认真落实学生民主自治管理外，还要充分重视和加强家校合力，学生们的好习惯才能真正养成。

评价激励效果好

自从三年级接班开始，我就坚持运用四人小组合作的管理模式让学生充分参与班级事务，推行民主自治，督促学生好习惯养成。每一天，小组组员都会轮流记载小组情况。受学校五星班级评价标准和《好习惯养成手册》的启发，我们从学习、自理、体育、卫生、安全五方面对小组每位成员的习惯养成进行分值评价。到了每周五，会由班长和副班长组织，依据得分扣分总表记载，将每组情况核实，算出总分，进行排序，前三名的小组分别颁发钻石卡、金卡、银卡，分别在班级评比栏中贴上红梅、粉梅和黄梅，并在小组合影照片上也会做上标记。接下来，由各组代表上台汇报本周小组情况，说明做得好的地方和不足之处，对先进组员要建议班主任颁发哪种类别的卡予以表扬，对习惯不好、导致小组严重扣分的学生要提出改进措施，建议全组其他成员应该怎样帮他。大家也注意到了，我发的卡是免作业卡，学生们可以选择用卡来免相关作业，也可以选择集齐一整套四张卡后兑换礼物。不过到目前为止，两年来，还没有一个学生使用免作业卡，都一门心思想集卡换礼物呢。因此，小组合作民主管理和集卡兑换礼物的制度长期坚持了下来，我班学生好习惯养成的效果还是较为令人满意的。

群策群力智慧多

在我班向金东方集团展示的"好习惯伴我阳光成长"主题队会中,上课情景的设计就源于我班上小组合作和民主管理的灵感,可以说有很大一部分是我们平时促进学生习惯养成的常态做法。我班的学生经常会就班级实际生活和学习中出现的一些问题积极地进行集体讨论,也就是呈现问题、剖析问题、解决问题的过程。

刚开始分了小组后,我有意地提出问题,问学生们:"你们觉得我怎样做才能很快把作业收上来呢?"他们一愣,有的学生想了想说:"老师,以前我们是六七个人一组,在交作业的时候,小组长要写一张纸条放在老师办公桌上呀!""可以,不过老师觉得写纸条很麻烦的,我看纸条后还得统计。可不可以不写纸条?"我顿了一下,看着满脸疑惑的他们说:"我想大家以后就以四人为一个小组交作业,每组正反罗列,我改的时候一看,就知道哪组有人未交作业,就可以及时登记了。""那老师你怎么知道谁没交作业呢?"我故作哭相,说了一句:"背呗!我把你们小组成员的名单尽快背下来,不就行了?不过我记性不太好,记不住怎么办?""老师,我帮你画一张表,把每个小组成员的名单写好给你,你可以对着看,天天看天天看,不就记住了吗?""谢谢你,你的想法对我太有帮助啦!""老师,我觉得小组长在老师办公室交作业时,将没收齐的作业放左边,收齐的放右边,你就很快知道谁没交作业了,更节约时间了。""老师,可以给每天第一个交作业的小组加分,鼓励同学们快交作业。"……也许当时学生们只是觉得好玩新鲜,但是时间一长,学生们的逻辑思维能力和解决问题的能力得到了明显的增强。这不,今年我们的教室搬到了二楼,他们就怂恿我早上在旁边的科学实验室改作业,不建议我回办公室,还说什么有"四免"好处:免得我改作业后揪人爬上爬下,免得小组长交作业爬上爬下,免得课代表抱作业爬上爬下,免得未交作业的人爬上爬下。真服了他们!

除了收作业我们进行小组讨论解决问题外,两年多来,还有很多智慧的火花在闪耀。在一次"走进嘉年华"活动中,学校给我们班分配的设计走廊文化墙的任务是展示中国各民族的建筑,学生们听我布置完任务后抓耳挠腮,因为办小报插画不太好画。这时,有一个喜欢画画的学生说:"老师,我们可不可以画民族的旗帜呀?我在九寨沟还有海南的时候,去了羌族和黎族的村落,有些地方就插着他们民族的旗帜。"我一下子如醍醐灌顶一般,"对呀!旗帜上应该有少数民族的图腾吧!每个民族应该都有呢!"我马上向学校申请,方案通过后在班上宣布时,学生们非常兴奋,有的说光画出图腾还不够,还可以用各种材料来做才有趣;有的说一定要将各个民族的图腾都画出来,所以小组分工不能重复……我记得文化墙装饰好的时候,真的好漂亮,纽扣、针线、小木棍、树叶、皱纹纸、小瓶盖,材料琳琅满目,令人耳目一新,我班还获得了学校文化墙设计一等奖呢。

有一次,我班一个学生丢了校服,他的妈妈打电话来让我好好批评教育他。我回想了一下,这个学生的东西经常不见,又不去找,丢三落四的毛病非常严重,我就尝试把问题抛给大家,让大家帮助他。没想到学生们不光帮他找到了校服,还依次挖掘出校服为什么不见、经常丢东西是一种坏习惯、怎样防止丢东西、怎样找东西等诸多问题。在我的记忆里,这个以前总是丢失东西的学生迄今为止再也没丢过东西。

还有小组轮流做清洁时,值日生记录时间,平均每周扫地时间排在前三名的小组,组内每名学生都会有奖励。还有游泳课的细节问题,雨中送伞的现象评价,等等。我将这些闪光点记录了下来,写成了"放手班级管理"系列小故事。就这样,我坚持在班上提出问题,学生们坚持在小组集体讨论,坚持在班上进行交流,所以,越来越多的好习惯就在501班每个学生的坚持中逐渐形成了。

家校合作力量大

我认为把家校联系本和外小《好习惯养成手册》作为家校沟通的纽带非常不错。展示的主题队会我也是以秋季学期《好习惯养成手册》为依据展开设计的。

除了《双十习惯儿歌》外,在各环节分别渗透了"完成作业""守时惜时""自评互评""举止文明""懂得感恩"等好习惯养成标准。

学校的各项活动也是我和家长联系的重要平台。我班的家委会在实际操作中人数很多,跟我们的学生合作小组类似,我把热心班级事务的家长分为会议组、答疑组、采办组、学科组、交流组、宣传组、会计组。有事我会找相关负责小组的家长,使家长树立为班级服务的意识。现在,已经有越来越多的家长给我打电话,大致都是三个"不好意思":张老师,如果班上有什么需要帮忙的您尽管说,不要不好意思;不好意思的是我们,平时关心班级太少了;看到这么多妈妈爸爸都在出力,我们真的太不好意思了。说实话,这是我觉得最够意思的话了。

记得9月9日周五晚上,我接到承担主题队会展示的任务。9月11日周日早上8:30,我们的家委会核心成员15位家长就无一人缺席地坐在了501班的教室里。我和家长们在一起重温了《好习惯养成手册》的细节,也问了他们希望中队会开成什么样子。家长们给出了许多非常中肯的意见,从学生在家的表现出发,觉得家庭是重要的德育阵地,这个阵地一定不能丢,队会应该有家庭教育的痕迹,才能体现学校教育的价值和最终落脚点。于是,晚餐、小品穿插家风、家训和家规的社会倡导性活动,《跪羊图》舞蹈就诞生了。受到大家的启发,我邀请了7名不同职业的家长录制视频,还选用了贾高见老师的"小活动,大德育"活动中有关培养学生好习惯的小游戏。会后,还有家长提议队会设计应在国家、社会、学校、个人层面均有考虑,我就在设计上课情节时,融入了国家、学校的发展规划,让学生们的发言更有深度。所以,我觉得主题队会展示就是我班家校合作最有力的证明。

坚持落实班级习惯养成评价,鼓励学生自我管理,积极发动学生参与班级管理,密切做好家校沟通与合作,是我培养学生良好习惯的重要方法和途径。每一天我走进教室,看到班级的面貌越来越美丽,心中便感觉美滋滋的,我想让班级的面貌一直美下去……

成长的方向

文/102班 代明轩家长

    散学典礼结束后,女儿喜滋滋地从书包里掏出一叠纸,我赶紧接过一看:嘿,东西还真不少:《寒假体验手册》、奖状,还有一本绿色的册子。我翻了半天,问女儿:"怎么没看到成绩单?""什么是成绩单?"女儿歪着头疑惑不解。我摇摇头,女儿刚上一年级,单纯、懵懂,估计是她收书包时落下了。我正想着,目光落到那本绿色的册子上。册子中央写着"萌芽"两字,最底下有一行中英文对照的小字"我从这里走向世界"。我问女儿:"这本册子是什么?""这里面我得到好多大拇指咧!"女儿满脸自豪,说着便翻开册子指给我看。

    原来,这本绿色的《萌芽》就是我要找的"成绩单"。"我爱语文"这一栏,女儿都获得了三个粉色的大拇指,我笑着地对女儿说:"你看你在朗读、书写和说话三项上都很棒哦!"女儿满脸自豪。"但'我会听'这一栏你没有得到大拇指,看来在倾听方面我们还需要努力哦!"我轻轻摇摇头,刚上一年级,女儿虽乖巧,但是上课爱发呆,需要老师多次提醒,为此我们做过不少专注力方面的训练。听了我的话,女儿羞涩地点点头。我仔细地翻看这本册子,发现还有很多意外的惊喜和收获。

    和过去简单的数字成绩单不同,这本小小的册子囊括了女儿在校的所有课程,每门课程都有女儿的自我评价、任课老师的评价,十分细致、全面。例如"音乐学科,分别从"兴趣爱好""活动参与""音乐表现""审美创新"四项进行评价。每一项进行了细分,如"音乐表现"又分为四项,"我已有感情、自信地唱了大部分歌曲"这一栏我女儿自评是两颗星,我不禁莞尔一笑,女儿平时虽然也爱哼几句,但一到表演时就有些放不开了。看来,女儿对自己的评价还是挺中肯的。我又往后翻了翻,在"自评"这一栏,女儿都仔细、认真地做了评价。比如:数学学科"会计算"一

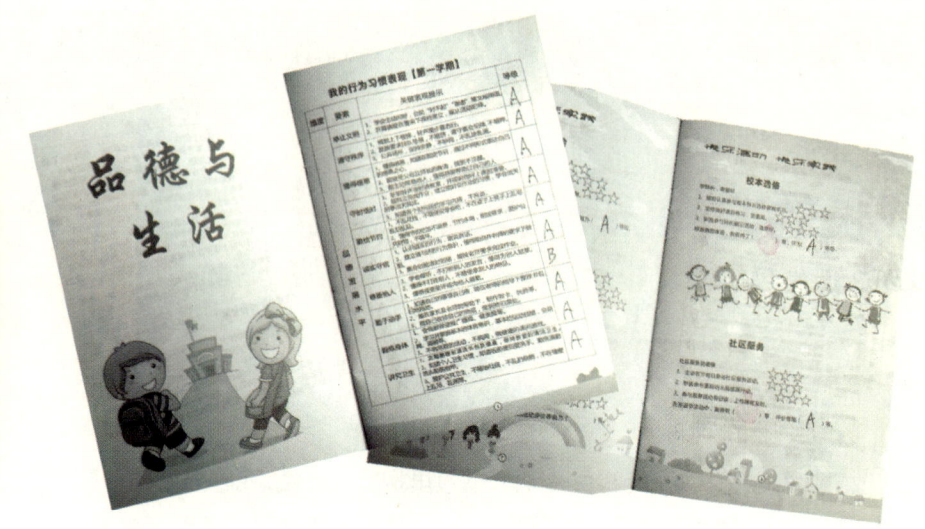

栏,女儿自己涂了两颗星,因为平时做计算题时她有些马虎;"会思考"这一项,女儿涂了三颗星,安静的孩子爱思考嘛。看着女儿一项项的自评,我发现:其实女儿自我评价的过程也是发现自己的过程,知道自己的优势、了解自己的不足,这样才能更好地认识自己,进而激励孩子做最好的自己。

这让我不禁想起2017年年初,我的女儿获得了一次班级阅读冠军,当时她高兴了好一阵,她也在《萌芽》手册"第一学期我要申报的奖励"一栏写道:"我的目标是——争当年级阅读冠军。"从那以后,她阅读的兴趣大增,从以往单纯依赖父母讲故事,逐渐过渡到自主阅读,阅读的数量和质量都有大幅度的提升。她常常拿着书,痴痴地看着,沉浸在书的世界里。有时,她还会跟我绘声绘色地讲书中有趣的故事。女儿现在这么爱阅读,我想这本《萌芽》手册功不可没。

我的孩子是个性格腼腆、害羞的女孩,我常常担心她太安静了,安静到可能老师都注意不到她。可是仔细看各科老师的评价,可以感受到老师了解她,关注她,在乎她。女儿表现优异的部分,老师满是称赞,班主任在"老师对我说"中写道:"你像春天的嫩芽一样文静、可爱……学习上你一直在努力,小小的身体蕴含着一股韧劲儿。"的确,我的女儿身上有一股不服输的劲儿,愈挫愈勇。对她的不足,老师也给出了中肯的评价:"如果你能沉下心来专心学、用心学,相信你会和学习成为亲密的朋友。"作为一名家长,我非常感谢这本手册,因为它让我看到了女儿各方面、各个学科,甚至是在各项活动中的表现。这些细化的评价,让我们全面了解孩子的优点和不足,我们也可以根据这些评价,有计划性、有针对性地开展各项课外辅导和训练。

我曾经读过一首诗——《成长的方向》,至今记忆犹新。

"所有的河流都朝着东方,

不拒细流浩浩汤汤,

只是为了汇入大海汪洋;

所有的禾苗破土而出,

不管酷暑还是严寒,

都阻挡不住拔节向上。

孩子们一天天健康成长,

从牙牙学语到大学学堂,

身体和智慧一样茁壮。

有一种向善的力量,

有一束指引的光芒,

那就是成长的方向。"

我想,《萌芽》手册就是那束光,指引孩子向上、向善地成长!

在《萌芽》中成长

文/103班 欧阳星月妈妈

不知不觉，女儿已经在外小学习生活一年了，回想曾经那个在怀里撒娇的萌妹子，仿佛就在昨天。转眼看看孩子在写字台前认真阅读、写字的样子，想想她这一年成长的道路，更多的是开心和自豪。

还记得一年级上学期期末结束，女儿拿着一本绿色的、充满生机和活力的《萌芽》护照，跑到我跟前自豪地说："妈妈，快看，这学期我得了好多A哦！老师说A是最棒的！"我高兴地接过护照，小心翼翼地翻看，上面记载了女儿品德与发展、语言与阅读、数学与科技、体育与健康、艺术与审美等方面的表现，我和女儿一起细细地回味起来。

"语言与阅读都是A，这肯定是因为你每天坚持阅读取得的。"我一本正经地说。"对呀，我最喜欢看书了，书里讲的故事好有趣……"女儿一脸幸福地对我说。看着她如此满足的样子，我很欣慰，因为阅读的习惯一旦养成，孩子将终身受益。

外小每学期的阅读节让孩子们受益匪浅，班上的图书角是女儿最爱的地方，班主任杨老师每隔一段时间就会组织一次好书漂流的活动，让孩子们在书的海洋里遨游。每次想到这儿，我就特别感谢杨老师对孩子们阅读习惯的培养，让女儿爱上了阅读,快乐地成长。

"妈妈,你看这里也是A。"女儿的话把我的思绪拉回到了《萌芽》"品德与生活"的行为习惯表现这一页,"举止文明、懂得感恩、尊重他人、锻炼身体、讲究卫生、勤于动手……",这些让我不禁想起入学前的女儿,什么事都要我帮忙,娇气又任性;而现在的她,不仅能自己整理书包,收拾自己的房间,还能帮我和奶奶做一些家务,扫地、拖地、洗小衣物,俨然一副小大人的样子,在学校还被评为了"好习惯之星"。我看到"体育与健康"这一面也全是A,着实吃了一惊:从之前一跳绳就着急,因为没有掌握方法,总是跳不好,到现在可以跳100多个,孩子的变化让我惊讶不已。

突然觉得女儿真的长大了,懂事了。虽然我不知道在以后的学习和生活中女儿会碰到什么样的困难,但我相信在外小这个充满阳光与智慧的校园里,她一定会快乐地学习和成长。感谢《萌芽》,感谢外小!

神奇的"绿皮魔法书"

文/103班 邹俊豪妈妈

2016年1月,期盼已久的寒假即将来临,作为一名入学一学期的"熊孩子"的家长,可以说我是喜忧参半,想想假期那么长时间将要和孩子斗智斗勇,心里很忐忑。

放学归来,孩子带回一本绿色的小本子。当我好奇地翻开时,顿觉如获珍宝——里面记录着孩子每学期的各科考核成绩和在校表现评价,每个板块设计得十分合理。由于孩子识字量有限,很多汉字还不认识,在假期里我和孩子一起读完了行为习惯和表现栏目中的内容。对于孩子来说,他最喜欢的是"快乐活动,快乐实践",因为这里有孩子们喜欢的万圣节和圣诞节。孩子在学校尽情欢笑的模样,在活动中的表现,都化作了点滴评价永远留在了自己的记忆里。看到评价栏中的"小星星"和鲜红的"大拇指",我想:从小对节日有仪式感的孩子,长大之后应该会更懂得生活和热爱生活吧!

儿子和我看到"留言板"中"老师对我说"这一栏的时候,儿子明显好紧张啊,居然还会很羞涩地搓手呢,我心里笑着说:"哈哈!妈妈在家从来没见过这样的你,特别好奇自己在老师心里是怎样的形象吧。"当我念到老师对儿子的期许时,他的小眼睛明亮极了,我想他一定在心里暗下决心,要如老师所说的"像小竹笋一样,吸收阳光雨露,长成高高的翠竹"。

如今,儿子的第二学期即将结束了,希望这本"绿皮魔法书"在这个暑假里能释放更多的能量去改变他,让他做更好的自己!

我最爱的国际理解课

文/402班 胡景杨

我们学校有一门独特的课程,它的名字叫"国际理解课"。它给我们介绍全世界的文化和历史,一个个新奇的风俗、一段段精彩的故事,让我大开眼界。生动有趣、丰富多彩的内容让我感觉自己没有在课堂里,而是正在进行一次环球旅行。国际理解课上学到的知识在生活中也经常能用到哦!

有一次,在奶奶家做作业的时候,表哥突然问我:"世界上最大的洲是不是亚洲?七大洲的大小排序你知不知道?""当然是亚洲,其次是非洲,然后是北美洲和南美洲,最后是南极洲、欧洲和大洋洲。"我很肯定地告诉他。他很怀疑地问:"你确定?你比我小两年级呢!我都没学过,你从哪儿知道的?""大两年级怎么了?不见得就知道的比我多!"我不服气地看着他,他"唰"的一下红了脸。我这才得意地告诉他:"不会错的,我们学校有国际理解课,这是我在课堂上学的。"

今年暑假,妈妈和我去泰国旅游。在一座庙宇里参观的时候,看见两个可爱的小和尚,穿着红袈裟,一本正经的样子萌极了。妈妈刚想伸手去摸他们的小光头,我一把拉住她的手:"千万别摸!在泰国,摸和尚的头是对佛教的不敬!"妈妈吐了一下舌头:"天哪!差点闯祸哦!"她好奇地问我:"你怎么知道的?"我骄傲地说:"当然是我最喜欢的国际课上学到的呀!怎么样?我很厉害吧?"

我上四年级了,国际理解课已经带着我从家乡宜昌出发,游历了祖国的大好河山,走过了亚洲和欧洲,马上就要去非洲领略那里的风土人情了,我很期待!

我喜欢上国际理解课,它是我最爱的课程。

我爱读《智慧课程——人与自我》

文/402班 王采瑶

当我翻开《智慧课程——人与自我》这本书时,不禁爱不释手,里面一个个小故事竟然蕴藏了那么多深刻的道理,让我不禁想起了以前一些关于我自己的故事。

以前我很胆小,也不自信,但有一次的阅读分享会彻底改变了我对自己的看法。那一次,老师带着我们四个小朋友一起阅读《马小跳的故事》,老师提议让我向大家分享这本书的内容。当时,我站在大伙儿面前,心里害怕极了,脑子里一片空白,低着头不敢看大家,勉强说了几句,磕磕巴巴,声音还像蚊子那么小,我感觉大家都在下面指指点点,顿时委屈极了,生怕他们嘲笑我没用,眼泪直在眼眶里打转。随后,老师给我们分享了林肯总统的故事,刚好这本书里也有《鞋匠和总统》

的故事。林肯曾经一次次竞选失败,但他一直都没放弃,甚至在别人嘲笑他父亲是鞋匠的时候他也没自卑。我认识到了自己不能害怕别人说,不能认输!后来,我鼓起勇气请大家再给我半个小时的时间。在这半个小时的时间里,我重新运用老师教的方法梳理了故事里的人物、情节、矛盾、高潮,精心准备了提问环节。当我再一次站在大家面前时,竟然讲得非常流畅,老师和同学们给了我最热烈的掌声,那一刻我感到是多么的自豪!通过这场分享会,我重新认识了自己,不能怕做不好,也不要怕别人提意见,勇敢地迈出第一步,就会发现一个完全不一样的自己!

　　仔细读《智慧课程——人与自我》,里面的每一个故事都是那么精彩,每一个故事都能启发我去思考自己、思考别人。这真是一本充满智慧的书!

博物大课堂提升大视野

文/604班 彭鲁宜妈妈

孩子在外小的生活，真算得上轻松活泼、丰富多彩。除了公办学校都有的课程外，外小还有社团课、国际理解课、博物课等一些特色课程。我觉得最特别的还是博物课。

每个学期的家长开放日，都会安排一堂博物课。上课的不是学校的老师，也不是外来的什么专家教授，而是学生家长或者家长单位的相关专业人士，介绍与职业、日常生活息息相关的知识，并对孩子们进行一些引导和培训。

老师曾经邀请在银行工作的家长和银行的专业人员给孩子们讲解了关于货币、理财等金融知识,组织孩子们到附近的银行去进行实地参观和了解;请当医生的家长介绍骨折、外伤等急救处理技巧和自我保护的常识;请从事空乘人员培训的家长给孩子们进行西餐礼仪方面的培训……同时,家长们还会结合自己的职业体会,谈一些感受,让孩子们掌握平时课堂上学不到的许多生活常识。

随着科学技术的迅猛发展,人们习惯于生活在城市和虚拟世界之中,同时学习竞争加剧,学习的目的性与功利性越来越强,孩子的成长环境日益复杂,在应试教育的体制内,孩子待在学校中,与现实社会的接触时间和经历都十分有限,要实现培养孩子完整人格、丰富孩子人生目标的难度很大。

外小通过博物课这种方式,一方面充分利用家长职业多样化的资源优势,一方面也让家长更多地参与到学校教育中来。博物课的形式和内容都非常多样化,集知识性、科学性、趣味性、互动性于一身,孩子们很容易接受。博物课让孩子们多了一个了解社会、接触现实生活、增强综合素质与能力的窗口,多方位地培养孩子的学习兴趣,丰富孩子的知识结构,增加知识的深度和广度,使孩子掌握适应社会、生活的技能,为孩子未来的发展提供更多的选择和良性的引导,对于孩子的成长大有裨益。

《礼记·大学》中有八目:格物、致知、诚意、正心、修身、齐家、治国、平天下。格物,就是要求人们亲历其事,亲操其物,即物穷理,增长见识。致知,就是求为真知,从推致事物之理中,探明本心之知。将格物和致知放在第一和第二位,可见它们的重要性。博物课真正搭建了一个平台,让孩子们博学广纳,洞察世事,与世界建立起广泛的联系,实现了培养高素质的人的启蒙,引导孩子们追求卓越的自我,成为"有胆、有识、有情、有义、有趣"的健全的人。

外小的博士讲堂

文/104班 胡雨嘉妈妈

说到上课,大家就会联想到老师给孩子们上课,但在宜昌市外国语实验小学,不单有老师给孩子们上课,还有一帮家长给孩子们上课,甚至还有小学生给孩子们上课,这就是外小开展的博士讲堂。

很荣幸,我曾参加过几次博士讲堂。

第一次,是我作为博士家长代表给女儿所在班级讲课。作为一位有着15年教龄的医学院校教师,我对第一次走上小学的讲台既充满期待,又诚惶诚恐。我一遍又一遍地修改幻灯片,一遍又一遍地试讲,以便做到既生动有趣又浅显易懂。可以说,这是我这么多年的教育生涯中备课最认真的一次。当我走上讲台,给一

年级的孩子们讲授《认识我们的身体》时,孩子们配合默契,积极互动,课堂气氛活跃。望着他们那一双双求知若渴的眼睛,我感动不已。很显然,他们对课本外的知识都充满了好奇心,而好奇心是这个社会向前发展的动力。

博士讲堂的课程非常丰富,家长们凭借丰富的人生阅历、自身的专业和特长,精心备课,带给孩子们全新的上课感受。在家长开放日,我还听过两次博士讲堂的授课:成韦希爸爸给孩子们介绍了举世瞩目、气势磅礴的三峡大坝,让孩子们更好地了解了宏伟的三峡大坝,体会到了宜昌这座"世界水电之城"的魅力,孩子们心中一种作为宜昌人的自豪感油然而生;田博仁妈妈给孩子们讲解了"种子生长的秘密",激发了孩子们对植物的深层次了解的热情,提高了孩子们细致观察的能力。回到家里,女儿把田博仁妈妈送的萝卜种子洒在了花盆里,细心地管理和照顾,浇水、除草、捉虫,想象着收获的快乐。

今天,在钢筋水泥森林里长大的孩子们,与自然万物越来越疏离了。无孔不入的电视节目、电子游戏、网络信息,还有周末的各类培训班,必然让他们与大自然这个最好的老师日益疏远,而这种类似的博物课程,从精神层面唤起了孩子们内心深处对大自然的好奇。

女儿说,到三年级,她们也可以参加博士讲堂的授课,她现在就想学习怎么制作精美的幻灯片,把她感兴趣的关于草药的知识讲授给同学们听。

博士课堂仿佛给孩子们搭设了一架求知天梯,家长们将各自不同领域的知识带进课堂,丰富了孩子们的课外知识,增加了孩子们的社会生活经验,让他们能在更高的起点出发。孩子们也可以根据兴趣主动进行多学科的融通性学习。在学习过程中,他们加深了对世间万物以及自身的理解。而家长们只是那个陪伴在他们身边的伙伴,在分享交流中,无声无息地在孩子们心田里播下理想的种子。

宁静的改变

竞选香港游学代表的故事

文/403班 陈鹏宇

"好消息！好消息！"我刚进教室，就看到一帮同学大声喊叫着："我们班要选出代表去香港游学了！"真的吗？我简直有些不敢相信自己的耳朵。

自从三年级语文课上学习了《香港，璀璨的明珠》这篇课文，香港就成了我梦寐以求的天堂！那里有让人垂涎欲滴的美食，有使人心驰神往的名胜古迹，有令人魂牵梦绕的科学馆，还有雄伟庄严的金紫荆广场、苍翠欲滴的太平山、高耸入云的天际100观景台……真是数不胜数。再加上在最近的课堂上，老师又详细地介绍了香港的历史、文化和经济，更加激发了我对香港的兴趣。现在，学校终于要选代表去香港游学，这可真是天赐良机啊！于是我暗下决心，一定要争取到这个宝贵的名额。

晚上，我一写完作业就喜滋滋地准备竞选PPT了。可一想到大家此时都在精心准备自己的PPT，我选哪些素材可以稳胜呢？我不禁皱起了眉头。后来，我想起老师说过，我们要找自己最想了解的、最想去的地方做详细介绍，这样在介绍的时候会更富有感情，更能吸引观众的注意。思来想去，我选择了自己最感兴趣的地方——香港科学馆。

在网上我查找了许多关于香港科学馆的资料。可网上内容太多，重复的也多，我一边查资料，一边打字，一个小时过去了才做了三张PPT。此时，我就像热锅上的蚂蚁，急得团团转。妈妈见了，想过来帮我解决问题，但我还是婉言谢绝了她的好意，说："香港是我梦寐以求的城市，我想更深入地了解它，所以，这次我一定要通过自己的努力来完成自己的梦想。再说越是有困难就越是要自己想办法解决。"说完，我调整好自己的情绪，平心静气地一头扎进电脑世界里，继续我的游学之梦。

一连经过了几个晚上的奋斗,我终于靠自己的双手完成了游学PPT的设计。我对自己的作品翻来覆去地看了几遍,还是觉得少了些什么内容,想来想去,还是没有头绪。忽然我眼前一亮——爸爸拿了一本厚厚的书在我眼前晃悠,书名叫《了解香港》。我一看,开心地抱住爸爸,连声说:"爸爸,你的书来得太及时了,你就是我的'及时雨'啊!"拿起书,我细细品读着,翻阅着,终于找到了想要补充的内容。接着,我对作品又进行了一些修改,然后又对照着PPT演练了好多遍,直到自己满意为止,这时我才松了一口气。爸爸妈妈看了我的认真劲儿,也忍不住为我点赞。

终于,竞选的那一天到来了!我信心满满地到达演讲场地,其他的选手们也如约而至。比赛开始了!前面的选手们在台上绘声绘色,表现得很不错。我在台下一边认真听取他们的演讲,一边心里在打鼓:"原来学校里高手如云啊,看来这次要被选上也并不是十拿九稳的事。我一定要更好地表现自己,把自己的实力展示出来!"不一会儿,轮到我演讲了,刚才忐忑不安的我反而冷静下来,从容地走上讲台,开始进行声情并茂的演讲。

"亲爱的同学们,老师们,大家好……"

演讲进行到一半时,我偷偷瞄了一眼台下的同学,有的同学认真倾听着;有的同学目不转睛地盯着PPT上的图片;还有的同学满脸疑问,好像有什么不理解的地方。演讲完了,同学们向我报以雷鸣般的掌声,纷纷对我竖起了大拇指。轮到答疑环节,有的同学向我提出了他们感兴趣的问题,更有同学问了我一些没有写入PPT的内容。好在那些内容虽然没有写入PPT里,但早已深深地印入了我的脑海。我不慌不忙、认真地回答了他们的提问。同学们再一次地送给我雷鸣般的掌声。我的心里美滋滋的:这次肯定势在必得了!

最紧张的时刻到了,老师要公布投票结果了!我的心脏都快要"蹦"出来了,手心里满是汗。虽然自己表现得不错,但其他同学也都是憋足了一股劲儿,发挥得也不错。"我能排到第几名?""如果选不上怎么办?"一个个疑问在我脑海中出现。直到听见老师念到"陈鹏宇"的名字时,我才如释重负,长长地吁了一口气,心中的那块大石头总算落下了。我的心里跟吃了蜜一样甜,果然是"功夫不负有心人",有付出就一定会有回报!

竞选结束了,老师确定了我和班上另外两个同学一起参加香港游学活动,想到不久之后就可以去香港了,我不禁大声喊着:"香港,等着我,我来啦!"

我和孩子们的台湾之行

文/杨春燕

"我们是东海捧出的珍珠一串,琉球是我的群弟,我就是台湾",闻一多的《七子之歌》让我对你无比神往;"乡愁是一湾浅浅的海峡,我在这头,大陆在那头",余光中的《乡愁》又让我因你而惆怅。原来,我今生是要与你邂逅的!

莺歌燕舞的三月,我和六年级的孩子们终于走近了你——台湾。你是我们行走的课程,在这别样的课程里,我们开始了别样的旅行。

眼睛的旅行

小时候曾无数次憧憬过大海的样子,当我们来到野柳地质公园,真正遇见她时才发现,大海原来如此博大而深远。涛声阵阵,应和着我们的尖叫声和欢呼声。孩子们和我一样,兴奋不已,时而张开双臂,拥抱海风;时而爬上高大的岩石,呼唤大海;时而在岩石与沙土构建的小径上轻轻漫步。没有任何约束地与大自然融为一体,竟是这般惬意。

如果说游野柳地质公园是领略大自然的鬼斧神工,那么登上台北101大厦便是感受人类智慧的神奇杰作。从1楼到89楼,乘坐世界运行速度第一的电梯,只需39秒即可。一瞬间,我们就升到了半空。透过望远镜举目远眺,我们离白云那么近,有一种"手可摘星辰"的感觉。当整个台北的繁华尽收眼底的时候,孩子们才真正体悟到"身在最高层"的豁然开朗。

领略完大自然带给我们的轻松怡然,感受过现代建筑的宏伟壮观,我们走进了孙中山纪念堂。在琳琅满目的展品和各种各样的资料中,我们再次思考那些久远的历史。孙中山先生建立了中国国民党,领导人民进行了民主革命,推翻了两千多年的封建帝制……在导游的解读下,孩子们似懂非懂又若有所思。也许他们不能真正理解这段历史,但他们分明感受到了那些为人类解放做出贡献的人会有如泰山一样的分量而流芳百世,能懂得这点,足矣!

第三天,我们去了梦寐以求的日月潭。那里群山环抱,山峦层叠,潭中的珠仔岛,就像玉盘托着的珍珠,把湖面分为南北两半:东北面的形状好像圆日;西南边的如同一弯新月。坐上快艇,疾驰在湖面上,四周的青山仿佛活跃起来了,争先恐后地向后跑去。远处,蒋介石先生为母亲修的慈恩塔屹立山间,导游大姐向孩子们讲述那感人至深的孝的故事,为日月潭的美增添了新的内涵。

如果说日月潭是一个娇柔妩媚的少女的话,那么溪头森林公园便是一位深沉泰然的老者。游学的第四天,虽然下起了雨,但丝毫也阻挡不了我们游园的脚步。孩子们如置身仙境,穿梭林间,饶有兴趣地谈论起高大的蕨类植物来。我才发现那些高大、繁茂的蕨类植物足有几层楼高,还有一些蕨类植物竟然附着在大树的树干上发芽生长,那么肆无忌惮,那么随心所欲。林中常有松鼠大摇大摆地走过水泥路,悠闲地在树枝间蹦跳着,也是那么肆无忌惮,那么随心所欲,无不向我们表明它们才是这儿的主人。

大自然给予的碧海、蓝天、参天大树、险峻高山让我的眼睛做了一次酣畅的旅行;人类智慧给予的想象、创造、高楼大厦和尘封的历史又让我的眼睛在旅行中变得澄澈而丰满。这次旅行不只是一次眼睛的旅行,更是一次心的旅行。

心的旅行

游学第四天,我们去了中台禅寺,真正感受到了"菩提本无树,明镜亦非台。本来无一物,何处染尘埃"的空灵意境。尊尊大佛,威严高耸,英气逼人,即使心里有再多的浮躁之气也会一扫而空。

我们在大佛前祈祷,我们在佛寺里许愿,用真心讨得一瓶圣水,小心珍藏,祈求平安。来到这儿,孩子们不再是一群撒欢的小鸟,他们突然变得像教徒一样虔诚,一路轻声慢走,不忍心破坏这里的静谧气氛。我亦如此,卸下心头重负,清空心里的杂念,感受无我的境界。或许,这就是"时光深处,岁月静好"的心境吧!

游学第五天的晚上,我和孩子们徜徉在六合夜市,喝奶茶,吃海鲜,尝臭豆腐。那条街市上的各色小吃用"琳琅满目"这个词都不足以形容,因为小吃实在太多,我的眼睛看不过来了,我的鼻子闻不过来了。熙熙攘攘的吃货们接踵摩肩,本以为会喧闹嘈杂到震耳欲聋的,不曾想,走到哪儿,人们都会静静地排队等候。他们脸上的笑容如此恬静而柔和,随口而出的"您好""谢谢""欢迎下次光临"等字眼,让我们的心无比温暖。

台湾的夜市是繁华的,但人们的心不是浮躁的,只因文明的浸染使他们的内心变得笃定,一向聒噪的孩子们在这里也突然变得安静,如果他们不亲身感受文明带来的愉悦,又怎能下定决心做一个真正的文明人呢?

六天过去,台湾游学就这样结束了,每每回味那些行走在台湾的日子,我的内心总是极其充盈的,孩子们也在行走的途中欣赏了美景,感受了文明,大家都收获满满。

我可爱的宝岛啊!掬你入眼,我感受到你惊艳的美丽和现世的繁华;捧你在心,我领悟到人生的真谛和无处不在的文明。

与你邂逅,今生无憾!

又是一年毕业季

文/李颖

六年前牵着他们的小手踩着红毯,步入外小大门的情景仿佛还在昨天,可这六年的时光却已悄然在弹指间度过。又有四十个学生即将小学毕业,作为班主任,每到这个时刻我的心中总是五味杂陈,有不舍,有欣慰,还有对他们美好未来的期盼与希冀。临近分离,除了学业上的指导,我们还能送给他们什么才能使之终生受用呢?外小特有的"毕业课程"也许正是这样一份礼物。

在短暂的寒假过后,随着六年级最后一个学期的开学,我们真正迎来了毕业季,一幕幕让孩子们难忘的毕业大戏正式开演。

催人奋进的毕业动员会

毕业在即,一场鼓舞士气、指明方向的动员大会是少不了的。开学不久,六年级的全体师生齐聚小剧场,举行了一个简单却又不失庄重的毕业课程启动仪式。

仪式上,六年级四个班各派一个学生代表,就"怎样做一个合格的毕业生""温故而知新""礼貌与感恩""坚持梦想"四个主题进行了发言。他们的发言立足实际的学习生活,让参会的学生有了不少收获。

我们还请来了604班唐晓天的爸爸作为毕业生家长代表进行了发言。晓天爸爸是从美国归来的医学博士后,他的亲身经历本身就是一部励志传奇。为了让这些十来岁的学生更形象、更深刻地理解"梦想"二字,晓天爸爸还颇动了一番脑筋,他没有直接讲自己的求学故事,而是和学生们一起聊起了日本动漫。当大屏幕上出现"海贼王""火影忍者""龙猫"等经典动漫形象时,小剧场里顿时沸腾了起来。"如果将梦想作为信仰,永不放弃地追求下去,一定会梦想成真的。"晓天爸爸借

《火影忍者》中的台词道出了本次演讲的主题,他告诉学生们要拥有健康的体魄去"健康逐梦",保持阳光的心态去"快乐逐梦",坚定自己的信念去"坚定逐梦"。在晓天爸爸的演讲中,学生们心中那颗梦想的种子也在悄悄生根、发芽……

启动仪式过后,外小的毕业课程就正式拉开了序幕,接下来的时间,学生们定将以更饱满的学习热情、更踏实的学习作风,在老师和家长的悉心指导帮助下,找准方向,增强信心,克服困难,投入到生动活泼、紧张有序的学习生活中去。

别开生面的初中体验日

学生们一直对初中的学习生活充满了好奇与向往。为了让他们深入了解初中与小学的不同,以便逐步调整自己的学习方式与生活规律,更好地适应初中,4月26日,在金东方教育集团的大力支持下,我们带领外小六年级全体学生来到了龙盘湖国际学校初中部和金东方初中,进行了为期一天的初中生体验活动。

我们乘坐着校车往目的地方向行进。在途中,我问学生们:"你们想带着怎样的思考走进初中校园?你们想去看什么?了解什么?"面对这些问题,学生们众说纷纭,但都很有想法:有的关注作息时间;有的关注初中特有的课程;有的想了解社团活动;有的则想探究初中与小学不同的学习方法,一心想去向学长们请教……在兴奋的谈论中,校车缓缓驶入了初中校园。

一下车,一位彬彬有礼的少年向我们走来,介绍自己就是我们本次初中体验活动的向导。在这位小向导的带领下,我们先是参观了初中各个设施齐全、先进的教室和功能室。我们一路走一路看,发现我们的到来并没有影响校园正常的教

宁静的改变

学秩序,各个班级仍在有条不紊地进行着常规的学习、活动,整个校园都洋溢着一种文雅气息。我们被此景所感染,为了不破坏这里安静的学习氛围,学生们整齐列队,安静参观,用实际行动展现了外小学子所应有的风貌。

接着,外小学生们走进了701班的教室,在这里他们将和初中生们同上一节课,真正体验初中的课程与课堂。说来也巧,701班的学生中,有七八个都是去年从外小毕业的,和我们班的学生正好相互认识,这样一来,学生们都觉得轻松多了,在开课前,他们愉快地交谈起来。初中的学长们向学弟学妹们传授了如何更快适应初中学习生活的秘诀,并告诉他们初中的生活并非想象中的紧张与枯燥,而是更加丰富多彩,只要你全力以赴,时时都会充满惊喜。上课铃响了,这是一节美术课,幽默风趣的老师、下面应和着的学生,使课堂变得饶有趣味。

一堂生动有趣的美术课之后,我们一起来到了操场上。这时,阴沉沉的天空下起了淅淅沥沥的小雨,我们都撑起了伞,可七、八年级的学生仍旧冒着雨为我们表演了体育舞蹈。他们那认真的态度、整齐的动作、良好的纪律让学生们为之触动。接下来,我们在礼堂聆听了从外小毕业的吴雨巷同学的精彩演讲,让学生们对初中生活有了更深层次的了解。在下午的参观中,学生们了解了初中的社团活动。初中老师及九年级学生还为学生们带来了激励人心的演讲,让学生们明白了

051

要努力做身心平衡的人、知识渊博的人、富有爱心的人、乐于交流的人、勤于思考的人、积极探究的人、坚持原则的人、胸襟宽阔的人和善于思考的人。

这一天的活动下来,初中生活变得不再神秘,学生们也收获满满。有学生在自己的日记中写下了这样一段文字,在此摘录,用以表达更多即将步入初中的学生们的心声。

今天我们走进了初中,体验着初中生的生活,今天的他们就是明天的我们,所以我要从今天开始努力,争取考上我理想中的初中。我又即将捧起一个和以往截然不同的金色太阳;我又即将开启一场新的旅程,开启人生中最美好的青春年华。

——李博宇

令人难忘的毕业旅行

601班这四十个学生是幸运的,在家长们的大力支持下,他们成了外小毕业旅行的第一个试点班。于是,在五月的一个阳光明媚的日子里,我与学生们一起来到了首都北京,在这座历史文化名城里展开了为期八天的毕业研学旅行。

为了让学生们真正在这次旅行中有所收获,学校煞费苦心。运用一本精美的"研学手册",将整个研学旅行结合"游学课程设置""户外教学模式""学习效果与评价"等方面进行了系统规划和精心打造。

"游学课程设置"将北京16个名胜古迹、人文景观分别与我校五大课程领域进行深度融合,不仅丰富了课程体系,也优化了课程资源。集任务驱动、情境教学、体验活动于一体的户外课堂教学模式,让课堂活动更加突出开放性、综合性、体验性和实践性。

北京孔庙、国子监博物馆成为学生们感受国学文化的主阵地。孔庙大殿前,他们通过背诵孔子名言、诵读《论语·学而》、聆听景点介绍、了解孔子生平事迹、学习课文《孔子游春》、身着汉服恭行拜师礼等多种形式,身临其境地感受着中国传统文化的魅力,汲取尊师爱学的品行美德。

(我们体验了古人的拜师礼,游览国子监孔庙,感受中华传统文化的多彩。——朱鹏举)

重温《长城》课文后,我们一起登上长城,学生们迫不及待地触摸条石、城砖,寻找垛子、瞭望口、射口、城台,感受着古代劳动人民血汗和智慧的结晶。长城脚下,分小组开展的长城赛诗会、全体齐诵《少年中国说》更是让这群外小学子们见证了人类历史上的伟大奇迹,浓浓的民族自豪感从心底油然而生。无论是漫步在清华园里品味《荷塘月色》,还是徜徉在美丽的《颐和园》;无论是站在天安门城楼上感受气势恢宏的《开国大典》,还是置身于雄伟壮丽的《人民大会堂》,总会让同学们真真切切地感受到祖国悠久的历史和灿烂的民族文化。

在旅行中,孔庙、国子监博物馆、八达岭长城、中国国家博物馆、天安门城楼、北京大学等各景区和大学大门牌匾上的中英文对照,以及建筑物、文物旁的中英文介绍、特色菜式的英文翻译等,都成了学生们的英语教科书。每到一处,学生们总会拿出随身携带的研学手册,或摘抄单词,或记录翻译,或默读英语介绍。

在研学旅行途中,学生们对数学知识的灵活运用更是随处可见。航班号上英文和数字分别表示什么?学生们通过查找资料和询问空乘进行了解。根据航班飞行速度和时间,他们计算出从宜昌到北京的距离。甚至对自己每天日常开销的费用,学生们都记录在册,精打细算,合理使用每一分钱。

(在这次北京之旅中,我学到了许多,在离开父母的这段时间里,我学会了如何独立生存,学会了记账,学会了如何买东西最划算,学会了怎样与陌生人沟通,解决、完成自己的一些困难和任务。——胡骏午)

在中国科技馆里,学生们不仅参观了"科学乐园""华夏之光""探索与发现""科技与生活""挑战未来"五大主题展馆,还在球型巨幕影院里观看了精彩的科技

宁静的改变

影片。在这里,学生们不仅了解中国古代科学技术成就,而且还体验到了现代科技的无穷魅力,增长了知识,开阔了视野,小小的科学梦想已悄悄地种在了他们心里。

(神秘的球幕影院,让我全方位感受到太空;奇妙的4D电影,让我感觉仿佛身临其境;戴上VR技术眼镜,如同自己就站在月球之上。"华夏之光""探索与发现""科技与生活""挑战未来"这几大展馆,更让我感受到中国未来之进步未可量也! ——尹沁瑶)

走进"人间天堂"——颐和园,学生们感受着博大精深的中国园林文化。颐和

054

园中的长廊、万寿山、佛香阁、大戏楼、智慧海、苏州街、十七孔桥等景点和建筑,被他们用手机捕捉成精美的图画,分小组制作成图文并茂的电子相册,还借用微信平台分享到朋友圈,这便是基于通信设备和网络技术运用下的信息课堂。

长城脚下开展的"长绳游戏""两人三足"等体育拓展项目,不仅让学生们学会了团结合作,收获了友情,而且也磨炼了他们坚毅的品质。参观完鸟巢、水立方、奥运公园后,我们齐聚奥运公园广场,席地而坐进行了奥运知识问答,"奥运的起源""奥运的精神""奥运火炬的由来"……学生们轮流出题,积极抢答,使得现场的气氛既轻松又活跃。趣味十足的体育课程,还吸引了不少游客驻足观看。

还记得有一天的凌晨3点,全体学生整装待发,在浓浓的夜色中前往天安门广场,参观庄严的升旗仪式。5点左右,国旗护卫队迈着整齐的步伐,护送五星红旗,伴随着嘹亮的国歌声,同太阳一起冉冉升起的五星红旗飘扬在天安门广场上空,犹如航标一般,指引着中华民族前进的方向。此时此刻,学生们将铭记历史,深知自己肩负的责任。此外,在清华大学聆听师兄刘心志(外小毕业)介绍的"学习的好方法";在北京大学体味刘博士精彩的课堂,两所顶尖学府的一花一木、一景一物,无不让学生们为之赞叹。这不一样的品德教育,让学生们在亲身的经历与体验中,不知不觉树立了远大志向。

(当雄壮有力的国歌响起时,五星红旗冉冉升起,与此同时,朝阳也从东方缓

缓升起,我不禁为自己是一个中国人而感到骄傲与自豪。——尤子砚)

在这次旅行途中,作为班主任的我反而是相对轻松的。因为在出发前,学生们自行在他们中间推选了一个学生为"毕业旅行主席",在毕业旅行主席的带领下,学生们集体制定毕业旅行班级公约。公约内容与研学手册上的自我管理评价相结合,分为时间观念、纪律观念、学习观念、文明意识、自理意识和手机使用几大方面,对旅行途中可能出现的各种情况进行了详细的加分、扣分说明。由于这个公约是学生们自己制定的,因此在本次活动中,学生们都自觉自愿地遵守着公约,从某种程度来说确实是学生们自己在管理自己。每天的行程尽管很辛苦,但晚上分小组进行的活动小结却是雷打不动的。这每晚的活动小结既是对每日研学课程效果的检测,也让学生们在自主管理中,学会了合作,懂得了分享与感恩。

难忘这八天的旅程。在这八天里,学生们告别父母独自远行,在收获知识、友谊的同时,更是一次提升自我管理能力的人生历练。在这八天里,我与这四十个学生相伴,一起拥有了更多美好的回忆,收获了更多的师生情谊。

六年的学习生涯,一起经历的往事,
一次别样的毕业旅行,一生难忘的珍贵记忆,
点滴的成长,蜕变的奇迹,
只为成就一个不一样的你!

再过不到一个月,学生们就要从小学毕业了,这对于他们来说不仅是一个阶段的结束,更是一个新的开始。"毕业课程"作为毕业前夕送给学生们的礼物无疑是最为丰厚的。相信这段回忆会永远存在他们的脑海中,伴随他们今后的学习和生活。感谢学校带给学生们这么特别的体验,让他们学会学习、学会合作、学会不断完善自我。相信他们定会为自己的外小生活画上一个圆满的句号,为自己未来的征程积蓄更为强大的力量。

我勇敢我是男子汉

文/向海燕

"我是男子汉！我有勇敢的心灵、坚强的意志与体魄、乐观的心态、宽容的胸怀、睿智的头脑、敢于担当的能力。"9月30日上午，外小操场上传来了响彻云霄的铮铮誓言，这是怎么回事呢？原来是外小第五届"男孩节"拉开了序幕，"勇敢、坚强、乐观、宽容、睿智、担当"是六个年级的男孩们要用行动诠释的主题。

一年级男孩们怀揣"勇敢"上路了，我们随着一年级的小小男子汉们来到龙盘湖攀岩基地参加体验活动。

宁静的改变

品德与生活 Personal Character and Life

　　首先他们挑战的是"钻鸟笼"。"鸟笼"是由巨大的麻绳做成的许多个大小不一的鸟笼形状的笼子，他们要从底下钻进去，缓慢爬行，经过六个大"鸟笼"（有三四层楼那么高）和无数个小"鸟笼"，最后才能到达终点。"嘘"，随着一声哨响，这群男孩子争先恐后地往里钻，有的不一会儿就钻到了"鸟笼"的顶端，兴高采烈地享受着胜利的喜悦；有的爬到一半时发现自己居然离地面那么高，吓得大喊："啊，太高了，我怕，我不爬了！"于是坐在笼子内，不敢再往上爬。这突发状况急坏了下面的家长们，他们冲着爬到顶端的孩子们着急地大喊："上面的孩子，快快下来帮帮下面的孩子呀！"有两个孩子听到喊话后爬回来，拖、拉、拽、顶……想尽办法也没能帮助这些孩子脱离困境，于是他们便爬开了去。这些被困的孩子并没有放弃，只见他们用手抓、用脚踢……在经过多次尝试后，终于慢慢地掌握了技巧，顺利地向前爬去。这时，意外又发生了，小滕同学来到了"鸟笼"，平时连午休床铺都爬不上去的他，这么高难度的爬行，他又如何能完成呢？只见他用手拉住了上面的网子，却不知道如何用脚配合，着急地出了一头汗，下面看的人更是心都揪到了一起，默默地为他加油。正在这时，小林和小喆出现在了人们的视线中，他俩来到小滕身边，一个在上面拽小滕的手，一个在下面托小滕的腿，使出全身力气终于帮小滕同学成功地上到了鸟笼的顶层,就这样,一个连高低床都爬不上去的孩子,居然爬到了鸟笼顶层,小滕同学真是一个勇敢的男子汉!

看着勇敢的小滕,我的双眼有些湿润。回过头,看见小滕的妈妈已经泪流满面,她握着我的手说:"我真的没想到,他居然能成功!我以为他爬到一半就会哭着、吵着要下来,看来我还是小看了他,孩子的潜力是无穷的。我要感谢外小开展的这次男孩节活动,给了孩子展示、锻炼的机会,让孩子在活动中学会成长,也给了老师和家长了解孩子的机会。"

接下来,男孩们挑战了攀岩、走迷宫、六人协同运圆木等项目,他们满怀激情,越战越勇,看得我们心潮澎湃、热血沸腾,"勇敢"这枚种子在男孩们心中种下了,总有一天这些种子会破土而出!

"男孩节"在外小这片沃土中已经生根发芽,这些活动留下的温暖而深刻的瞬间将永远储存在孩子们的记忆中,他们在成长的路上一定会渐渐蜕变,变得勇敢,变得坚强,变得有担当……

我是女孩,我快乐

文/王莉

三月的细雨无声地滋润着大地,外小的女孩们犹如盛开的朵朵桃花,显得格外美丽,因为她们迎来了属于自己的节日——女孩节。作为外小的传统活动,各年级分别围绕"美丽、聪慧、勤劳、温婉、自爱、独立"六大主题开展体验实践,每一个优秀的品质,都是女孩们努力奋斗的目标。

美丽相约　拥抱春天

桃花的阵阵香气吸引了忙忙碌碌的蜜蜂,吸引了翩翩起舞的蝴蝶,也吸引了一年级的女孩们。她们穿上自己最喜欢的衣服,打扮得漂漂亮亮的,在老师和家长们的带领下,与美丽相约,前往三峡大学赏花。在习习春风的吹拂下,桃花不停

地摇曳着,向这些可爱的小客人频频点头,好像在说:"欢迎!欢迎!"女孩们也都兴奋得手舞足蹈,在桃花园中欢呼雀跃。

满枝桃花或朵朵,或团团,或簇簇;颜色或纯白,或粉红,或白里透着红。美丽的桃花早已让女孩们目不暇接,她们顾不得脚下的泥泞,穿梭在粉色的花海中,那一张张自信的笑脸灿若桃花,真美!

怀揣梦想　角色体验

亲爱的同学们,你们知道当我们还是一个个小婴儿的时候,爸爸妈妈是怎么照顾我们的吗?那快来"梦想城"找答案吧!二年级的女孩们在老师的带领下,来到了"梦想城",参与了宝贝育婴室、口腔医院、黔宜航空、超模学院等角色体验活动。她们怀揣着梦想,演绎着不一样精彩。在"宝贝育婴室",女孩们小心翼翼地

把宝宝抱出来,生怕捏疼了它们,再把它们的衣服脱下,一只手抱着宝宝,另一只手用毛巾轻轻地给宝宝擦身体,最后给它们穿好衣服放回床上。女孩们不约而同地说:"照顾宝宝可真累!"工作了半天,该娱乐一会儿了,女孩们兴高采烈地去了T台。化妆师给女孩们化妆、做造型,随着动感十足的音乐,表演开始了!有的女孩比较腼腆,有的女孩简直就是天生的模特,走在T台上,简直太有范了!

体验勤劳　收获快乐

一路欢歌笑语,三年级的女孩们来到了安琪生物产业园。在酵母文化长廊,女孩们了解了许多关于酵母的知识。接着,在烘焙老师的指导下,女孩们开始了制作饼干的准备工作。将面粉、鸡蛋和黄油混合起来,揉搓后形成面团,再将面团制成饼干胚,多神奇呀!伴着女孩们的笑声,该给饼干胚刻模了,凯蒂猫、爱心、小熊……女孩们大胆尝试,自选模具做饼干,一双双小手有模有样地翻动着,忙得不亦乐乎。

在女孩们的耐心等待后,香喷喷的味道从烤箱里飘了出来,形状各异的饼干出炉啦,女孩们都迫不及待地想要品尝。香香的饼干真好吃,女孩们品尝着自己的劳动果实,也品尝着劳动的快乐和光荣,一张张小脸上满是幸福和自豪。

温婉友善　关爱他人

在宜昌特殊学校,四年级的女孩们看到了聋哑儿童的生活,也看到了他们的自强不息。女孩们用手中的笔和简单的手语交流彼此的学习、生活情况。在短暂的相处中,感受着不一样的生活,懂得了关爱他人、懂得感恩才是真正的温婉友善。

洁身自爱　远离毒品

五年级的女孩们怀着兴奋又紧张的心情,走进了宜昌市公安局强制戒毒所。听着警察叔叔关于毒品危害的介绍,在警察叔叔的指导下辨识各种毒品,还参观了戒毒女学员宿舍。女孩们都争相表示:坚决远离毒品,提高自我保护意识和能力,还要做好义务宣传员,提醒身边的同学、朋友和亲人,珍爱生命,远离毒品。"洁身自爱"是大家共同的心声。

学会独立　感悟成长

在外小的最后一个"女孩节",六年级的女孩们来到东方年华生态农庄,在这里度过了一个奇妙而又难忘的"独立之夜"——露营。傍晚,女孩们在老师的指引下搭建帐篷,举行篝火晚会,欢声笑语一浪高过一浪。在这个节日里,女孩们除了兴奋和快乐,更多的是收获和满足。

"我是女孩,用花样的美丽,装扮美好世界;我用聪慧的头脑,从容面对困难,我用勤劳的双手,创造幸福生活;我有温柔的力量,做到耐心包容与友爱;我懂得自爱,爱惜自己的身心与名誉;我有独立的精神,一定能创造属于自己的天空。我为我是女孩而快乐,我为我是女孩而幸福。我必将成为美丽勤劳、聪慧温婉、自爱独立的最美女孩。"

美丽的誓言,久久回荡在我们耳旁……

绽放自由之花
——外小周三无书面作业有感
文/201班 覃泓茗家长

这个世界终究是孩子自己的世界,生活也终究是他们自己的生活。所以,我对孩子的教育方式是80分的自由、20分的限制。

无独有偶,外小周三的"无书面作业日",让我更好地坚持了自己的教育理念。首先是在活动内容的选择上,我的80分自由和20分限制理念发挥了重要的作用。比如刚刚开展周三"无书面作业日"活动的那段时间,我家孩子放学回到家

后非常兴奋,这也想做做,那也想试试,一会儿下下围棋,一会儿和小动物逗逗趣,一会儿看看电视……一开始,我们对她的选择也并不加以阻拦,给了她80分的自由,让她自由支配时间,做自己喜欢的事情。就这样经过了几个星期的观察,我们给了她20分的限制。让她在自己尝试过的这些活动中,选择出一两个长期坚持参加,成为一种习惯。在一番斟酌之后,她选择了围棋和养宠物。孩子有了选择之后,我们就要帮孩子创造条件,支持她坚持下去。在围棋方面,我们帮孩子找到了富有经验的优秀老师,帮她在网上寻找水平相当的小棋手切磋棋艺,尽我们最大的能力去为她创造条件,同时我们也教导她要善始善终,遇到困难不轻易放弃。在养宠物方面,我们以她的名义养了一只龙猫和一只垂耳兔,同时给她权利,让她亲自给小动物们取名字。她亲切地叫龙猫"团子"、垂耳兔"糯米"。有了这样一层亲密关系之后,她自然而然对照顾两个小动物比谁都上心了。我们这是用"爱心"和"责任心"给她设置限制呢。就这样,我们渐渐确定了她的周三无书面作业活动的内容,而且每隔一段时间,我们会根据她的兴趣和熟练程度对内容进行适当的调整。到目前为止,我们的周三"无书面作业日"活动除了下围棋、喂养小动物之外,还有亲子阅读、听英语、自由骑行等。因为这些活动内容都是在孩子自主尝试后才确定的,是她喜欢而且乐于去做的,在这种氛围中,她不仅是快乐的、享受的,而且也能够更加长期地坚持下去。

其次,我的80分自由和20分限制理念在活动的形式上也有不少帮助。还记得有一次,女儿回来后兴高采烈地跟我们说:"爸爸妈妈,今天我在学校听高年级的同学说起了一本书叫《尼尔斯骑鹅旅行记》,里面的故事非常有趣,我也好想阅读这本书啊。"既然孩子有了要求,我们就给她自由,与她约定周三的"无书面作业日"活动为阅读。但是另一方面,我们又对她的阅读提出了要求,给她列出了阅读的注意事项和要求,包括认识字词、讲述故事大概内容等。最后利用周末的时间,全家人坐在一起探讨交流和分享书中的故事。在这个过程中,每个人的想法都是自由的,可以针对问题进行多角度的探讨。在探讨中,表达自己独特的想法和见解。这样的80分的自由和20分的限制,在尊重孩子选择的基础上,又给了孩子进步的空间。

随着我们这一理念的深入,现在每周的"无书面作业日",孩子会先自己拟定自己想做的事情,列出一个清单和计划表。然后,我们家长会根据她的情况进行稍微的调整,确保孩子劳逸结合。比如,上周孩子的计划是这样的:先是给家里的宠物喂食和洗澡,然后学习一首古诗词,和网上的小棋手下两盘围棋,最后睡前看一会儿宫崎骏的动画片。计划是孩子的自由选择,我们只负责监督。

感谢外小实行的周三"无书面作业日",让我和女儿有了沟通的时间,有了亲子阅读的时间,有了我们共同喂养小动物的时间……正是这些时间让我有机会去倾听孩子的心声,给孩子自由的空间,分享孩子的成功和挫折,让孩子在自由中彰显个性,在自由中绽放最美的花朵。

02

语言与阅读
Language and Reading

课程与语言相遇

文/王丽君 王晶晶 杨春燕

语文是学习的工具,英语是外小的特色,对于这两个学科的课程改革,外小课改团队倾注了大量心血。

我们始终坚持儿童立场,反复研读课标,大胆改革,让课程与语文相遇在海量阅读和国学经典里;让课程和英语相遇在英语绘本和特色活动里,致力于构建"核心素养"背景下的语文和英语课程体系,多次试验和改进,初步形成了具有外小特色的新课程体系。

语文分为大单元双主题阅读教学、海量阅读、国学经典周三大基本板块。"大单元双主题阅读教学"是以一个单元的教材为单位组织教学,进行整体设计,打破了传统单篇教学模式;力求在主题的引领下,把多篇文章放在一起阅读,形成一个大语境,让学生学会在理解中运用、在运用中理解,深刻体验人文情怀并形成语文能力;主要通过以文带文、读写联动的主要课型进行教学。

2015年年初,外小加入了湖北省"群读类学"课题研究,这项课题研究与我们做的大单元双主题阅读教学有异曲同工之妙。我校课题实验组将大单元双主题阅读教学经验运用到研究中,取得了骄人的成绩:2015年5月,在湖北省"群读类学"课题研讨会上,王晶晶老师代表宜昌市上研讨课一节,陈静老师在大会上做了交流发言;2016年11月,王晶晶老师代表湖北省参加了全国小学语文优质课竞赛,获得二等奖。

在海量阅读活动中,学校一方面将整本书阅读教学纳入课堂,每周开设一节阅读课,构建整本书课堂阅读教学的四种基本课型,即阅读推荐、指导、分享和展示课。每位学生有一本"阅读记录卡",以便于阅读评价。每月会评选班级、年级冠军,每年会评选年度"阅读十强"和冠亚季军,举行一次阅读节,以展示学生的阅读成果。

学校还设立了"国学经典周",即用一周的语文课集中学习国学经典,根据小学生的年龄和认知特点,形成系统的学习体系:一年级读《百家姓》、二年级背《弟子规》、三年级背《三字经》、四年级背《增广贤文》、五年级背《论语》、六年级背《小古文》。国学经典周进一步激发了学生对祖国语言文字的热爱,为学生形成良好的个性和健全的人格产生了积极、深远的影响。

英语则根据外小学生的基础与能力,研发了适合每个年龄段学生阅读的校本教材——《英语绘本》,该绘本是在梳理朗文教材和外小阶梯中英文阅读教材的基础上,用最广维度、最深理解进行了领域间的有机整合和渗透。它走进了每周一小时的英文情景交际课,旨在让学生透过自己的生命体验感知书中的虚拟世界,帮助学生在学习第二语言的同时,更真切透彻地体验各种现实人生。

我们创设英语角,开展各种英语擂台赛、英语节、英语每周一句等特色活动,旨在培育学生"学习英语,从这里走向世界"的语言运用意识,激发全校学生学习英语的积极性,实现英语交际生活化,从而全面提升学生英语素养。

当课程和语言相遇,往往创造出美好的境界。外小学生在新的语文和英语课程的学习中,正逐步成长为具有民族情怀和国际视野的现代公民。

语文课从"小"到"大"的改变

文/李知文

> 教学的故事很多,它犹如四季,蓦然回首,这方风景竟如此动人,如此耐人寻味。
>
> ——题记

初次接触"大课时"这个词是在两年多前学校的一次教学工作会议上,当时从北京清华附小学习归来的几位领导和教师汇报外出学习的见闻和体会,讲到了清华附小的大小课设置,并提出了我校课程改革的愿景和目标。对于我这个工作了二三十年的老教师来说,一节课40分钟早已深入到骨髓,成了一种固定不变的课堂模式。现在课堂由40分钟变成60分钟,这多出来的20分钟讲什么?怎么讲?高效课堂又如何体现?

怀揣着教育的激情和憧憬,我一直希望我的语文课能上成青春的课、诗意的课、实用的课、有丰富内涵的课。大小课时的形式变化便成了我和学生们踏上青春语文、诗意语文之康庄大道的一条芳香小径。"单元整合"成了我语文课堂改革的不二选择。在厘清了相关头绪之后,我更加坚定了在课堂上利用大小课时这一新的形式开展"单元整合"的信心。终于,我的语文课程改革付诸实践了。

我和老师们一起认真地提出教学实施方案,钻研教材、整合教材。从细读教材,确定每个单元的语言训练主题,到确定精

读课、略读课、整本书的阅读课的类型,到大小课时内容的确定,最后到课外文章的补充和延伸等,我们在学校和组内进行了一次次的教研、切磋和修正。为了激发学生们的学习兴趣,把课上得生动而有内涵,我还搜集了大量的资料,购置了很多图书。前期工作我一丝不苟、脚踏实地地开展。有了充分的准备,我信心满满地走上讲台,憧憬着带领学生一起亲近文字,汲取先贤的智慧,上出最生动的"大课"。

在春暖花开的四月的一天,我终于推开了这扇虚掩的门。

我选择了五年级语文下册第六单元的《人物描写一组》中的《临死前的严监生》,作为我的第一次大课时的教学尝试。这篇课文节选自吴敬梓的《儒林外史》。吴敬梓用辛辣讽刺的艺术手法将家财万贯的严监生在临死前为了两根灯草而迟迟不肯咽气的形象描绘得活灵活现。

上课铃响后,以"印象最深的名著人物"为题的课前三分钟演讲一结束,我直接导入,让学生默读课文,根据一道填空题圈画重点,厘清严监生咽不下气的原因。在学生充分讨论后,我抛出另一个问题"他家很穷吗?",让学生们交流并补充课外资料,用"家财万贯"形容他的家境。此时,一个富翁却舍不得两根灯草的吝啬鬼形象早已在学生眼前挥之不去。我紧紧抓住临死前严监生与家人对话的神态和动作,让学生深入体悟人物的内心,学习名家的写法,顺利地完成了课文教学任务。

在课堂时间还有大约一半时,我就势推出了课前为学生准备的补充材料,世界文坛上的一群吝啬鬼:法国剧作家莫里哀的《吝啬鬼》里的阿巴贡、巴尔扎克的《欧也妮·葛朗台》里的葛朗台、俄国作家果戈理的长篇小说《死魂灵》里的泼留希金。学生通过对比阅读,完成阅读单上的表格(内容包括篇目、吝啬鬼的名字、吝啬鬼的表现、刻画人物的方法、圈画的关键词语及体会),然后进行小组汇报。课堂上我把学生的目光引向了一群吝啬鬼,并不失时机地点出名家的写法。最后读写联动,落实到了写作上,让学生对名著进行大胆补白——"劝一劝这群吝啬鬼"。

此时此刻,60分钟的课程在不知不觉中结束了,学生们意犹未尽,少了平日即使40分钟课时也掩饰不住的倦意。课后,学生们围着我叽叽喳喳兴奋地交流这几个人物,对原著内容充满了好奇。有限的60分钟内,学生们阅读了一篇课文、三篇名著节选,了解了文坛上的一群吝啬鬼,学习了文坛巨匠们抓住神态、动作、语言等进行人物描写、环境描写的方法,收获颇丰。我想,学生们也许会因为这节课阅读兴趣大增,可能会主动去阅读那些名著。也许,学生们到了中学,学到《欧也妮·葛朗台》,还会情不自禁地想到严监生和其他几位吝啬鬼,还会想起这堂课。这不

就是我想要追求的语文课吗？语文不就是需要无限的拓展与延伸吗？语文不就是一扇扇打开通向大千世界的天窗吗？语文不就是应该丰富多彩、灵动、有生机和活力吗？

这节课带给我太多的思考。如果我们还在以课讲课，一味追求课文分析，一味重复课堂上无谓的朗读，一味布置一些枯燥无益的作业，一味去讲似是而非的语文知识……那么我们的课堂永远不会灵活高效，我们的语文永远无法拓展延伸。当然，整合后的群文阅读，对我们语文老师来说，同样具有巨大的挑战。课堂上，想让学生多读一篇文章，我们可能就要多读几篇或者更多的文章。只有底蕴深厚、爱阅读的老师，才能转变阅读观念，明确阅读目的，引导学生更加自主、愉悦、生活化地去阅读和理解。

初次推开这扇虚掩的门，我尝到了成功的甜头，同时也感到了身上所肩负的重担……

半个学期过去了，我和学生们习惯了大小课时，并沉浸其中。或以一篇带多篇延展阅读，或整合课内和课外阅读资源对比学习，或围绕主题深化思维训练，或结合单元内容开展课外阅读推荐、指导、交流和展示……与常规语文课堂不一样的教学形式让学生们充分感受到阅读的快乐，也激发了学生们灵动的想象。教学中，学生们妙语连珠，精彩纷呈；课堂外，学生们乐此不疲地阅读，兴趣盎然地走进《史记》《居里夫人传》《贝多芬传》《呼兰河传》《留德十年》……迫切地去了解林海音的《城南旧事》、高尔基的《童年》……用心去欣赏朱自清、李汉荣、赵丽宏的散文……课堂已然成了我和学生们品味文学、分享情感的乐园，开启了学生们的文学之旅。每上一堂好课，对于我和学生们来说，如沐春风，如浴春雨，都是一次愉快的精神旅行，都是生命的珍藏。

语文课，从"小"到"大"的改变，已在路上！我愿意带着学生们，在这条芳草小径上，走出别样的美……

以群读，以类学
——语文大单元主题整合教学

文/邢小茜

师：同学们，你们喜欢读故事吗？今天老师带给大家三篇有趣的童话，我们一起来读读吧！

师：读了这三篇故事，你能发现它们有什么共同之处吗？

学生自由交流，教师适时点拨总结。

师：是的，这三篇文章中对话最多。原来，对话也可以组成一个个有趣的故事呀！今天就让我们学习这三篇童话，演演这三篇童话吧！

咦！这是一节怎样的语文课？一节课上，怎么能同时学习三篇文章呢？

这就是我们学校正在进行的语文大课时"群读类学"式主题整合教学研究。

还记得，2015年的那个春天，热爱语文的外小语文教师们和"群读类学"相识了。从那一刻起，便注定这将是一场美妙的盛宴。

怀着满腹的疑虑，我参加了群读类学的初次学习，对这个新鲜事物有了一个初步的认识。书上说，群读类学就是在一定时间空间内，探索性地阅读一组相关联的文章的全新阅读教学方式。它以群文阅读为学习载体，以语文的工具性为学习基础，将有共性的文章放在一起，寻找共同教学点，教学生掌握学习方法，学会举一反三。这就要求我们对现有教材要进行大刀阔斧的整合。可是，对于我这个有着22年教龄、已经习惯按部就班教书的老教师来

说,无疑是茫然的、排斥的。可是,教育的步伐不允许有丝毫的懈怠,我也只好硬着头皮上讲台了。

还记得,我所执教的《陶罐和铁罐》就是语文教材三年级上册中的一篇文章。根据以群读、以类学的大单元整合原理,我确定的知识点就是关注提示语中的重点词语,增加了《五官争功》《狼和小羊》这两篇文章。这三篇童话故事在语言表达上的共同特点是通过对话展开情节、推动故事的发展,故事中的人物在一次次具体生动的神态、动作描写中,形象更加鲜明、突出起来。在教学的过程中,我首先让学生通读这三篇文章,整体感知,发现语言的共性特点。然后通过抓住陶罐和铁罐的第一次对话,引导学生关注提示语中的重点词,学会一边读一边展开想象,想象人物的动作、神态,从而体会人物的内心情感。接着,我鼓励学生把三篇文章提示语中的重点词都找出来,通过分角色朗读、表演等形式,体会并揣摩人物的内心。看着学生们在台上台下绘声绘色地朗读、表演,我知道,学生们已经学会并喜欢上这种阅读方法了。

三篇文章的学习,大大扩充了语文大课时的教学内容,增加了学生单位时间内的阅读量,而语文知识点的讲授也更加准确明晰了。这一点,在学生们后来惟妙惟肖的情景表演中,体现得淋漓尽致。

也许,有些学生对于人物当时的情感只能意会不能言传,也许有些学生心中明白,但不能通过朗读展现得十分充分,但是我相信,通过一次次的想象、揣摩,学生掌握这种阅读方法后,以后在阅读此类文章时,就会格外关注提示语,边读边想象,让自己在阅读中快乐飞翔。这也正是语文大单元主题整合教学的意义所在。

随着后来一次又一次的不断摸索,我觉得"以群读,以类学"这种大单元整合教学,要求教师在教学设计中,一定要充分利用群文的优势,更准确地定位阅读教学中师生的角色。不能因为阅读量的增加,使教师"讲"和"导"的分量过度增加,而应该为学生提供更多的自主阅读机会,引导学生自己去揣摩并掌握一种更具实效性的学习方法,真正成为群文阅读的主人。我将和学生们共同努力,享受这种单元整合带来的"福利"。

"走进田园、热爱乡村"大单元整合解读

文 | 胡春艳

在我校语文课程改革的背景下,2015年4月外小举行了东、北两校区语文大单元整合的说课比赛。整合课旨在将相关教材进行合理调整,增加课堂容量,提高课堂效率,达到最好的教学效果。因此,我们教研组抱着这个宗旨对人教版语文四年级第八册第六单元进行了大单元的整合。

第六单元教材围绕"走进田园、热爱乡村"这个专题编排,由两篇精读课文、两篇略读课文和一个"语文园地"组成。其中,《乡下人家》描写了富有诗意的乡村生活,《牧场之国》展现了异国的田园风光,《古诗词三首》更是生动地再现了一幅幅乡村风光、田园意趣的图画,《麦哨》则侧重描绘了乡村儿童在乡间田野无拘无束、充满乐趣的童年生活。

这样编排,一是引导学生通过读课文,感受充满了诗情画意的田园美景,体验洋溢着泥土气息、自然质朴的乡村生活,并由此产生热爱与向往之情;二是引导学生在阅读中抓住景物的特点,体会作者是怎样通过朴实而又生动的语言展现乡村生活的,学习作者的表达方法,同时丰富自己的语言积累。

在单元整合前,我们首先在学生中进行了一次调查。据了解,乡村生活、田园风光离城市的学生说近不近,说远也不远。绝大多数学生去过乡村,体验过乡村生活,感受过田园风光。因此,我们认为在教学时,可以结合学生的生活体验和感受,并以图片、资料为辅助,拉近学生与课文的距离。

但是,对于四年级学生来说,作者描写的美好的田园风光可以借助图片和生活经验来想象和丰富,但作者想要表达的那样静谧、安详的生活意境与学生现实的生活离得较远,没有一定的生活经历,学生体会不到那种"采菊东篱下,悠然见

南山"的心境。

结合学生的实际情况,我们在教授此单元时,只要求学生对充满了诗情画意的田园美景和洋溢着泥土气息、自然质朴的乡村生活有所感受即可,不强求学生理解"斜风细雨不须归"和"归园田居"的心境。

于是,我们把这个单元的工具性目标定为:通过阅读,学习抓住景物特点进行描写的方法,并尝试在习作中运用。将人文性目标定为:感受充满诗情画意的田园美景,体验洋溢着泥土气息、自然质朴的乡村生活。

在了解学情、确定目标后,我们开始对这个单元的课文进行整合。我们打破了传统的按顺序教课文的方式,把课文打散,再加入其他内容进行补充整合。我们共安排了七节大课、两节小课,一共七种课型。首先是两节以文带文课,我们以教材中的课文《乡下人家》《牧场之国》为主,再分别加入了《家乡的风景》《草原》两篇文章,在上完这两节课后,我们安排了一次学习方法小结,也就是"语文园地"中的"我的发现"。目的是让学生在感受乡村田园生活的同时,体会作者是如何抓住景物特点进行描写的。然后,我们把《古诗词三首》和"语文园地"中的"日积月累"整合到一起,目的是让学生充分感受诗人笔下的田园风光和乡村生活。接着,我们在学习《麦哨》这篇课文时,安排一次小练笔。这是一篇略读课文,六十分钟的大课时,有充足的时间让学生写一写。因此,我们安排的是一节"读写联动"课。有了前面学习的基础,学生可以尝试运用抓住景物特点的方法来写。我们还安排了"课外拓展""习作指导与讲评""整本书的阅读指导"等课型,目的都是为了有效达成这个单元的人文性目标和工具性目标。

除了人文性目标和工具性目标以外,我们也没有忽略这个单元的一些基础性目标,例如:(1)认识28个生字,会写22个生字,正确读写22个词语;(2)有感情地朗读课文;(3)背诵优美句段和古诗词,丰富语文积累。这些基础性目标的达成都贯穿到了各种课型的教学中。

在这个单元的学习中,我们还要注意引导学生开展观察、了解乡村景物和生活的活动,进一步增进学生对乡村生活和田园景物的了解,培养学生热爱乡村、热爱大自然的感情。

通过这个单元的整合,我们对教材有了更深地认识,也有了自己的理解。我们以教材为主,能结合学情确定教学目标,能根据教学目标整合和补充教学内容。正因为如此,一次次的整合过程,就是教师成长的过程,也是学生获益的过程。

第六单元整合方案表

教学内容	课型	课时	备课人
《乡下人家》+《家乡的风景》	以文带文	1个大课时	陈娟
《牧场之国》+《草原》+我的发现	以文带文	1个大课时	郑玉华
《古诗词三首》+日积月累	诗词赏析	1个大课时	陈娟
《麦哨》+小练笔	读写联动	1个大课时	郑玉华
综合性学习+口语交际+展示台	课外延伸	1个大课时	胡春艳
习作指导:田园生活美如画	习作指导	1个大课时	张玲
习作讲评	习作讲评	1个大课时	张玲
阅读分享与阅读展示课	课外阅读	2个小课时	陈娟

《黄山奇松》组文教学设计

文 | 王晶晶

一、教材分析

(一) 选文

1. 课文：苏教版语文五年级上册第十六课《黄山奇松》。
2. 组文：《索溪峪的"野"》《名人书痴》。

(二) 选文分析

《黄山奇松》是苏教版小学语文五年级上册第五单元中的一课，共三个自然段，400字左右。该文采用"总分总"的结构方式，选取典型材料，以生动的笔墨描写了黄山松的奇特姿态，抒发了作者对它们的赞美之情。

面对课文，站在课程的角度，首先需要思考的问题是：一篇课文可以教什么？换言之，学生通过课文能够学到什么？如果抛弃以往在课文内容上面面俱到、深挖细掘的教学设计思路，那么，本文的教学价值又该如何重构呢？通过细读课文，我们在"字词句段篇"等众多语文要素中，选择《黄山奇松》的构篇方式作为教学的线索，通过对"总—分—总"结构关系的梳理，教学生掌握阅读方法，并自觉地将它运用于这一类文章的读写实践之中。这样，《黄山奇松》就成了"总—分—总"这一类文章中的一个例子，其教学价值从内容上讲，是"总—分—总"构篇方式的样式；从教学功用来说，是学习"总—分—总"构篇方式的引路范文。

由此，我们以《黄山奇松》为基点，另外选择了两篇"总—分—总"结构的文章，即《索溪峪的"野"》《名人书痴》作为协同学习内容，共同组成本课的教学材料。

《黄山奇松》小巧精致、开合有度。第一自然段是文章的总起段，作者由黄山四绝入手，引出四绝之一——奇松，一个"更是"，一个"情有独钟"，揭示了下文，点明了文章的中心意思。第二自然段围绕"奇松",描绘了迎客松、陪客松、送客松三大名松"迎""陪""送"的奇特身姿,给人以身临其境之感。三大名松虽然姿态各异,却浑然一体,让人们赞美、欣赏、向往、"情有独钟"。第三自然段概写黄山松的千姿百态,六个"或"和两个"有的",既列举了黄山松的几种姿态,又给读者留下想象的空间。最后,作者抒发了对黄山奇松的赞美之情。

《索溪峪的"野"》在总写对索溪峪"野"的感受后,分山、水、动物、游人四个方面进行具体描写,脉络清楚,衔接紧密,过渡自然。最后,总结了索溪峪的"野"令人快慰。《名人书痴》则是按照开头引出话题,中间举例表述,最后,总结了归纳的方式组织全文。

三篇选文同属"总—分—总"一类的文章,都是按照"总起—分述—总结"的结构进行构篇的,但也有一些区别。《黄山奇松》《索溪峪的"野"》都是写景的,但在分述部分的构成上有所不同;《名人书痴》虽然与前两篇文章在结构上如出一辙,却非写景文章。这样的选文安排,丰富了"总—分—总"的学习内容,既可以让学生通过发现三篇文章在结构上的共同之处,认识这一类文章的构篇规律,学习厘清文章思路的方法;又可以通过比较看到不同,体会"总—分—总"结构在具体运用中的变化,提高读写实践的能力。这样,三篇文章在新的教学材料结构中就有了各自的定位,具有了新的价值,这种对选文的教学价值进行重构的做法,不仅是源于教材又不拘泥于教材的具体行为,也是教师语文课程意识的重要体现。这样的重构也就决定了在对课文内容的具体处理上要大胆取舍、善于取舍,有别于传统单篇教学的做法。

因此,教学这组课文的基本思路是:在引导学生学习《黄山奇松》构篇方式的基础上,发现"总—分—总"这类文章的基本规律,总结阅读方法,然后大胆放手,让学生运用所学方法自主阅读《索溪峪的"野"》和《名人书痴》,进而拓展运用到更广泛的读写实践之中。

以上是从教材解读的层面分析教学内容的适宜性。那么,学生对这一教学内容有着怎样的认知起点和学习需求呢?对于五年级的学生来说,能够较容易地分辨一篇课文是不是"总—分—总"结构,也能很快地厘清文中哪是总起部分,哪是分述部分,哪是总结部分。但他们对总起部分有什么作用、分述部分如何围绕总起部分展开描写,以及总结部分与前面两者之间是什么关系,缺乏清晰、明朗、完整的认识。这是本课教学的学情,也是教学设计的基点所在,更是范文《黄山奇松》学习过程中应着力解决的关键性问题。只有在范文学习中将这些关系厘清了,才能在后续阅读中做到举一反三、学以致用。

二、教学目标

学习运用画结构图的方法,厘清"总起—分述—总结"之间的关系,把握文章思路,读懂这一类文章。

目标设计说明:

在倡导培养学生语文核心素养的背景下,坚持"一课一得"的思想,教学目标不蔓不枝,高度聚焦。简化目标之后,腾出大量的时间和空间让学生自主学习,在充分展开的实践活动中形成语文能力。

三、教学准备

组文资料、学习单。

四、教学过程

(一)范文引导,学习方法

1.初读课文,整体感知。

(1)明确学习内容,板书课题。

(2)浏览《黄山奇松》,找一找课文是围绕哪一句话写的,并画上线。

(3)学生交流自己所画出的语句,聚焦"人们对黄山奇松,更是情有独钟"。

2.品读分述部分,感受松之奇。

(1)课文哪些句子写出了黄山松的"奇"?

(2)学生自读、勾画。

(3)学生交流勾画的语句,教师出示以下句子。

迎客松有一丛青翠的枝干斜伸出去,如同好客的主人伸出手臂,热情地欢迎宾客的到来。

陪客松如同一个绿色的巨人站在那儿,在陪同游人观赏美丽的黄山风光。

送客松向山下伸出长长的"手臂",好像在跟游客依依不舍地告别。

(4)引导学生品读、想象,感受三大名松的奇特之处,进而体会分述部分是怎样围绕总起部分展开具体描写的。

(5)配乐朗读,升华情感。

3.厘清总结段与分述、总起段之间的关系。

(1)朗读,交流总结部分是怎样描写黄山松的。

(2)欣赏千姿百态的黄山松。

(3)回顾全文,完成结构图。在此过程中,对"总—分—总"之间的关系进行小结。

作者先写了人们对黄山奇松情有独钟,这是总起部分;接下来,围绕奇松,生动具体地描写了三大名松之奇,这是分述部分;最后概括地写了黄山奇松千姿百态,这是总结部分。分述部分是围绕总起部分详细描写的,总结部分既是对分述部分的补充,又对全文进行了总结和提升。

设计意图:以《黄山奇松》为例,教会学生借助结构图,厘清总分之间的关系,从而形成结构化的语文知识,为后两篇文章的阅读奠定基础。

(二)组文阅读,学以致用

1.自读《索溪峪的"野"》《名人书痴》,选择其中一篇用画结构图的方法,厘清文章各部分之间的关系。

2.交流结构图,比较群文异同。

(1)交流《索溪峪的"野"》的结构图,并借助结构图,重点探讨分述部分是怎么具体表现"野"的。

(2)比较《索溪峪的"野"》和《黄山奇松》的分述部分有什么不同,分述部分既可以用一段表述,也可以分若干段来表述。

(3)交流《名人书痴》的结构图,梳理"总—分—总"之间的关系。

(4)将《名人书痴》与《索溪峪的"野"》《黄山奇松》进行比较,引导学生发现:不仅写景类的文章常用"总—分—总"这种结构方式,其他类别的文章也有运用,可见"总—分—总"结构运用很广泛。

(5)相互交流运用结构图的体会。

设计意图:语文是一门实践性很强的课程,教会不等于学会。在这个环节中,学生在充裕的时间里自主批画、交流讨论,通过组文的阅读,举一反三,提高能力。

(三)立足结构,读写互动

以"食在广州"为题,采用"总—分—总"的结构,写一篇习作向人们介绍广州的美食。可以先画一个结构图,拟出一个思路,再写文章。

设计意图:根据组文特点,将"总—分—总"的构篇方式作为读写结合点,给学生提供有效借鉴的对象和创造的依据,以读促写,以写促读,达到读写相互促进、相得益彰的教学效果。

板书设计如下图所示。

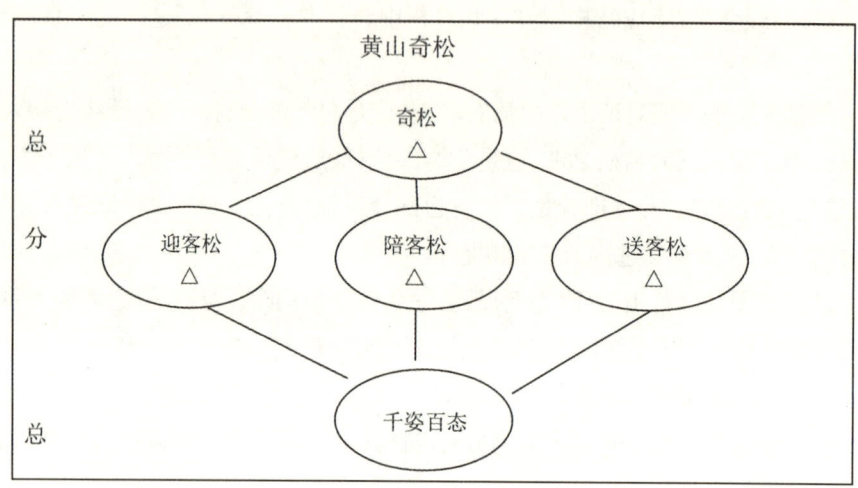

大家一起读三国

文|林芳

学生们一天天长大,对课外书的阅读热情也一天天高涨,每周一节的阅读课更是成为学生们翘首以盼的美好时光。作为语文老师,当然不能辜负他们的期待啦。这不,这个月的"大餐"已经准备就绪,那就是四大名著之一的《三国演义》!

我推荐

今天是阅读推荐课。结合语文书上的名著单元,这个月我们决定推荐四大名著之一的《三国演义》。

为了调动学生们的兴趣,我首先播放了电视剧《三国演义》的一个片段,即诸葛亮智退司马懿。学生们看得津津有味,对诸葛亮的神机妙算表示十分佩服。然然兴奋地喊道:"这是诸葛亮的空城计!"我顺势问道:"诸葛亮是个什么人?你可以为大家介绍介绍吗?"然然骄傲地站起来,大声说:"他是三国时代的人物,是蜀国的军师,特别有智谋,被称为'智绝'。"我赞许地点点头:"你说得很准确,你是怎么知道的呢?"然然得意地说:"我家里有一整套《诸葛亮传》,我都看完了,他是我的偶像!""哦,你真是个爱读书的孩子,相信今天老师要给大家推荐的书你一定会特别喜欢,那就是《三国演义》!"

接着,我出示自己提前准备的PPT,介绍了《三国演义》的主要人物和情节,并摘选了刘备三顾茅庐、诸葛亮舌战群儒、杨修之死、刮骨疗伤等几个故事。我在讲述的时候,学生们时而一声惊叹,时而忍俊不禁,时而频频点头,时而义愤填膺。不知不觉中,故事讲完了,他们个个意犹未尽,缠着我还要听故事,我笑眯眯地说:"这些故事,书中都有,你们自己去看吧!"学生们一声欢呼,马上拿出提前要求购买的《三国演义》少儿版看起来,一时之间,教室里鸦雀无声,只听到"哗哗"的翻书声。

我指导

第二周是阅读指导课。对于《三国演义》这样的鸿篇巨著,学生们阅读起来还是有一定难度的。但是我该如何指导呢?我思来想去,最后灵机一动:先摸摸学生们的底,看看他们需要哪方面的指导,然后对症下药! 于是,我提前两天做了一个调查:请问你们在阅读《三国演义》的过程中碰到了哪些困难?在一张纸条上写下来!

纸条收了上来,学生们的问题五花八门,但是经过汇总,我发现有一个主要问

题,就是书中的人物太多,事件太多,学生们记不住,搞不清每个人物的立场,导致读起来犯糊涂。怎么解决这个问题呢?我想到了思维导图。学生们在数学课上已经可以熟练使用思维导图来归纳知识点了,那么,可不可以用画思维导图的方法来厘清三国中的人物关系呢?当我在课堂上把这一想法和学生们说了以后,大家十分感兴趣,个个跃跃欲试,尤其是几个读书读得快的学生,一副胸有成竹的模样。

为了让大家清楚要求,我先引导大家绘制了蜀国的人物关系图。首先以刘备为中心,按照时间顺序,从桃园三结义的张飞、关羽,到三顾茅庐请回来的诸葛亮,再到其他蜀国名臣,一点点梳理出来。在梳理的过程中,还可以将与之相关的著名事件也罗列出来。考虑到学生们的阅读进度,我们只梳理到三国鼎立局面的形成,剩下的部分可以随着阅读的深入继续补充。

学生们很快掌握了方法,兴致盎然地绘制起了曹魏和东吴的人物关系图。不一会,小文突然举手了:"老师,我有个疑问,曹操是挟天子以令天下,并没有建立自己的政权,他代表的还是汉朝啊,那曹魏的关系图该怎么画呢!"其他学生一听,也附和起来。我想了想,说:"曹操虽然没有建立政权,但他是曹魏的实际奠基人。可以说,曹操掌权的阶段,汉朝已经名存实亡,虽然曹丕后来称帝,但曹操才是真正的灵魂人物。绘制的时候还是把他归到曹魏吧!"大家恍然大悟地点点头,继续忙碌起来。

快下课的时候,我让已经画完的学生将自己的思维导图展示给大家看,并做一个简单的讲解。小义第一个站了起来,毫无疑问,他选择的是曹魏。随着他的侃侃而谈,曹操的生平铺展开来,他招揽的英雄好汉也一一登场,虽然还存在一些小的疏漏,但也足以让学生们听得如痴如醉了。

随着下课铃声的敲响,我也做了一个小小的总结:"阅读之初,思维导图可以帮助我们厘清思路;随着阅读的深入,思维导图又可以检查我们的阅读效果。希望大家能够多多运用这种方法来读书!"

共分享

第三周是阅读分享课。在兴趣的驱使下,班上的多数学生已经读完了整本小说,这段时间大家的话题也经常围绕三国展开,无形中掀起了一股"三国热"。既然学生们有了如此强烈的表现欲,我当然要提供机会呀。所以,本次分享的内容

被定为:我最喜欢的三国人物。相信他们每个人都会有话可说。

分享课开始了!然然第一个上台,毫无疑问,他最喜欢的人物是诸葛亮。他通过空城计、草船借箭、七擒七纵、锦囊妙计几个故事展示了诸葛亮的过人智谋。他的发言像一剂催化剂,大家的热情一下被点燃,纷纷夸起自己的偶像:小文眼中的关羽忠义无双,小皓眼中的赵云神勇无敌,旭旭眼中的刘备善于笼络人心,小木心中的曹操知人善任,蒙蒙最爱妙手回春的华佗,小敏对年少成名的周瑜情有独钟……各人有各人的喜好,各人有各人的理由。听着大家摆事实、讲故事、读原文、念资料,娓娓道来,倒真有几分百家争鸣的味道呢!有些学生喜欢的是同一个人,马上就成为知己,互为补充,自然而然地组建了小团队。

时间一分一秒地过去了,一堂课结束了,对文本的思考、对人物的探讨却刚刚开始。分享课,分享的是大家的思想,是各自读书的感悟和收获,我想,这种火花四射的思维碰撞,不正是学生们最可贵的阅读经历吗?

共展示

第四周是展示课。展示什么呢?这是学生们这几天感到困惑的问题。"只要是和三国有关的,展示什么都可以,如何展示也随你们!"我大气地挥挥手,给了他们最大的自由度。

第二天,小鸣拿着本子走过来了:"老师,我写了个剧本《曹操败走华容道》,请您给点意见,我们马上准备排演了!""是吗?"我有些吃惊,也有些感动,上个单元刚接触了戏剧这种新文体,他们就开始活学活用了。我对小鸣说:"你很有创意!我看完后再给你建议吧!"于是,过了两天,在我这个特邀顾问的支持下,剧本修改好了,舞台剧也进入紧锣密鼓的排练。

大课间,我总能看见小琪和晨晨凑在一块嘀咕什么,走过去听,原来是在练习一段相声——《说三国》!

小桂的妈妈告诉我,小桂这几天回家就把自己关在房间里,写完作业就画画,说是要画一套三国人物插图呢。

婷婷做事一向拖拉,这几天完成作业却很快,因为她要腾出时间来练习讲故事。她得意地说:"我的故事小说里没有,是在别的书上看到的,同学们一定感兴趣!"

…………

大家都心照不宣,忙忙碌碌,为的都是同一个目标,就是阅读课上的精彩展示。我想,不用我再来描述学生们展示课堂上那些让人感动和震撼的表现了,当他们真正用心去做一件事的时候,真的好可爱。阅读带来的乐趣和甘甜,也在这一过程中得到了充分的体现。

教育的目的不仅是传授本领,更重要的是唤醒和激励学生们。阅读课的意义,就是通过各种手段和方式,激发学生们阅读的热情,点燃阅读的星星之火,让学生们做真正的读书人。《三国演义》的阅读经历让我看到了学生们的潜力,相信只要坚持下去,他们一定能够成长为爱读书、会读书的人!

附：

五年级必读书目

书名	作者
《爷爷的爷爷从哪里来》	贾兰坡
《鲁滨孙漂流记》	[英]丹尼尔·笛福
《三国演义》	罗贯中
《水浒传》	施耐庵
《城南旧事》	林海音
《哈佛家训》	[美]贝纳德
《毛泽东传》	[英]迪克·威尔逊

五年级选读书目

书名	作者
《繁星·春水》	冰心
《百万英镑》	[美]马克·吐温
《特别的女生萨哈拉》	[美]爱斯米·科德尔
《格兰特船长的儿女》	[法]儒勒·凡尔纳
《风之王》	[美]玛格丽特·亨利
《造梦的雨果》	[美]布莱恩·塞兹尼克
《名人传》	[法]罗曼·罗兰
《星期三的战争》	[美]加里·施密特
《安妮日记》	[德]安妮·弗兰克
《告诉世界我能行！》	卢勤
《青铜葵花》	曹文轩
《红岩》	罗广斌、杨益言
《纳尼亚传奇》	[英]C.S.刘易斯
《上下五千年》	林汉达
《诺贝尔奖获得者与儿童对话》	[德]贝蒂娜·施蒂克尔
《夏日历险》	[美]威尔逊·罗尔斯

你们是读书长大的

文|胡春艳

又是一年桂花飘香,我和学生们回到了久别的校园。一如每年开学时的兴奋,学生们在教室里三五成群地讲个不停。我微笑着走上讲台,他们起初还没有意识到老师已经进了教室,后来有几个机灵的小家伙看到我,才渐渐安静了下来。

上学期间,每天和学生们相处,很难察觉他们的成长。近两个月不见,再见到他们,确实觉得他们长大了不少。学生们不仅长高了,似乎也更成熟了。我很想知道这个暑假他们过得怎么样、是怎么度过的。于是,按照学校的规定,我和学生们开始了暑假实践活动反馈。

这节课反馈的主要内容是"我的海量阅读"。我引用习近平主席的话"读书可以让人保持思想活力,让人得到智慧启发,让人滋养浩然之气"作为开场白,打开了学生们的话匣子。胡睿杰首先发言:"我在暑假里读了《暑假阳光实践手册》里推荐的《名人小时候的那些事》《绿山墙的安妮》《探索未知,记录悬疑》三本书……"话还没说完,周毓恒就抢言道:"我还读了《海狼》《水孩子》。"你一言我一语,大家生怕比别人读得少,都争着说自己假期里读过的书。一时,课堂上热闹非凡。

我示意学生们安静下来后,及时表扬了他们读书的热情,并把话题引入更深的层次:"谁来说说你最喜欢读哪本书,或哪本书给你留下了深刻印象?"话题一抛出去,并没有马上得到响应,学生们似乎陷入了回忆和思考。过了一会儿,渐渐有小手举了起来。王与璠说:"我最喜欢读的是《水孩子》。这本书讲述了一个扫烟囱的孩子——汤姆一直受到师傅葛林的虐待。一天,他遇到了以普通妇女面目出现的仙女。在仙女的暗中保护和引导下,汤姆变成了水孩子,开始独自在水中生活,同水中的各种动物打交道。在经历了种种奇遇之后,汤姆渐渐改掉了许多坏毛

病,成长为一个真正的男子汉。"听完王与璠的分享,董怡君站起来说:"老师,我想跟大家分享一下我的读书体会,我还做了PPT呢。"我把她请上讲台,她落落大方地讲了起来:"同学们,假期里我读了很多书,印象最深的是《绿山墙的安妮》。读完这本书,我深深喜欢上了这个爱幻想、有个性的女孩。她整天沉浸在自己美丽的幻想中,在她的想象中,樱花是她的白雪皇后,苹果是她的红衣姑娘,顽皮的小溪在冰雪的覆盖下欢笑……"她停顿了一下又接着说道:"安妮虽然是个孤儿,可是她以乐观的态度去迎接每一天。她靠自己的努力,考上了奎因学院,并拿到了奖学金。她凭着自己的努力,使一个一个梦想渐渐成为现实。我佩服安妮的乐观和坚强,我会在今后的学习和生活中向她学习。"话音刚落,教室里就响起了一片掌声。

这时,只见学生们纷纷打开《暑假阳光实践手册》和读书笔记,还有的拿出阅读思维导图,越来越多的学生加入了分享和交流。赵泽锦在跟我们分享读高尔基《童年》的感受时说道:"和阿廖沙相比,我们的童年是灿烂的,是彩色的,是没有烦恼痛苦的,更是无忧无虑的。很多同学甚至不懂什么叫作'打',因为我们从没有体会过被人打、被人拿鞭子抽的滋味。那也许是一种无法想象的痛苦。但过着幸福生活的我们并不知足。我们总是奢求更多……"听着他的分享,学生们似乎都有同感。刘悦琦在跟我们谈读《女水手日记》的体会时说:"读完这本书,我看到了一个坚强、勇敢、充满智慧的陶雪洛,她遇到危险还能临危不乱,处事果断,而且善恶分明。虽然开始她站在谢克利船长一边,但当她了解了船长的真面目后,最终弃暗投明,站到了水手们一边。陶雪洛也是我们学习的榜样。"

接着,余佳诺和王浩宇拿起读了《三国演义》后做的思维导图,和我们聊起了《三国演义》中的那些人和那些事……

学生们谈天说地,谈古论今,不知不觉,一节六十分钟的大课就在这愉悦的气氛中结束了。铃声响起,学生们似乎还意犹未尽。

抱着学生们的《暑假阳光实践手册》回到办公室,我也还沉浸在刚才的交流中。于是,我打开一本本实践手册,继续读起学生们写的读后感:"安妮是一个活泼可爱、天真烂漫、善良、有同情心、富有想象力的小姑娘。我很同情她,她从小就没父没母,在孤儿院里独立生活。最后,她凭自己的努力考取了大学,但为了照顾马瑞拉,还是放弃了学业,让人敬佩。再想想自己,有父母的照顾,从不用像安妮那样干活,过着衣来伸手、饭来张口的美好生活,我真是'身在福中不知福'呀!""安妮的精彩人生更让我明白,生活中无论面对什么样的逆境都要具有乐观、积极向上的精神,并且要有一颗感恩的心。我喜欢《绿山墙的安妮》这本书。""在现实生活中,有些人总是依赖别人,缺乏和困难抗争的勇气,做事一旦失败,便一蹶不振。然而,人生不可能一帆风顺。读了《水孩子》之后,我才知道,应该像汤姆那样,做一个勇敢、懂事的孩子,有错误要及时改正,不应该逃避。""我觉得《水孩子》是一本让我知道什么是善、什么是恶的书,它告诉我怎样做一个勇敢的孩子。我要勇于面对自己的缺点,敢于承担责任,从生活中吸取教训,改正错误。"

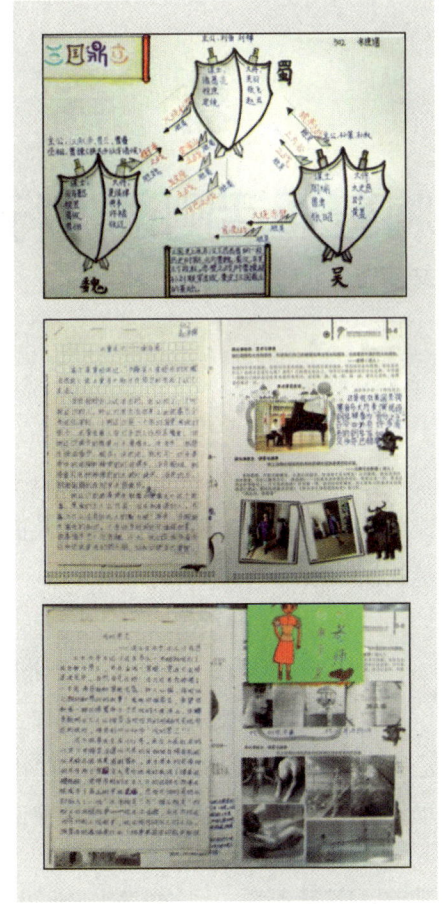

读着一篇篇稚嫩但已有了自己想法的文字,我突然意识到学生们是真的长大了。是书籍启发了他们的智慧,是书籍滋养了他们的心灵,是书籍让他们茁壮成长。一个悠长的假期,幸亏有《暑假阳光实践手册》的指导,学生们才能过得如此充实。想到这儿,我不禁想起林海音的国文老师说过的一句话,我也想拿来告诉我的学生们:"记住,你们是吃饭长大的,也是读书长大的!"

将普通话测试进行到底

文|罗璇

自2015年始,外小便如火如荼地开展了"小学生普通话考级"这一测试活动。身为省级普通话测试员的我,自然就揽起了这份差事。说好普通话,从外小做起,从我们做起。

准备考级

经商议决定,仅对本校五年级学生进行普通话水平测试,普通话等级在一级乙等以上的老师都参与测试。我们组成了"普测小组",一方面,一起积极查阅各项资料,根据五年级学生的特点商榷试卷内容及考试形式;另一方面,我专门撰写

了一份"外小学生普通话测试指南",并开设了"普通话考级课程",让测试员们都清楚考试评分细则,提高测试水平,让学生们都能掌握考级技巧。除此以外,我们普测小组在对学生进行测试前还互相进行模拟测试,为了避免测试有误,我们对每张试卷上的每个字的读音都仔细斟酌,做到字字精准。

学生们听到普通话测试的消息,顿时炸开了锅,有兴奋激动的,也有沮丧恐惧的。但是都想好好准备,争取考个理想的成绩。每天早读时,教室里的琅琅读书声似乎更大、更整齐了。下课了,时不时还有一两个学生跑来向我请教字音如何读规范,看来,他们真是下了功夫,铆足了劲,争取夺个头彩!五年级的学生们,更是争分夺秒地复习每一个单音节字、每一个多音节词、每一篇入选文章、每一个应考话题,一个个字、一句句话都认真准备,遇到不会读的或者拿不准的字和词就查字典、词典,或求助老师,力求做到字字准确无误。

考级开始

"先把卷子发给你们,准备五分钟,然后一个一个在对应的测试员老师那里测试。"随着我一声令下,学生们个个神色紧张,有的还互相祈祷,互相加油鼓劲儿。身为主考官的我,先宣布考试要求、注意事项及具体安排,普测小组的所有成员早已有序地坐在事先安排好的考场,等待应考的学生们。五分钟的准备时间好像特别快,学生们一个个从准备地点走向相应的考场。

开始测试了,学生们按要求进考场,他们准备充分,所以镇定自若。我们也并不像想象中的那么严肃,因为和蔼亲切的样子总能瞬间消除学生们的焦虑。学生们一个个字正腔圆,努力做到最好,看着他们因为努力想要读得准确而憋得通红的小脸蛋,我们心里暗暗偷笑,但都被他们的那股认真劲儿感动。测试完毕后,学生们还不忘问他们的最终成绩。"老师,我多少分?""老师,我还有哪里有什么问题?""老师,您说我读得好听吗?"我们则耐心地解答学生们的各种疑问……在反反复复的练习后,我们的测试水平、学生们的普通话水平都在悄然提升……

后续效果

下课的时候不再总是听到喧闹的声音、看到学生们互相打闹的身影,偶尔还会听到"哎,你这个字上声没读到位!""你这句话停连不当,有语音缺陷。""你跟我再把这个字读读,这里是轻声,那里应该是儿化音。""这个地方你的阳平没读完整。"看来,普通话测试是结果,学习说好普通话是过程,一直想读好每个字、并对此饶有兴趣是后续效果。

老师们呢,因为此次的普通话测试,在以后的教学中更加注意自己的发音。毕竟,教育本身就是个言传身教的过程。在闲暇的时光里,有的老师开始练习朗诵,也字斟句酌地逐字读准发音,还时不时互相交流发音方法和朗诵技巧,有的老师还兴致勃勃地参加朗诵比赛呢。

普通话是交流的窗口;普通话测试,是打开大家认真学习、培养师生共同钻研的大门;说好普通话,是每个中国人的基本素质。普通话测试,是外小的特色——特,乃特别;色,则寓有声有色。让我们将普通话测试进行到底。

我是小讲师

文 | 404班 邓一鸣

大家好,今天我来跟大家聊一聊我的课前演讲心路历程。在我们学校里有许许多多的活动,但我最喜欢的莫过于课前三分钟演讲啦!

从二年级时我们的演讲之旅就开始了。当我刚刚得知课前演讲的消息时,我满脑子想着:"天啊,这该怎么讲呢?"当老师说演讲的内容是好书推荐的时候,我心里的那块石头一下子落地了,心想:"这个容易,非《夏洛的网》莫属啦!"可是,这本书里精彩有趣的内容太多了,三分钟哪里够啊。我也不知道讲哪些内容,就按妈妈做的PPT演讲。站在讲台上,我除了紧张还是紧张,生怕讲得不好被同学们笑话。还好,很幸运,我没有出丑。

第二次演讲的题目是"我最喜欢的旅游景点",我立刻就想起了五峰柴埠溪森林公园。我想讲那儿峰峦雄伟的山、遮天蔽日的树、直入云霄的缆车、神秘莫测的云雾,但我最想讲的还是站在陡峭的青云梯上时,我双腿发抖,大呼小叫,最后我终于克服了自己的恐惧,爬到了梯顶。我按照自己想讲的内容,请妈妈做

PPT。到了演讲的时候,我一点儿也不紧张,那一幕幕景象都映在我的脑海里,就像是在跟同学们分享我战胜自己的成就感,轻轻松松就完成了那次演讲。从那以后,每次要演讲时,我都请妈妈按我的意愿来做PPT,慢慢地我越来越喜欢课前演讲了。

可能因为我课前演讲讲得好,黄老师让我到"小博士讲堂"的讲台上去露一手。我戴上耳麦,面对摄像机,代表404班站在神圣的讲台上,站在八十多位同学面前,生动有趣地讲述了非洲毒蛇的生活习性,呼吁停止滥捕滥杀野生动物,爱护野生动物,保护自然环境。我的演讲受到了同学们的热情参与和赞扬,黄老师也夸我"好有范儿"呢,我心里美滋滋的。

这一次又一次课前演讲的锻炼,让我更加自信地站上讲台,我感觉自己就像一位小讲师一样,心里无比自豪。

当我站在领奖台上

文 | 503班 王浩然

"王浩然同学,恭喜你获得阅读总冠军!"

啊,我听到了自己的名字!我真的听到了!

走上领奖台,周围响起此起彼伏的掌声和欢呼声。此时,我心潮澎湃,感慨万千,读书的美好时光,就像连续播放的幻灯片一样闪现在眼前。

"半亩方塘一鉴开,天光云影共徘徊。问渠那得清如许,为有源头活水来。"犹记刚进外小时,我背的第一首古诗是《观书有感》。老师教我背了这首诗,也将我领进了知识的殿堂——书的海洋。每到开学季,老师就会给我们推荐许多必读书和选读书,它们就像散落在深海中的珍珠,等着我们去捡拾和收藏。当妈妈不断从网上拍下必读书、选读书和我喜欢的书时,当我的书柜被塞得满满当当时,当我捧起一本本散发着墨香的新书时,我的读书模式就正式启动啦!

上学的日子很忙碌,但"时间就像海绵里的水,只要愿意挤,总还是有的"。迎着清晨的阳光,我和同学们朝读经典,与古文对话,与诗人对吟,教室里琅琅的读书声就像一首动听的音乐一样让人陶醉;每个课间,无论是走廊的公共书架旁,还是班级的图书角边,总有同学或站或坐,手不释卷,我也是其中的一员;每天中午,我开始享受午读的美好时光,与关羽对话读《三国演义》,与宋江交流品《水浒传》,与当年明月一起推开历史的大门,沸腾的校园一下子变得静悄悄的,我沉醉于文字的世界里无法自拔；每天放学做完作业后，我迎来了最甜蜜的时光，我可以读我爱读的"闲书"。老师给我们布置了读书半小时的阅读作业，可对我来说，半小时怎么能满足我对书的欲望呢？"我扑在书上，就像饥饿的人扑在面包上一样。"一直读，一直读，一直读到妈妈再三催促"该睡觉了"，我才恋恋不舍地合上书，与书里的人物一起进入梦乡。

"博观而约取，厚积而薄发。"时间如白驹过隙，一晃五年过去了。这五年是我读书的五年，也是成长的五年，更是"厚积"的五年。今年，外小要举行第二届悦读节并评选年度阅读冠军。听到这个消息，我立刻报了名。初赛的笔试，因为我已经背完《小学生必背古诗词》《初中生必背古诗词》和《毛泽东诗词》等书中的经典诗词，所以我以第一的成绩进入复赛。在复赛抢答时，有好多题目出自必读书《三国演义》，而这本书我已经读过三遍了，因而我又以第一名的成绩进入决赛。决赛演讲时，我激情澎湃，表达了自己对书的无比热爱。就这样，经过层层选拔，我终于成了年度总冠军。

我常常想，是什么力量让我今天站在领奖台上？是书，是书的力量！因为我们的学校氤氲着书香，我们的课堂流淌着书香，我们的生活充盈着书香。所以，"寻香"的我才站在了领奖台上，这枚年度阅读冠军的奖牌在阳光里熠熠闪光，一颗理想的种子也在我心里萌芽滋长：我要一如既往地读书，使我的人生因为读书而更加闪亮！

推开认识世界的窗

文|熊敏燕

每天走进校园,总能看到那句"我从这里走向世界"的标语,走廊里五彩的各国国旗,学生们或手绘或剪贴的小报及手工作品,总让我不禁想起外小最有特色的"异国嘉年华"活动。

六年外小生活,六届"异国嘉年华",分别走进六个国家……我参与策划、分组实施了许多活动……许多记忆,都在不经意间悄然流失,而那些感动的瞬间,却永驻心头。

接受任务

时光回到2009年,在第一届"异国嘉年华——走进英国"活动中,作为英语组教研组长,校长提议让我及英语组老师拟定"异国嘉年华——走进英国"的活动方案。

还记得当时的我不知所措。尽管我查阅资料,上网搜索,查看视频……但是我仍然不知道从何下手。于是,我向彭校长、蔡校长讲明我的困惑,校领导立刻采取措施,派我外出学习。我随蔡校长一起走进上海福山正达外国语实验小学。这所学校浓厚的校园文化、先进的教学理念、精彩的文化周开幕式,以及文化周系列活动等,都让我深感震撼,为我开启了一扇门,原来从这所学校真的可以了解世界、走向世界。那么我们的"异国嘉年华"活动不也正是我们为学生们开启的了解世界、走向世界的一扇门吗?

于是,对于学校开展这项活动的目的、意义我有了新的认识。我们要培养的是胸怀祖国,放眼世界,具有爱国情怀、国际视野的外小学子。有了这样的认识,我深受感动,也备感责任重大。通过不断研讨和大家的共同努力,活动方案逐渐形成。

凝聚智慧

我拿出活动方案的初稿后,学校迅速组织了"智囊团",邀请学生发展处主任、美术教师、班主任、英语组部分教师参与讨论,大家对活动内容、形式等展开了激烈的讨论,各抒己见,献计献策。经过多轮的讨论,活动计划日臻完善。就拿文化走廊建设来说吧,呈现的内容框架渐渐清晰起来,如下表所示。

文化走廊建设的主题和具体内容表

年级	主题	具体内容
一年级	英国印象	英国的国旗、有代表性的建筑物、景观、动植物等,学生们用画笔画出自己认识和了解的英国
二年级	英国的动植物	详细介绍英国的游隼、知更鸟、玫瑰、蔷薇等动植物
三年级	英国的著名景观	英国的自然景观和人文景观,尤其是英国的世界自然遗产景观
四年级	英国的习俗与节日	英国的服饰文化、美食、绘画、艺术、节日等
五年级	英国的名人及物产	英国的历史文化名人、丰富的物产及资源等
六年级	英国的历史与现状	英国的远古文明、近代历史、中英关系等

历时一个月的校园文化建设,学校统一了风格,各年级的文化建设又各有特点。班级文化墙、学生们的涂鸦、手工作品、手抄报等充分体现了异国风情,与校园绿化相得益彰。走在校园里,学生们浸润在英国文化中:英国悠久的历史文化、不计其数的历史文化名人、特色传统节日等,应有尽有。

学生竞赛也是"异国嘉年华"活动中精彩的一幕,凝聚着智囊团和组织者的心血,也体现了外小学子的素养。竞赛内容如下表所示。

竞赛活动表

活动类型	年级	内容
年级活动体现课堂延伸	一、二年级	亲子手抄报竞赛,电子报竞赛,卡通字母制作竞赛
	三年级学生	英语对话比赛
	四年级学生	书写竞赛
	五年级	单词接龙竞赛
	六年级	学生英语综合能力竞赛

英语竞赛活动表

活动类型	英语竞赛活动内容
特色活动， 展示学生个性	"英语之星"擂台赛
	外小好声音歌唱比赛
	圣诞狂欢英语比赛
	神秘万圣节英语比赛

历时两个月的英语竞赛活动，学生们人人参与，个个展示，在活动中了解英国，学习英语。英语竞赛成为"异国嘉年华"活动中互动性最强、学生参与人数最多的一个篇章。

精彩绽放

汇报演出活动是"异国嘉年华——走进英国"中浓墨重彩的一笔。以"梦想启航"为主题，演出从第一幕"童心飞扬"、第二幕"快乐英伦"到最后一幕"放飞梦想"，都以学生为中心，从学生的视角出发，激发、展现了学生们的梦想。在英语演讲中，学生们自信大方、发音标准、表达流畅、声情并茂、富有激情，表达了心中对自己、对家人、对朋友、对国家乃至对世界最真挚、最美好的憧憬和祝愿。学生们展示着自己的梦想，体现了追梦的决心与信念。

经典英国童话剧《三只小猪》也被搬上了舞台。演出精彩纷呈，无论是英语台词的精准演绎、表情和动作的夸张表现，还是服装道具的精心准备，无不令在场的观众拍手称赞。童话剧的排练都是学生们在刘菲老师的带领下利用课余时间进行的，尽管占用了大量的游戏和休息时间，但是学生们都用心排练，没有一句怨言。角色都是学生们自己挑选的，一开始要完全还原这些角色的语言和动作对于学生们来说非常困难，但他们毫不气馁，一遍遍在家里和学校里练习。渐渐地，学生们的动作从僵硬变得自然，台词从生疏变得流利，表演得越来越自信。整个童话剧从排练到演出录制共花了两个多月的时间，凝聚了学生们和老师的心血。荡起智慧的双桨，摇动勤奋之橹，学生们从这里走向世界。

路在远方

教孩子六年，想孩子一生！"异国嘉年华"活动已成为外小的特色，每年走进一个国家或地区已形成惯例，六年形成一个循环，分别走进英国、美国、加拿大、法国、澳大利亚……学在外小,放眼世界。"异国嘉年华",推开认识世界的窗,让学生们看得更远,飞得更高!

让擂台欢起来

文|张群英

我们每每看到各种擂台赛时,都会禁不住心潮澎湃,跃跃欲试,恨不得参与其中。为了激发我校学生学习英语的热情,我们通过英语擂台赛及其他丰富多彩的活动,让学生置身于轻松有趣的英语运用环境,大大提高了学生学习英语的主动性和积极性。

可以毫不夸张地说,在外小,全民学英语、用英语的氛围正在逐步形成,英语活动也成为我校英语教学的一大特色。像"English Star Contest(英语之星)"擂台赛,"The Voice of Foreign Language Experimental Primary School(外小好声音)"大赛,"English Fun Dubbing(英语趣配音)"大赛,"The English Readers(英语朗读者)"大赛等,一度成为外小学生们的最爱。

"英语擂台赛"实行层层选拔的赛制,"周冠军、月冠军、年度冠军、外小总冠军"的一路PK,让无数外小学生都有机会参与其中,更让那些热爱英语、敢于尝试的学生们体验到了成功的快乐!掌声响起来,我会更精彩!学生们在擂台上大胆展示自己,秀出了风采,秀出了自信!

"外小好声音"——我的舞台

604班 邓翕宁

小时候,我就喜欢上了音乐。那时,妈妈经常将话筒连上电视,在家里唱歌,我也跟着她哼唱着旋律。也是从那时起,我学会了认字。

当我来到幼儿园,见到了万老师,她帮助我开发了歌唱的潜能,并推荐我去参

宁静的改变

加幼儿园的歌唱活动。还记得当时，我的第一首"成名作"便是来自郭静的《下一个天亮》，一首歌唱完，全场便响起了热烈的掌声。从那时起，我对音乐的态度便由喜爱转变成了热爱。

我来到外小之后，首届"外小好声音"比赛也缓缓拉开了帷幕。我最喜欢的歌，当属吴莫愁的《Price Tag》了，我便毫不犹豫地选择了这首歌。虽然只有短短的三分钟，我却要把所有的情感投入其中。这对于当时的我来说，无疑是困难的，但同时也是对我的一个考验。

那天，我迎来了激动人心的一刻。我镇定地走上赛场，握着话筒的手却还在颤抖。富有韵律的音乐渐渐响起，我跟随着节拍慢慢舞动着。到中场时，我走到人群中间，与同学们一个个握手，发现他们是那样热情，对我的歌声是那样欣赏。慢慢地，我不再紧张了，很放松地尽情表演。一首歌唱完，场上响起了热烈的掌声。

一分耕耘，一分收获，掌声便是我最大的收获。我不仅收获了满满的掌声，得到了众人的认可，还完成了对自我的挑战。

英语趣配音，配出趣花样

604班 冯荣馨

开学不久，英语老师Kelly宣布学校要举办英语趣配音比赛了，班上的同学都觉得这是一件新奇事儿，伸长了脖子看老师演示，竖起了耳朵听老师讲解。过了一会儿，老师的演示结束了，每个同学都跃跃欲试，纷纷举起了手，渴望上台体验一把。可老师看此番场面，实在很无奈啊，点其中一个吧，其他同学心里肯定不痛快，只能摆摆手对大家说："大家还是自己回家体验吧。大家好好准备，进入决赛的有奖励哦！"

我一回家就迫不及待地拿起手机下载配音软件，然后开始了自己人生中第一次的配音，那种感觉真是好极了，就像是原声版的角色扮演一样，既保留了自己原本独特的音色，又学着剧中人的声音和语调，感觉自己已经进入了这个角色，与角色融为一体了，就像是遇见了另一个我。

第二天，同学们的话题迅速转移到了趣配音上，热火朝天地探讨着你配了什么、我配了什么。有一个同学的配音——《贱贱的橘子》最受欢迎，你知道吗？那配音可逗了，那个橘子不仅可以说话，贱贱地笑，还有一群好朋友呢！

"同学们，昨天你们体验得怎么样呢？大家可要抓紧时间准备了，下周大家就要把初赛的作品交上来了！"老师要求道。

一回家，我便十分心急地寻找合适的比赛作品，我心里清楚，这样的比赛范围较广，一定要寻找特别而且有趣的，没错，就是它——《贱贱的橘子》，这个作品既幽默有趣，也能较好地展示自己的英语水平！

作品交了上去，我反而更坦然了，因为我知道，结果并不重要了，因为我在趣配音里找到了学习英语的乐趣，我爱趣配音！

英语朗读者大赛

604班 郭婧雅

近期，中央电视台的节目《朗读者》风靡全国，大家都跃跃欲试。于是，英语老师也为我们举办了一次"英语朗读者"活动。听到"朗读"二字，我瞬间兴奋不已，从小对朗读十分痴迷的我，怎么会放过这么好的机会呢？我在老师那报了名。

一回家，我的"英语小文库"就飞快地运转起来，我一头扎进茫茫书海中，一心想着一定要找出最动人心弦的文章，然后把作者想要传达的感情毫无保留地传达

宁静的改变

给听众。

我的朗读材料寻找工作至此总算告一段落，可我现在面临一个重大的问题——我不知道如何抒发自己的情感，如果是一篇中国文学作品，我倒可以驾轻就熟，可我面对的是一篇英语诗歌名篇，实在缺乏经验。我只能无奈地求助我们学校的外教——汤姆老师，希望他能对我有所指导。

我拨通了他的电话，他听说后，表示愿意帮助我，并在儿童公园和我见了面。他拿着我的朗读材料看了一会儿，十分投入地对着他眼前的假山尽情地抒发了自己的心情。此时的景象顿时让我惊得哑口无言，我终于懂了，英语朗读不同于中文朗诵，不需要过多的技巧和修饰，只需要把你的情感毫不保留地抒发就好了，就是这么简单。

也不知道那一段练习的日子是怎样熬过来的，我只知道，我只要一有空嘴里就会念念有词，晚上睡在床上，眼前还会浮现出那些英语单词和句子。

到了比赛那天，我站在幕后，当我轻轻拨开帷幕时，舞台下面的一切都尽收眼底。我发现每一个人都盯着舞台上的一切，寂静得只剩下"怦怦"的心跳声，我感觉自己的心就要跳出来一般，脸上火辣辣的，手心里也时不时地渗着汗。老师看我很紧张的样子,走上来对我说:"别紧张,老师相信你是最棒的。加油,你一定会成功!"

比赛开始了,我举起话筒,开始镇定自若地讲起来。讲着,讲着,我似乎忘了自己,忘了紧张。接着,我竟情不自禁地舞动着手臂,不知不觉地做着一个个配合内容的手势。渐渐地,我的讲述融入了自身的情感,越来越投入。突然,一阵热烈的掌声传入我的耳中,是校长在为我鼓掌,一下子,掌声像清泉注入我的心中。不知不觉中演讲结束了,掌声却在我的脑海中久久地回荡。

这次比赛我获得了第一名的好成绩,我高兴极了。我知道是英语朗读,是英语朗读者大赛让我能够展示自己,让我尝到了成功的滋味!

猜猜我有多爱你

文|张群英

"Dear Mum, I love you this long."（亲爱的妈妈,我爱你有这么多!）二年级的小汤姆恭恭敬敬地站在妈妈面前,非常认真地对妈妈说。他的一双小手也无限地朝着两边延伸,好像要到达那接近天边最远的距离。妈妈的眼中含着泪,有点手足无措地和儿子激动地紧紧拥抱。要知道,这是他妈妈两年来最开心的时刻。

汤姆是201班最调皮的学生,他从来没有好好上过课:每次上课手里要么不停地玩东西,老师提醒后过一分钟他又会忍不住玩儿;要么不停地打扰别人学习,比如拿别人的东西,或者打同桌一下,甚至踢别人一脚。下课了,他就到处疯跑,追着比他小一点的同学打闹,或者把同学的书和文具到处扔,反正就是让人不得安宁。晚上不好好做家庭作业,还不能批评他,因为他的理由比家长多,而且倔强、执拗,态度恶劣,让他的单亲妈妈伤透了心。老师只要和他妈妈一说汤姆的表现,他妈妈总是一把鼻涕一把泪的,实在是拿他没有办法。没想到,今天,他终于在课堂上举起了小手回答问题,还向妈妈"表白"! 真让妈妈感觉幸福来得太突然了,开心得难以置信!

那边,约翰也大步走到了爸爸跟前,站直了身体,大声对爸爸说:"I love you as high as I can reach!"（亲爱的爸爸,我爱你有我手能摸到的那么多!）约翰说着,踮起脚尖,将手尽量往上伸,似乎要触到天花板了。爸爸开心地看着约翰,也伸出双手,学着说:"John, I love you as high as I can reach too!"（亲爱的约翰,我也爱你有我的手触到的那么多!）迈克也大声对妈妈说:"Mum, I love you as long as the Changjiang River!"（妈妈,我爱你有长江那么长!）迈克的妈妈也非常感动,学着说:"Baby, I love you as long as the Changjiang River too!"（宝贝,我对你的爱也有长江那么长!）森迪也拉着妈妈的手说:"Mum, I love you right up to the moon!"（妈妈,我对你的爱有从这里直接到月亮上那么多!)妈妈激动地抱着宝贝,说:"Honey, I love you right up to the moon and back!"(我对你的爱有从这里到月球又回来那么多!)

　　这感人而又充满课堂学习气氛的一幕,就是我校英语绘本阅读课的一个场景。这次适逢我校每学期一次的家长开放日,家长来校和学生同上英语绘本课。老师今天选择的是英语绘本《猜猜我有多爱你》。这本书看似简单,无非是一只小兔子和兔妈妈在相互述说有多爱对方。可就是这样一个简单、充满童真的故事,却带给学生们爱的熏陶和宝贵的英语会话体验,带给老师和家长一种强大的震撼。这样阳光、智慧的课程设置,不光开发和提升了学生的核心素养,还对每个学生和家长进行了思想沟通和亲子教育——每个家长都是爱孩子的,孩子也是爱爸爸妈妈的,"爱要大声说出来"!

　　我校使用的是香港的朗文英语教材,我校的老师们根据学校课程改革设置了延伸课程,将教材内容和学生实际情况进行了整合,编写了一套英语绘本阅读故事书,利用每周的一节英语课进行绘本阅读教学。这个课程更加突出了综合性和实践性,强调以学生为主,老师为主导,家长深度参与,注重多元评价、过程评价和发展性评价,为学生提供实践性学习和自我展示的平台,促进学生健康、快乐、有益地发展。

　　猜猜我有多爱你?学生们,只要对你们的身心发展有益,老师们将精心教研,痴心不改,乐此不疲!

多彩的英语作业

文|王小华

传统的英语作业一般是听读录音、读书、背书、背单词,形式单一,内容重复,学生们往往是被动地完成作业。这束缚了学生们的思维和创新能力,压抑了学生们的个性,使学生们难以体验到在真实的生活情境中创造性地运用英语所产生的兴奋感和喜悦感,从而感到做英语作业是一种压力和负担。

如何让学生们在完成英语作业的同时,体会到运用英语的成就感,我们英语组在这个课题上开展了一系列的尝试与探索,我们在一起认真地研究教材,每个人根据不同的单元话题设计了各种不同的实践作业,再进行讨论,选择操作容易、趣味性强的活动,反复斟酌,最后做了各种尝试。

多彩作业之"录视频"

一年级上册学了家庭成员的单词后,我们让学生们在周末的时候录一个视频,用英语介绍自己的家人给同学们认识,可以拿着照片介绍,家长愿意出镜参与更好。学生们听到这个消息非常兴奋,课上就忍不住叽叽喳喳地讨论起来:"我要让我的妹妹也出镜,虽然她还不会说话!""爷爷、奶奶用英语怎么说呢?课堂上没教!老师……""爸爸在外出差,我只能拿照片介绍他了,要是他在家就好了!"到了星期一,学生们给了我许多惊喜,有的学生全家出动,视频内容活泼;有的学生在课堂上文静,在镜头前就换了一个人一样,极具表现力;有的学生不仅熟练运用了课堂上所学的句型,还加了许多自学的句子……总之,每个学生都认真地完成了此项作业。每节课前,我都会播放三个学生拍摄的视频,学生们都非常感兴趣,看得格外认真!并且,他们都无比期待此类英语作业,有的学生还会问我:"老师,什么时候再布置录视频的英语作业呀?"

多彩作业之"逛超市"

二年级下册第一个单元主题是"逛超市"。我们带着从超市买来的各种零食走进教室,这下可不得了,学生们的眼睛都死死盯着零食,大声地跟着读单词,巴望着能从老师手中掉一点儿吃的!在课堂上,这些小馋猫们意犹未尽,于是课后我布置了一项实践作业:(1)在超市找到书中所提到的零食;(2)自学自己喜欢的零食的英语单词,在课堂上教其他同学。周末,我就收到了学生们发来的拿着各种零食的照片,他们的笑容是那么灿烂,这个作业的完成过程就像在超市进行探宝活动,学生们都满载而归。很多家长在微信朋友圈里发出感叹:"爱上英语作业的宝贝!好有趣的作业!"在课堂上,学生们互相交流自己学到的食物单词,脸上洋溢着得意的神情,好像在说:"怎么样?我们很棒吧!"

多彩作业之"我设计"

学习"Signs We See"这个单元后,学生们对公共区域的标志牌有了一些了解。我在课后让学生们找找生活中的英文标志语并制作一个英语标志牌。在课堂交流中,学生们踊跃发言:"我发现在公共汽车的门上有提示语!""我在高速公路上看到了英语标志牌!""车站有好多中英文标志牌呢!""还有超市、餐厅也有"……学生们的发现可真不少！学生们制作的英语标志牌更有特色，图文并茂，从中我看到了一颗颗宝贵的童心！

学习了字母后，我们会让学生们选择一个自己喜欢的字母做特色卡片，他们会把字母S和s设计成两条追逐的蛇，他们会让字母R和r变成可爱的小兔子，字母O和o在他们的笔下变成了张牙舞爪的章鱼；字母A和a是他们喜爱的滑滑梯……看到这些作品后，老师们一直在感叹学生们的创造力和想象力！

在学习了"环游地球"之后，我们会让学生们选择自己感兴趣的国家，制作宣传海报。他们收集自己感兴趣的资料，这些远远超过了书本上所涉及的知识！收集资料的过程也是一次学习的过程。

多彩作业之"趣配音"

现在是网络信息时代，电脑、手机已在我们的生活中扎根，利用网络英语作业平台，可以弥补课堂练习时间的不足，并且让那些在课堂上羞涩的学生也能大声说英语。网络英语作业还有各种英语知识练习的游戏，学生们在玩游戏的轻松氛围中巩固了知识。英语趣配音也是学生们喜欢的作业之一，里面有学生们感兴趣的各种视频，他们一遍遍听录音，一遍遍模仿，自信地将自己的作品分享到班级微信群中。

让英语作业灵动起来，英语组一直在努力……

"黑"外教来啦

文|田羽佳

在外小,为了让学生们说出纯正的英语口语,更好地了解英国文化,学校常年开设的一门特色课程就是"外教口语课"。可今年的外教和往年的不同,据说她是一位黑人,大家对她充满了期待。

上课了,一位黑人女士迈进了教室。从没见过黑人的学生们一下都被她吸引了。这位老师身高一米七几,长脸,挺胖。她梳着与众不同的发型,满头的头发紧紧地缠在一起,穿着一条颜色鲜艳的桃红色长裤,宽宽松松的T恤衫休闲地搭在她身上,摇摇摆摆地迈着大步。她进来后微笑着和大家打招呼:"Hello everyone!我是'文迪'!我来自特立尼达和多巴哥共和国,很高兴见到你们。"哇,她会说中文!"学生们的热情一下被点燃,七嘴八舌地议论开了。

在兴奋与欣喜的议论声中文迪开始了她的第一节课,文迪讲述了她之前所经历的奇妙旅程,介绍了她的家乡。学生们观看了世界各国的风景,甚至欣赏到了文迪老师在一万米的高空跳伞的视频,这些可是书本上没有的啊!尤其是提问部分更神奇了,我担心三年级的学生单词储备量不丰富答不上来,但文迪把学生叫起来,又是英语,又是比画,又是汉字,居然也能沟通。真好,真没想到这位黑人外教还真的挺有办法!这奇妙的第一节课后,学生们很激动,下课了还在七嘴八舌地议论这位黑人外教。这节课激发了学生们对于国外的文化和景色的向往,对文迪的第二节课已经开始期待起来了。

还记得有一节课,话题是航天技术的发展,她教学生们认识航天飞机、了解航天技术的相关单词,介绍世界上伟大的飞行员,让学生们自己设计喜欢的宇宙飞船……本来一节不错的课是可以到此为止的,可是我们的文迪并没有打算停下来，她让学生们亲手在自己画的宇宙飞船上写下对中国航天员的祝福和自己的心愿，甚至"神通广大"地查到了国家航天局的地址，并自费寄出了学生们的信件以帮助他们完成心愿。虽然不知道地址是否正确，也不知道学生们的信件是否能够得到回复，但是由于她对学生们的用心和发自内心的爱与关怀，她很受学生们喜爱。

　　随着文迪和学生们的不断磨合，她找到了当老师的感觉，上课时非常放松，声情并茂。学生们和她越来越有默契了，积极配合她完成整节课的游戏活动和互动内容。如果学生们有听不大明白的地方，她就给学生们做示范、做动作，时常逗得学生们哈哈大笑。在笑声和欢乐中，学生们收获了许多知识，扩宽了视野，接触了多元的文化，体会到了不一样的外教课堂。

　　学生们爱上了她的课堂，爱上了她说话做事的独特风格，爱上了她带给学生们的一切信息和独特文化。她的课堂成了学生们看世界的一扇窗户，帮助学生们透过英语文化的视角理解这个多元的世界。

03
数学与科技
Mathematics and Technology

课程与思维碰撞

文 | 姚丽 王炎 唐淑娟

"数学与科技"是我校五大领域课程之一,包含了数学、科学、信息技术等学科。其核心目标是培养学生思考、观察、操作、实践、整合和运用等方面的能力。

一、数学学科重思维

沐浴着我校课程改革的阳光,数学课程的设置也发生了一系列的变化。在原有国家基础课程的基础上,我校延伸并开发了一系列综合实践课程和思维游戏课程。

"数学思维游戏"课程教学内容如下表所示。

年级		教学内容			
一年级	上册	巧移物体	填数游戏(一)	排队问题(一)	图形的等式
	下册	间隔之谜(一)	填数游戏(二)	拼数游戏(一)	速算与巧算(一)
二年级	上册	拼数游戏(二)	间隔之谜(二)	有趣的竖式(一)	卡片游戏
	下册	合理安排(一)	填数游戏(三)	排队问题(二)	有趣的竖式(二)
三年级	上册	合理安排(二)	找规律(一)	巧移火柴棒	巧算24
	下册	和倍问题	差倍问题	数独游戏(一)	周期问题
四年级	上册	数独游戏(二)	填数游戏(四)	逻辑推理	速算与巧算(二)
	下册	速算与巧算(三)	植树问题	行程问题(一)	倍数问题
五年级	上册	找规律(二)	数独游戏(三)	抽屉原理	因数与倍数
	下册	鸡兔同笼	行程问题(二)	行程问题(三)	生活中的立体图形(一)
六年级	上册	阴影部分的面积	分数应用题	分段计费	用方程解决问题
	下册	生活中的立体图形(二)	转换单位"1"	速算与巧算(四)	工程问题

　　新的课程开发,激发了学生的学习兴趣,巧妙地将教师的教转化为学生自主地学。学生在体验、操作、反思的活动中,感受数学的美丽与神奇,学会科学的研究方法,推动着课程改革的步伐。

　　除了对课程内容的优化与开发外,我们还从课程内容的时间分配上进行了一系列研究。首先,大胆打破传统的40分钟一节课的固有模式,尝试大小课时结合,大课时每周一节,时间1小时,而基础课时又分为40分钟或35分钟两种时长。其次,在每学期开展为期一周的综合实践活动周,这一周的课程内容为我们自主研发的思维游戏,将24点、七巧板、魔方、巧移火柴棒等游戏融入数学课堂,每个年级的思维游戏内容各不相同,却又呈梯度上升,全面促进学生发展。

　　让思维游戏走进课堂,让学生在游戏的同时学会数学知识,感悟数学思维方法,从而喜欢数学,爱上数学。

二、科学学科重延伸

　　2017年2月,《义务教育小学科学课程标准》正式出台,突出了国家对科学教育的总体部署,小学科学教育越来越受到重视。我校科学学科在遵循国家教育方针、充分考虑小学生年龄特点与认知规律的基础上,立足我校实际,制定了以教材为基础,以STEM课程、头脑奥林匹克课程为延伸,以未来工程师课程为个性发展的新课程体系。

STEM课程是一种跨学科、以项目制学习和解决问题为导向的课程,它将科学、技术、工程、数学有机地融为一体,凸显了学科的整合。我们利用科学课的时间,分年级每学期安排STEM课程。

"头脑奥林匹克"是一项培养学生创造力的课程。学生可以进行创造性的解题比赛,题目没有标准答案,每种解题方法都是独一无二的。学生能将自己的兴趣爱好和知识技能运用到解题实践中,快乐解题,终身受益。我们借每学期家长开放周的机会,开展头脑风暴比赛,让家长和学生一起参与、共同成长。

"未来工程师"不仅是一项比赛、一项科技活动,也是工匠式的创客教育。它使学生在获得知识的同时,提高学生综合解决问题的能力。我们结合各种科技节竞赛活动,在校本课程中开设如投石车制作、智慧拼装、手工艺坊等集趣味性、教育性为一体的课程。

三、信息技术学科重融合

自2014年外小实施课程改革以来,信息技术学科就开始大胆尝试全新的信息技术整合课,其学习不再是系统知识的传授,而是问题的解决。学校信息教研组的老师们通力合作,将小学三至六年级信息技术必备知识点进行提炼,找出与其他学科相契合的内容进行整理,并分析其他各学科的教学内容,将学科的教学内容互相融合,将信息技术的学习与现实生活紧密相连。信息技术整合课既要使技术为学习内容服务,又使内容成为技术学习的载体。通过这样的课程使学生具有获取信息、传输信息、处理信息和应用信息的能力,从而把信息技术作为终身学习和合作学习的手段。每学年,我们还组织学生进行和信息技术学科相关的各种竞赛或展示。每年的十月份被定为我校的信息月,整个活动月的设计以信息意识、科学思维、数字化学习与创新能力为出发点,针对不同年级的学生分别开展信息技术竞赛活动,将培养学生核心素养落到实处。

有趣的数学游戏课

文｜喻玲

操场上,一群学生正在进行接力赛,个个欣喜不已,只是他们手里握着的不是接力棒,而是一张张口算卡片。

原来,这是外小一年级的学生们正在进行口算接力赛呢。学生们分成两队,发令声一响,他们迅速地冲向目的地,到达后正确算出小裁判手中的口算题,然后顺利返回。面对小裁判出的题,有的学生自信满满,神采飞扬;有的淡定自若,沉着冷静,也有的抓耳挠腮,急得满脸通红。操场上时不时传来学生们的欢呼声、鼓励声。这场别开生面的接力赛的组织者正是外小的数学老师——喻玲老师。

比赛结束了,喻老师问了学生们这样几个问题:"要想取得胜利,我们要做哪些准备?看到口算题急得答不上来,怎么办?当自己的队友卡壳时,你该怎样做?"有的学生说:"我回去好好练习口算,下次一定要超过他们。老师,什么时候再比呀?"有的学生说:"老师,今天我有些紧张,回答慢了一些,下次我好好准备。"有的学生说:"老师,如果小伙伴答不上来,我们不能急,要不然他就更急了。"……

这次比赛是喻老

师带领的低年级数学组进行的微课题"口算游戏的设计"的一次实践活动。这既是一次体能的比赛,又是智力较量的课程,同时也是团队精神培养、意志品格训练的课程。像这样的数学游戏,外小低数组的老师们组织了不少,他们针对学生的年龄特点和已有的知识经验设计了丰富多彩的数学游戏。数学课上"乘法口诀我最快""手指游戏""转盘游戏""算24"这些游戏,丰富了数学课堂教学,提高了学生的学习兴趣。课外活动中的"口算接力赛""谁是冠军""数字团团抱",将数学与运动整合,让学生们在活动中得到脑力和体力训练。课间的"砌墙高手""巧取火柴棒"等游戏成为学生们课间最受欢迎的游戏。

如果说低年级的数字游戏是将"趣"与"算"相结合,那么中年级的数学游戏就是将"趣"与"智"相结合。曾经懵懂的小朋友现在已经进入了中年级,"魔方""数独"成为他们课间最风靡的游戏。

中国著名儿童教育家陈鹤琴曾指出,游戏是人生不可缺少的活动,不管年龄、性别,人们总是喜欢游戏的。数学游戏作为数学知识的一种载体,兼具知识性、趣味性和娱乐性。"唤醒学生的最好办法是向他们提供有吸引力的数学游戏",我们以游戏为"媒",让学生爱上数学,学会思考,丰富情感,磨炼品质。

让数学游戏成为学生数学学习的重要经历,让学生热爱数学是我们数学教师不懈的追求。

接地气的数学作业
——个性化作业的生成

文|程雯

"我喜欢做数学作业。""现在的数学作业真有意思!""我每次都盼着做数学作业!"是什么能让作业成为学生们津津乐道的话题?又是什么让他们享受到作业带来的乐趣?究竟是怎样的作业?让我们和淘气一起跟随这几位学生的脚步,一起去看看他们的作业吧!

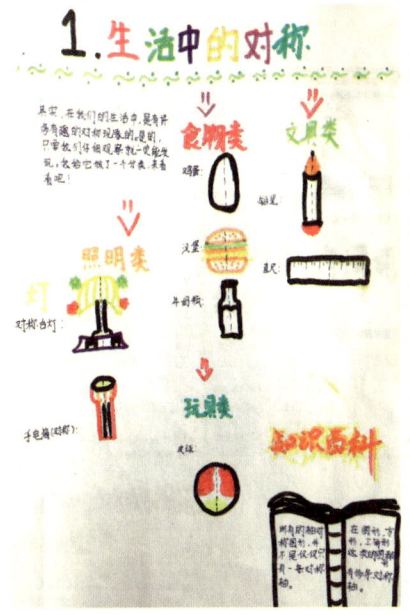
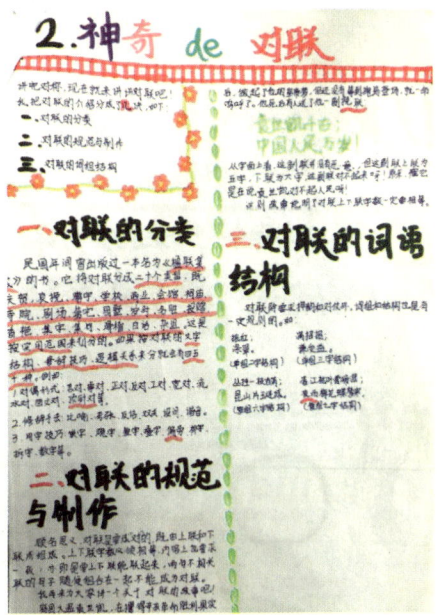

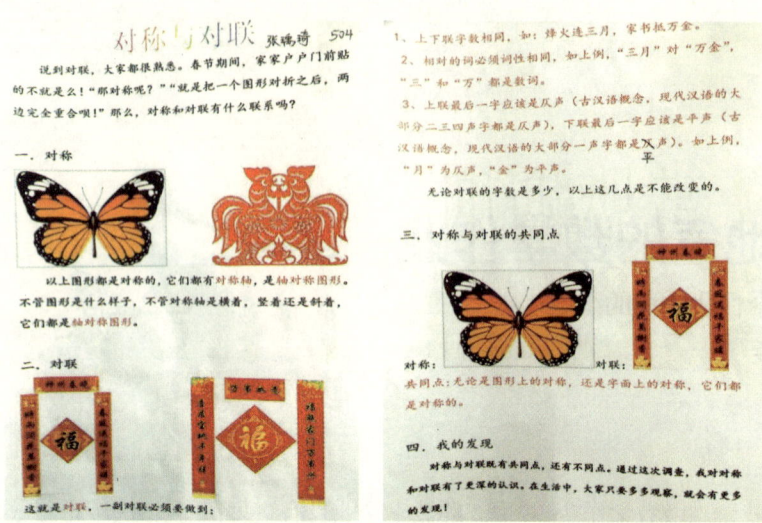

淘气说:"原来是一幅幅美术作品式的数学小报啊!这样的作业我也喜欢啊!可是,我们的数学知识并不是只有图形,还有那些令人头痛的数学问题,我们的作业还是与原来的没有什么区别。"

程老师说:"别急!学习数学的最好方法就是要多思考、多总结。你说的令人头痛的问题是分数应用题吧?我们也有办法解决呢!看看这位同学的作业。"

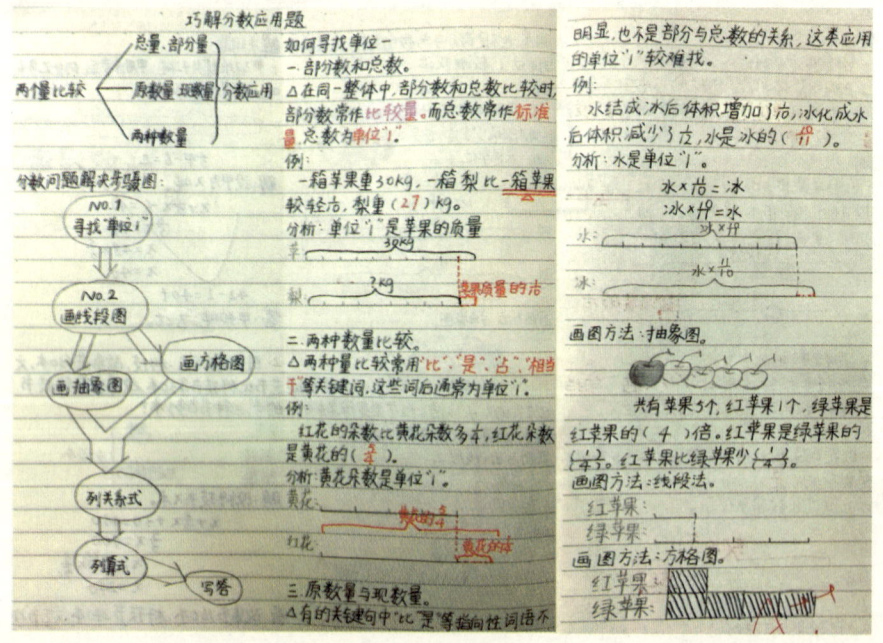

程老师说:"瞧！这位同学用思维导图的形式直观清晰地呈现出个性化的解题流程,再一步步具体地通过一个个解答步骤把分数应用题的解题方法列举出来。这个再建造知识的过程不仅仅是一个好的学习方法,也是一次个性化的小知识整理作业呢！"

淘气说:"哇,这个方法真是不错呢！我明白了,就是要让我们把学到的知识,用自己能明白的方法做出来,可以写字,还可以画图。"

程老师说:"真是一个会思考的好孩子！当遇到我们不会做的题,或者你感觉自己说不清楚的时候,画图也是一个很好的解决问题的方法呢！我们来看看这位同学是怎样用画图的方法算出分数除法的计算题的。"

淘气说:"看了这位同学的作业,我才明白了计算的方法,以前我就只知道怎么算,不知道为什么要这样算。方法我懂了,但是我做题时还是常出错。怎样可以让我记住错误、少出错呢？"

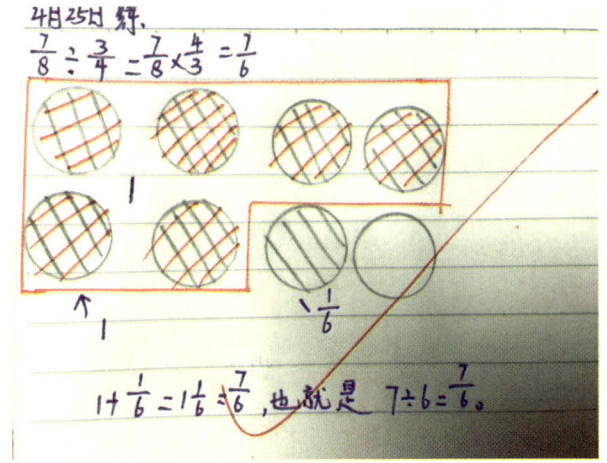

程老师说:"当然有办法啦！我们可以把平时做错的题收集起来,认真地分析一下错误的原因,以后就会少出错了。"

淘气说:"真的吗？太好了,有这样的错题本吗？快快拿出来给我看看,我得好好学学。"

淘气说:"以前一提到数学作业,我想大家一定也会和我一样略感'鸡肋'吧,今天看了外小同学们的作业,我发现其实他们现在的数学作业很有意思呢！以后,我也要这样写作业,这样写作业真是太有意思啦！"

程老师说:"引导学生把当天学习到的知识设计成自己的个性作业,能较好地展示每位学生不同的学习能力,不仅提高了作业的完成率,而且通过学生之间的交流,获取更多的信息,使学生的表达能力、思维能力均得到大幅度的提高。这样个性化的学习方式对于学习的帮助也确实是很大的。学生们也学得开开心心！"

我们也常在课前及课后针对我们的个性化作业进行班级间的交流及评讲,不

宁静的改变

> **错题1：** 水果店运来苹果、梨、香蕉三种水果，运来的苹果是香蕉的120%，梨是香蕉的80%，运来的苹果比梨多百分之几？
>
> **错解：** 假设香蕉100kg
> (100×120%)−100=20(kg) 100×80%=80(kg)
> 100−80=20(kg) 20+20=40% 答：比梨多40%。
>
> **正解：** 假设香蕉100kg
> 100×120%=120(kg) 120−100=20(kg)
> 100×80%=80(kg) (20+20)÷80=50%
> 答：比梨多50%。 100−80=20(kg)
>
> **错因分析：** 这道题我在前面的算式写的是对的，应该把这道题中统一的单位"1"假设成同一个数，100是最好算的，但我在最后一步时直接把苹果比梨多的部分加了起来，而在计算谁多谁少百分之几时，用相差的部分除以单位"1"就行了。所以用(20+20)的和除以80就是苹果比梨多的50%。
>
> **对应训练题及解答：** 文具店有铅笔、跳绳、本子三种文具，铅笔数量是本子的70%，跳绳数量是本子的110%，跳绳数量比铅笔多百分之几？ 假设本子100本
> (100×110%)−100=10(个) 100×70%=70(支) 100−70=30(件)
> (10+30)÷70≈57.1% 答：比铅笔多57.1%。

> **错题1：** 宜昌到武汉原来要5小时，动车开通后，现在只需2小时，速度提高了百分之几？
>
> **错解：** (5−2)÷5=60%
> 答：提高36%。
>
> **正解：** 1÷5=1/5
> 1÷2=1/2
> (1/2−1/5)÷1/5=150% 答：提高了150%。
>
> **错因分析：** 因为它求的是速度不是时间，所以不应该直接用(5−2)÷5。
>
> **对应训练题及解答：** 从A地开往B地，原来要10小时，提速后只要8小时，这列火车速度提高了百分之几？
> 1÷10=1/10
> 1÷8=1/8
> (1/8−1/10)÷1/10=25% 答：提高了25%。

仅让学生看到班级间学生不同的个性化作业，也能感受到年级间不同学生作业的个性与风采，激发了学生的学习兴趣。

当然我们还在研究与学习的路上，我们正在努力中！我们正努力使个性化作业较好地诠释"学生成为学习的主人，老师成为引导者与组织者"的状态。我们不仅注重知识的结果，而且更注重知识的形成过程，让学生完成作业也有个性化的感受。以个性化研究为抓手，我们一直在前行的路上。

淘气感叹道："这样的数学作业真是太接地气了！"

正所谓百花满园，花期各异。尊重差异，需要我们放慢脚步，静待花开。

孩子喜欢的分享式课堂

文|401班 奂振楠妈妈

窗外,小鸟正欢快地叫着,太阳正灿烂地笑着。伴随着如此的美好时光,我走进了四(1)班教室。作为一名家长,同时也是一名老师,我几乎错过了孩子在校的每一次家长会,今天机会来了。

还记得刚进外小时,我就听说外小的数学团队是一个很牛的团队,在这个团队里,有雷厉风行、魅力无穷的"领头羊"姚丽老师,有锐意进取、思想超前的程雯老师,有踏实严谨、用心工作的喻玲、曾飞凤老师,那时,我便心生敬意。可是,真正加深了解的,却是以家长的身份去看待程老师了。还记得每晚放学,孩子口中念叨的便是他那幽默可爱的程老师了。"妈妈,程老师上课的时候,都让我们上台去讲题,我像个小老师站在台上,真激动。""妈妈,今天程老师让我们在小组内自己评讲试卷,我们每个人都把自己的错题拿出来,大家一起分析,很快就把自己的错题都弄懂了,真好!""妈妈,这道题你会吗?来,请听我给你讲吧。""妈妈,从今天起,我要准备一个错题积累本,我要把错题都记录下来,看看自己的问题都在哪里,这样便于我不断改进自己。""妈妈,今天程老师表扬了我,说我比原来更爱思考了。"……

那时,我更觉得神奇了,是什么魅力能够让孩子们都喜欢上了这位程老师,从而喜欢上这门学科呢?

这是一节复习课。这节复习课首次尝试"由学生来主持,教师退居台后"的创新的分享教学模式。

整节课,从课前的人人参与整理单元知识结构、10道经典练习,到课堂学生自主参与和练习的完成、汇报,较好地呈现出以"学生为主体"的教学方式,注重了学

宁静的改变

生分享与交流能力的训练。儿子一直很佩服程老师高超的数学分析能力、周密的逻辑思维能力，梦想着自己也能向程老师一样厉害。为上好这节课，他开始模仿程老师上课时的样子，学着用语言把想法和解题思路表述出来，这是一大进步，这让他的思路更加清晰了。班上的全体同学也为这节展示课做了很多准备，他们学着自己整理知识要点、自己出题目，一起备课，一起相互帮助。看着孩子们认真的样子，真让人感动。

　　整节课是有序的。课堂上的40分钟非常精彩，孩子们先将知识要点进行了回顾，孩子们用数学语言，简短、清晰、正确地表述了对知识点的理解，曹同学的精彩回答让同学们都表示赞同。程老师通过对知识点的回顾既温习了学习内容，又调动了孩子们的积极性，让课堂逐渐进入活跃状态。

　　整节课是灵动的。整个课堂以引导为主，程老师的课堂重视孩子们的参与度，课堂上孩子们踊跃地发表自己的想法。李同学、曹同学兴奋地走上讲台讲述自己的理解，就连平时很调皮的易同学也积极地举手发言。在程老师的引导下，同学们表现活跃。

　　一直以来都希望孩子在一个好的环境里学习、成长。我听说过韩兴娥老师的教学方法，她不拘泥于形式，让孩子们发挥主动性。在儿子入学时我就想儿子要能到韩老师的班上该是多么幸运的事呀！事实告诉我，儿子是幸运的，他到了一所很好的学校，遇到了优秀的老师。

　　外小的老师用心血、全身心地投入到教学中，不断地从孩子们的角度出发，激发他们的学习热情，让他们对学习萌发无限渴望。

　　那一刻，我明白了：在外小，在这样简单而普通的教室里，因为有了这样丰富的课程，有了这样用心的老师，所以孩子们是幸运的！

数学与信息技术整合教学设计
——巧算

文 | 马云

教学内容：

北师大版数学教材三年级上册第一单元混合运算（三位数加减）补充内容——巧算。

教学重点：

1. 理解并掌握凑整法的巧算方法。

2. 能够运用巧算方法进行加减法的巧算。

3. 掌握 Word 中数字及运算符号输入的技能技巧，培养学生自主探究、合作学习的能力。

4. 了解 Windows 自带计算器的使用方法，体验将所学知识和技能应用于生活的乐趣。

教学难点：

1. 运用凑整法进行巧算，灵活选择巧算的方法。

2. 运算符号"+""-"的输入方法。

3. 会用计算器解决实际生活中的问题。

教学过程:

一、复习旧知

听算。(老师放音频文件,报听算,同学们在电脑上完成。)

师:请同学们在电脑上打开音频,认真听题并完成今天的听算。(音频文件老师在课前已经通过iPad教师终端将题目发送到了每台电脑上,学生们的电脑技术完全可以完成听算操作。)

100−57=(　　　)　　　34+58=(　　　)
54÷9=(　　　)　　　8×6=(　　　)
100−38=(　　　)　　　56−8÷4=(　　　)
4×(22−14)=(　　　)　　　(34−27)×5=(　　　)
36÷(24−15)=(　　　)　　　12÷3+18=(　　　)

(学生听算的同时,教师通过iPad终端控制某学生的电脑,将该学生的听算过程投影出来,做完的学生可以对照该学生的答案进行检查。)

二、新课导入

PPT出示:91、73、9、17、125、900、175、100。(老师控制所有人的电脑。)

师:看到这些数字你想到了什么?

生:91和9是一组、73和17是一组、125和75是一组、900和100是一组。

师:大家都是这样想的吗?为什么要这么分组呢?

生:因为这些数字可以凑整。

师:嗯!看来同学们都很会观察,那么在我们的计算中能否利用这个特点来进行巧算呢?今天我们就来研究它!(板书:巧算。)

三、新课探究

(一)典型题型

(1)师:请同学们观察这道题,你会如何计算呢?(大屏幕出示,给学生1分钟时间独立思考。)

例题(四种不同类型):

123+99=?(多加了1个,所以结果要减1。)
967−299=?(多减了1个,所以结果要加1。)
428+501=?(少加了1个,所以结果要加1。)
601−102=?(少减了1个,所以结果要减1。)

(2)师:看来你们都已经有了自己的想法,把你的算法说给你的同桌听一听。(给学生3分钟时间讨论。)

(3)师:刚才的讨论很激烈,谁愿意把自己的算法与大家分享?

(学生边说,教师边板书,重点追问为什么结果要加1或减1。允许学生的方法多样,对言之有理的学生给予肯定。)

(4)练习。(选择一名学生的电脑进行监视,将过程展示出来,其他学生独立在电脑上完成计算。)

出示:98+276=　　452-199=　　600-344=　　703-204=

(5)利用计算器检查。(让学生在电脑上操作计算器。)

师:利用计算器检查后全对的有多少?(看来巧算不仅能够帮助我们节约时间,还能大大提高我们计算的正确率。)你是如何计算的?(将发言学生的电脑进行投影,将不同的计算方法全部介绍给学生。)

(二)总结方法

师:观察我们刚才做的题目,它们都有什么特点?

生:算式中都有接近整十或者整百的数。

师:以后遇到这种类型的题目我们该如何巧算呢?

生:当算式中有数字接近整十或者整百的时候,我们可以将它看作整十或整百的数,多加了的数要减掉;多减了的数要加上;少加了的数要继续加;少减了的数要继续减。

师:同学们说得太好了,淘气学了这部分知识后也做了一份作业,想请大家批改。(让学生判断正误,并说明原因。)

练习:判断题。

四、总结归纳

师:今天这节课你学会了什么?

(在课堂上放微视频,进行归纳总结,用规范、简洁的语言把此类型的题目的巧算方法总结出来。)

五、拓展延伸

学生自己创造出一个可以巧算的算式,并与同桌交换计算并检查。(学生在电脑上出题,传给附近的学生做,并且利用电脑上的计算器当场评判。)

小小未来工程师
——用工程设计引领课程

文|王炎

2015年的科技教学培训会上,我第一次看到了"过山车""投石车"等别具一格的课程,这是需要具备动手能力和团队合作精神才能完成的项目。当过山车飞驰而过、投石车准确打靶的那一刻,我感受到力与美的结合。

回来后,我尝试上了这样的课,现实却让人大跌眼镜。最简单的拧螺丝,学生尝试很久仍难搞定。我意识到:这代人太缺乏工程素养,传统科学课的模式该有所改进了。

之后的教研会上,我就此事与老师们交流了看法,科学组的几位老师所见略同,一致赞成要在教学中加强动手能力的培养,要将工程的理念引入课堂。于是,经过多次的研讨,从开始的"纸系列"到后来的"塔系列",我们设计了简单有趣的

小型实践活动,让学生的工程素养得到了一定提升。在这样一个背景下,我们对STEM课程做了专题研究,结合教材进行拓展,为高年级学生设计了更灵活的项目,并严格按照工程设计的流程来开展活动。来,瞧瞧我们是怎么做的吧!

任务一:认识工程设计中的问题

听说要造一座桥,学生们兴奋不已,似乎觉得这件事非常容易,马上就能开工。我有点儿着急,因为在他们脑海里,只是想着造一个桥的模型而已。讨论一会儿,我开始提问:"生活中有多种类型的桥,哪一种比较好?学生们有这么多的设计,我们用谁的最好?"学生们不说话了。"要不这样,根据想参与建设的桥梁类型,我们成立几个工程团队吧!"没过多久,学生们便组团成功了。

我接着问:"你们了解安全与成本的重要性吗?好的工程,既安全又省钱,才有可能竞标成功;好的工程,不可以独立完成,它体现的是集体智慧。你们能重新讨论吗?"

"这个桥的形状很好看,但是做不出来呀……这种结构怎么固定呢?是不是太浪费材料了……"问题不断涌现,方案难以统一,学生们纷纷要求我主持公道。我笑着说:"优秀的工程师会听取他人的意见,取长补短。好的工程团队,每个人都有明确的分工,竭尽全力完成自己负责的工程。"

新一轮的讨论又开启了。

任务二:展开调查研究

尽管我做出了让步,但学生们的意见仍有分歧,该怎么办呢?"要不我们上网展开调查,找找视频、文字和图片,再确定统一的方案,好吗?"听说上网调查,学生们兴奋不已,立即行动起来。

有的调查长江大桥的资料,了解建筑的时间、造型、材料、安全性和文化背景。政府有没有其他的建桥规划?这种设计有成功或者失败的案例吗?学生们结合这些问题开展了探究性学习。有的收集各种著名桥梁建筑的图片,寻找与自己设计类似的结构,进行重点研究,看别人是怎么建造的,最终确定自己的建筑形式是拱式、斜拉式、梁式,还是混合式。有的研究如何确保桥梁既稳固又安全,根据长江两岸地理环境的特点,确定桥梁的高度、跨度、绳索长度等具体参数。还有的思考选择的建造材料是否符合桥梁设计标准。经过反复权衡,学生们制订了"材料与成本清单",甚至包括人工成本和费用表。

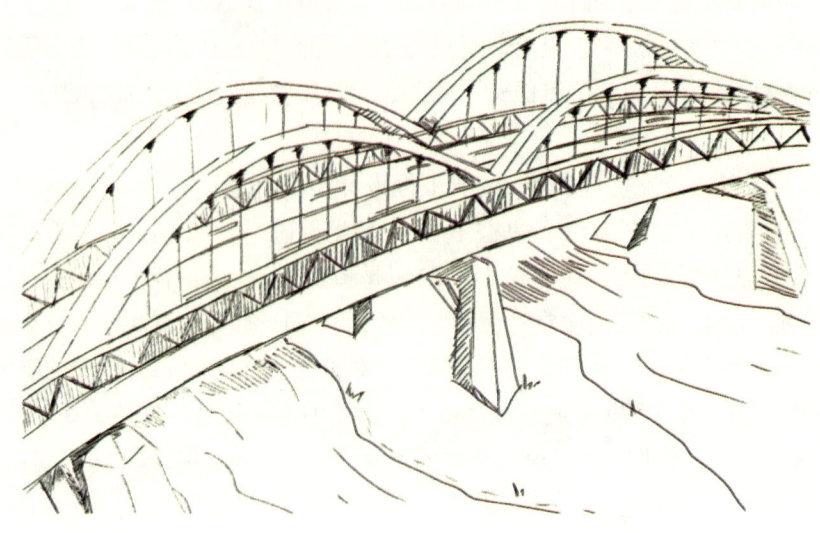

在这个过程中,学生们对工程有了更清楚的认识,开始注重对经济、自然环境的调查与分析,开始在工程的用时、造价、品质之间寻找最佳平衡点,也愿意采纳不同的建议,优化小组的设计方案。

任务三:建立模型

经过调查研究,各小组终于完成了工程投标书。我和他们一起审核并约定了工程实施要遵守的几项要求:规定工期完成时间;材料和费用不能超标;按设计图纸建造,不能做大的更改;有变动必须做出说明;确定项目责任人。

有了前期各种准备和图表、数据的支撑,工程开展得比较顺利。学生们专注于自己承担的部分,控制质量,处理细节,有些结构相同的部件,两个学生还合作批量生产。

一个学生突然喊起来:"我图纸上画的是圆形的部件,你怎么做的是方形的?"我过去一瞧,设计和制作出现了问题,原来部件一开始设计的是方形的,后来为了好看改成了圆形的。"你为什么不做圆形的部件呢?"学生说:"老师,圆的太难了,用方便筷我做不出来。""那也不能够自己做主就开始施工,要和设计师沟通一下,要么想办法替换、处理材料,要么修改设计方案,不然可是重大工程失误呀!"趁这个机会,我安排每组中的一个学生当工程监理,专门跟踪、协调工程的进度,确保工程的质量和施工安全。施工现场一片热火朝天的景象。

任务四：测试和优化

测试开始了，记录员详细记录了每次测试的内容和结果。抗压检测时每次放置一定数量的砝码，并停留数秒，确认稳定后再逐步增加砝码数量；尺寸检测中，对照设计图纸，先看外形，再进行测量；设计有电路的部件，通电后查看部件是否能够正常运行；有的学生抖动桌子，还有的挥动书本扇风……

有些桥梁出现了轻微的损坏或不合规范的地方，大家不以为意，因为桥还没有垮掉。我认真地说："这些安全隐患如果不及时处理，工程验收将不合格，将来也会造成重大事故。"现场气氛严肃起来，学生们开始思考究竟是设计还是制作的问题，并解决出现的问题。有的学生建立了新的模型，重新测试，再次优化设计方案。看着他们忙碌的身影，我想：基于测试的结果优化设计方案，一定是未来工程师通向成功的必经之路。

任务五：交流与展示

每当我们欣赏那些扣人心弦的建筑作品时，总是会被设计师别出心裁的创意和建筑者的技巧深深打动。不管是溪水潺潺的石拱桥、纵横交错的高架桥、大气时尚的斜拉桥，还是科技感十足的钢铁框架桥，都凝聚着团队的智慧和汗水。

所以我们分享的，不仅仅只是一个个建筑物。我请每个设计团队上台展示作品，呈现设计图纸，介绍设计思路，汇报测试结果和后续改进方案，同时说一说作品的不足之处。学生们不仅对自己的桥梁有了更加清晰的理解，也看到了别人设计的桥梁的伟大之处，更在介绍和交流中锻炼了沟通的能力。

在这样的小型展览会上，学生们展示了自己的想象力和实力，体现了个人的魅力和风采，扩大了自己的影响力，增强了创作的信心。

在这个课程里，学生们开始像科学家那样去思考，而不是用儿童的思维方式去思考；我不再制定明确的任务并针对结果去评价，而是给学生们充分的自由，有目的性地去设计并完成工程。学生们有的为了节省材料将桥建造得简洁大方，有的为了引人注目将桥建造得金碧辉煌……

看着他们在工程项目中的某个方面去突破、去创新；看着他们在综合考虑后做出选择并专注于创造过程；看着他们坚持不懈地尽力完成作品并有所突破，我感受到的是学生们真正将自己的感情和对生活的理解，融入到了作品中。

我喜欢这样的课程，喜欢这群未来的小工程师，他们有创新精神，有工匠精神，有动手能力。

小制作大智慧
——学做简易净水器

文 | 吴启立

"老师,看我做的净水器,样子还不错吧?"一个学生自信满满地对我说。

"老师,我做的净水器活性炭没固定好,过滤的水有点黑,我再把它改进一下。"看得出他对制作净水器充满热情,非常喜欢。

"老师,我还用净水器检测了我家里的自来水了,效果很好!"运用得不错嘛!

"老师,我在家里做了三个净水器,我爸爸也来帮忙了。"看来连家长也被吸引了。

这令人开心的一幕幕,是我在课堂上第一次尝试运用STEM教育理念教学生们制作净水器之后的场景。看到学生们的探究兴趣和制作欲望被调动起来,我颇有成就感。

最近两年,我国在教育领域兴起了一股STEM教育的热潮,它的产生有"大众创业,万众创新"的大背景,也有科学教育改革的因素。未来社会不仅需要知识能手,而且需要具有创造性、能解决问题的人才,而STEM教学无疑是最好的体现。我也想做一些尝试,自觉参与教学改革,更好地为学生的发展奠定基础。

选择什么内容好呢? 6月5日正好是世界环境日,环境保护已成为全人类的重要任务。学生们学习过一些环境保护的知识,如垃圾的危害和处理、水的污染、大气的污染等,但并不了解水的重要性,保护水的意识也不强。经过反复思考,我决定开展制作净水器的实践活动,既让学生们了解水资源的重要性,树立节水意识,又能培养他们动手解决问题的能力,用行动保护环境,不让地球妈妈继续流泪。

初次尝试STEM教学,我倍感压力。要教学生们制作净水器,首先,我要知道净水器是如何净水的。我费了九牛二虎之力,终于弄清楚了净水器的原理,原来净水器是靠层层过滤和吸附杂质来净水的,最核心的就是反渗透技术。经过查阅资料和几个夜晚的精心备课后,教学活动拉开了帷幕。

"同学们,干净的水是生命健康的保证,如果没有它,我们就不能生存。五峰一个山村常年没有干净的水源,我们能为村民们设计一个简易、价格低廉的净水器解决饮水问题吗?"教室里,学生们讨论得很热烈。

敏敏说:"净水器是怎样净化水的,该怎么制作呢?"

晨晨说:"净水器用到什么高新技术啊?"

蒙蒙说:"净水器的净水效果到底怎样,有什么方法可以检测吗?"

琪琪说:"净水器是由哪些部分组成的,用什么材料来做呢?"

朋朋说:"简易净水器净化的水能达到自来水的标准吗?"

我播放了一段自来水厂的净水视频,让学生们讨论净水步骤及其原理。大家很快明白了自来水厂的净水过程,原来是通过过滤、沉淀、吸附、消毒等过程来净化水的,要添加沙子、石灰、活性炭、氯气等材料。"那么简易的净水器该怎样设计呢?能否像自来水厂那样层层过滤和吸附杂质呢?"原来,有些多孔的物质可以作为滤层,有的物质虽看不到孔,但分子间隙比较大,也可以作为滤层。

接下来,我提供了中国生活饮用水标准让学生自学、思考如何进行水质的检测。我们可以抓住几个重要的、便于操作的项目,例如浊度、pH值、气味、肉眼可见物等,来判断水质。当我把精心搜集的三桶不同品质的水放到桌上时,学生们的眼睛一下亮了,个个盯着水桶看,都想看一看水里是否有一点儿什么东西。他们观察得很认真,却都没有记录,于是我提醒他们:"记录可是科学研究中一项非常重要的环节,它将为自己的研究提供有力的证据。"学生们迅速反应过来,把观察所得记录在实验单上。检测气味时,他们挥舞着小手,轻轻扇动瓶口,让气味飘到鼻子里,感受着水的气味。水的臭味让学生们捏住鼻子时,我

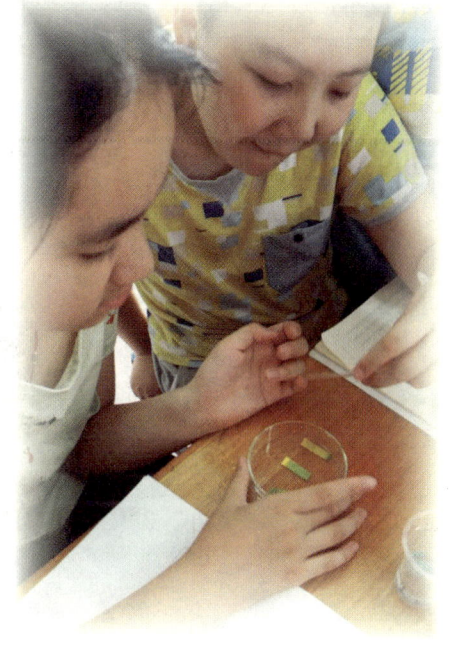

鼓励他们进行科学研究时要不怕困难；用pH试纸测酸碱度时，有的学生把试纸放在有水的玻璃器皿中，测的结果不准确；有的学生没把握好颜色比对的时间，导致结果错误；有的甚至把三种水混合在一起，导致实验失败。面对学生们的一个个小失误，我也不过多地责备他们，而是一个个地提醒、指导，因为成长的过程就是这样。很快，他们越来越熟练，较出色地完成了这项任务。

　　用脱脂棉和活性炭来净化水，这个活动更让人期待了。"在课堂上，我们曾学习过用漏斗、玻璃棒、滤纸、烧杯来过滤，那我们做净水器也要用漏斗吗？"我提出了问题，但没有一个学生回答。我提示学生们选择饮料瓶，把它从中间剪开，在盖子上扎几个小洞，做成漏斗的形状，然后在瓶里装入脱脂棉，这样不就可以过滤了吗？学生们豁然开朗，说干就干。在实验中，发生了几个小插曲：过滤时，玻璃棒要轻靠瓶壁，让水从玻璃棒上慢慢流下去，有一个学生手不停地哆嗦，水也随着他的手跳起优美的舞蹈，惹得旁边的学生哈哈大笑；还有一个小组直接把活性炭倒入饮料瓶里，因为瓶盖的孔稍大一点，活性炭直接从孔里掉下来了，过滤的水完全变黑了，实验失败了。该怎样解决呢？还好大家聪明伶俐，很快就想出了办法，用一层细密的纱布把活性炭包起来，由于瓶壁和纱布结合得不紧密，实验效果还是受到了一些影响。"没关系，再试几次。"我在一旁鼓励他们，"在做净水器时，一定要用胶水把过滤层粘牢固，否则会影响实验效果。"经过锻炼，学生们的操作熟练了，手渐渐不抖动了，过滤器的效果也越来越好。当看到过滤的水这样清澈，学生

们不由得赞叹起来。

活动到这里达到了高潮,但是学生们还要完成一系列的实验,任务很繁重。但经过前面的训练,学生们已经学会了分工合作,动手能力得到锻炼。他们忙而不乱,取材料,测量厚度,完成填充,过滤,计时,检测,记录数据。一次实验做完,再增加过滤材料的厚度;用一种材料做完实验后,再换第二种材料。学生们在实验的过程中一丝不苟,真有一点儿小科学家的味道了,他们尝到了探索的乐趣。

在一个个的活动中,净水器课程结束了,我随机选择了几个学生采访:"你们的感受如何?"

"太好了,我学到了很多课外知识。"

"有很多实验,我觉得挺有意思。"

"制作净水器的课程很好,我的数学、阅读、动手和思维能力都得到了提升。"

"很贴近生活,能解决生活中的问题。"

从学生们的声音中,我感受到这样的课程是受欢迎的。我不用告诉他们该如何做,只需陪着他们去探索、去感悟、去设计、去创新。小制作中有大智慧,这就是STEM课程的魅力,在这条道路上,我将不断探索。

《纸上科技——纸绳拉重》活动设计

文 | 王炎

一、活动背景

虽然一张纸是很脆弱的,但是纸的结构改变后,它的强度也会随之改变。

20世纪以来,纸得到了全面的普及、推广和应用。它重量轻,价格便宜,用途广泛,能回收甚至重复利用,成为我们日常生活中经常使用的书写、印刷、包装材料之一。

瓦楞纸这项伟大的发明,就是人类在纸的结构上的一种突破。在我们的生活中,还有没有办法能让纸的强度得到提高呢?让我们来做个小游戏。

二、活动规则

用一张报纸制作一根纸绳,拖动尽可能重的物品。纸绳必须符合下列条件。

1. 只能使用一张报纸来制作,并且长度不小于1米。
2. 不得使用任何其他材料或工具来加工纸绳。
3. 把纸绳的一端连接到拖板绳环上,拉直后,将纸绳的另一端放到起始线外。
4. 一人站在起点线外用双手拿着纸绳的一端,另一人向拖板上增加砝码,然后用纸绳拉动拖板。
5. 每拉动拖板前进25厘米就必须增加砝码,所加的砝码重量不限。
6. 纸绳断裂或拖板已被拉过了终点线则比赛结束,届时拖板上砝码的总重量即为比赛成绩。

三、场地布置

1. 底板用40厘米×200厘米的木板制成,底板一端放拖板。
2. 拖板用30厘米×40厘米的木板制成,前端装有纸绳拉环。
3. 1克、5克、10克、20克、50克、100克的砝码若干。

四、头脑风暴

一根筷子呀,轻轻被折断。十双筷子哟,牢牢抱成团。

1. 怎样才能提高纸绳的强度呢?不如将报纸拆开,做成更粗的细绳,强度就大大提高了。
2. 怎样才能做成纸绳呢?将报纸裁成细条,每条斜着卷起来。
3. 怎样将多条纸绳编成一条?"麻花辫"怎么编?
4. 怎样延长纸绳的长度呢?每隔一段长度将剩余的纸绳逐一编入。

五、经验分享

1. 纸虽然很薄,但它的韧性还是很强,主要是因为纸中的植物纤维的作用。如果纸的受力比较均匀,那它的抗拉力就更强。
2. 把纸分成多条,然后做成圆柱体,用三条纸编成纸绳,可以使纸绳受到的拉力更均匀,它的抗拉力就越强。当然,要合理分配材料,慎重确定纸条的宽度。理

论上纸条越宽,做成的圆柱体更牢固,纸绳就更结实。

3.在编纸绳时,要注意编绳细节。

选择纸的强抗拉力方向裁剪。由于纸的制作工艺不同,纸的抗拉程度也不相同。如果把纸张的抗拉方向分为横向和纵向,两个方向的纤维抗拉强度存在较大的差异。因此,在制作纸绳之前,一定要先将纸张沿着横向和纵向拉一下,确定哪个方向的抗拉强度大,然后再进行裁剪,做成柱子状。

编织过程中要让纸条之间紧密、均匀交织,接头不要在相同的位置,尽量错开,这样才能使编织的纸绳均匀受力。

两人相互配合,一人固定绳头,另一个人编织纸绳。

科技之星放光彩
——我与科技节的那些事

文|305班 李喆宁

我是一个科技迷,凡是和科技有关的东西,我都特别感兴趣。外出旅行时,当地的科技馆是我必去参观的地方,那里总是让我流连忘返;在学校里,我最喜欢的是科学课,每节科技课都让我受益匪浅、期盼无比。

我与科技结缘于读幼儿园的时候。那时我很喜欢玩Lasy积木,妈妈让我报名参加了兴趣班和训练营,通过学习,我对机械传动方面的知识有了一定了解。在组装积木的时候,我会把学到的知识运用到"制造"出来的各种小车、机器人上面,看到它们动起来,是我最开心的事儿!

我还清楚地记得参加宜昌市第十三届青少年科技节的情景。那时我刚上一年级。有一天,学校通过广播通知大家,有兴趣的同学可以报名参加"科技节"。虽然还不太清楚"科技节"到底是什么,但是一听到"科技"两个字,我就特别有兴趣。我找到科学老师询问情况,他一看我是一年级的小朋友,就吃惊地问我:"刚上学就参加科技节的比赛?要和高年级同学一较高下的哟!"我心里有些忐忑,但是仍不想放弃。"有哪些比赛项目呀?""遥控车、遥控飞机、机器人、魔方、科幻画、科技制作……"科技制作?我眼前一亮说:"老师,我想参加这个。"

回到家,我把想法告诉了妈妈。她鼓励我积极参与,买来各种材料让我制作参赛作品。课余时间,老师和我一起改进设计,完善作品。我认认真真地组装零件,又反反复复地测试性能,终于创作出了满意的作品——一辆可遥控的F1赛车。当得知我的杰作获得了科技节一等奖的时候,真把我高兴坏了!

从那以后,我对科学的兴趣更加浓厚了。课余时间我经常跑去科学实验室学习,阅读《十万个为什么》《我的第一本科学漫画书》等科普类的书籍。二年级的一

节体育课上，我看到科学老师带着高年级同学在操场上开遥控车，原来他们利用科学课时间练习操作、备战科技节比赛，这让我羡慕不已！我决定也要尝试一下"科技节"的其他项目，于是报名参加了"遥控车竞速"的比赛。虽然这次我只得了二等奖，但对于我来说，只要参与了就是成功的！

　　这一年的社团课，我特意选择了科技范十足的"机器人班"，又学到了不少有关声、光、电方面的知识。转眼宜昌市第十五届青少年科技节又到来了，我带着自己设计的"太阳能动力车"走上赛场，获得了科技创新项目的三等奖，并且在航模竞赛项目中也获得了三等奖。让人惊喜的是，我被评为了宜昌市第十五届青少年科技节的"科技之星"，这真是莫大的荣誉呀！其实我最开心的，并不是获得了这三个奖项，而是这一届的科技节，我们班的好几名同学都获得了好成绩。

　　"星星之火，可以燎原"，希望在未来的日子里，我这个小小的"科技之星"的微弱光芒，能够吸引更多的同学加入到"科技迷"的行列！

三年级科学课程目标细化表

文|王炎

三年级科学课程分为基础课程、STEM课程和头脑风暴课程三类,具体的课程内容、目标和课时见下表所示。

三年级科学课程目标细化表

课程分类	课程内容	课程目标	课时
基础课程	植物	以学生对事物的观察为引领,进一步认识身边的植物,解释观察到的现象,探索其中的奥秘,初步掌握科学探究的基本方法、步骤。抓住学生的好奇心,为学生的主动学习提供重要的心理基础	7
	动物	认识身边各种各样的小动物,观察其中一些动物的活动,初步掌握其生活习惯。饲养和观察蜗牛、蚯蚓、蚂蚁和金鱼,了解它们的生存需要,对动物的共同特征形成初步的认识	7
	我们周围的材料	物质探究之旅:比较木头、金属、塑料、纸、砖、陶瓷等材料在硬度、柔韧性、吸水性和在水中的沉浮等方面的异同,认识不同材料的不同特性及不同用途。增强学生观察身边科学现象的意识	7
	水和空气	以"学生对水已有的认知"为线索,认识水和空气在重量、体积、形状、占据空间、流动性等方面的多种特征。使学生亲历科学探究的过程,体验科学探究的基本手段和方法	7
	植物的生长变化	引领学生在种植凤仙花的过程中,观察绿色开花植物的生长历程,发现其生长变化的规律,了解植物的生命周期。指导学生研究植物相应的器官和特殊的结构,以及植物不同的结构与功能的相互适应性	7
	动物的生命周期	指导学生亲历养蚕的过程,了解蚕的一生,包括生长、发育、繁殖、死亡的生命周期。以认识蚕的生命周期为起点,进一步认识其他动物的生命周期	7
	温度与水的变化	通过观察水的固、液、气三态,研究水在融化、结冰、蒸发和凝结等过程中发生的变化,引导学生探究热量和物质状态变化之间的关系。同时,帮助学生初步建立自然界物质"循环"的概念	7
	磁铁	安排一系列的探究活动,引领学生认识磁铁具有磁性、磁铁两极磁力最强、磁铁能指南北、磁铁具有异极相吸和同极相斥等性质。了解磁铁的应用	7

续表

课程分类	课程内容	课程目标	课时
STEM课程	开心泡泡	了解泡泡的基本原理,认识泡泡水的组成材料:水、洗洁精,了解泡泡水的黏度、颜色等特点	1
		混合材料,制作泡泡水。尝试制作不同颜色的泡泡水,并探究添加其他物质对泡泡水的影响	1
		分小组探讨:怎样吹出更大、更多的泡泡,并通过实验的方法,验证各种方案的可行性	1
		了解泡泡水中水和洗洁精的比例。了解液体的测量方法,观察水和洗洁精的混合比例对泡泡效果的影响,总结规律	1
		吹管对泡泡的影响。用不同材料加工制作各种不同形状的吹管,观察并研究泡泡效果的区别	1
		用泡泡破了后留下的痕迹进行创作。吹出带有颜色的泡泡,观察泡泡自然破了以后在纸上留下的印记,进行艺术再创作	1
头脑风暴课程	建塔科技——吸管造塔	认识吸管这种材料的基本特点,掌握加工吸管的方法。了解框架结构对物体稳定性的影响。学习不使用任何黏性材料,组装、连接吸管的技巧。树立节省工程成本的意识	2
	纸上科技——纸船承重	学会用纸张折叠不同造型的纸船的方法。通过实验的方式,理解力的大小与受力面积的关系,理解物体的重力与水对物体浮力的关系,意识到平衡、稳定的重要性	2

微微一课，很爱你

文 | 曾亚劲

> 在与你相遇的时代，我也在与自己相遇，与转而反对我的所有锋芒相遇。
>
> ——楔子

第一幕：遇见你，遇见自己

2015年暑期，如同往常一样，是燥热难耐的夏天；培训会，亦和往常无差，如期举行……这样的时间，这样的天气，这样的我，都太过平常。而你却在这样的平常中走来，我第一次知道了你——微课，如同对"翻转课堂"一类新名词的感觉一样，我对你顿感新奇。呵！虽然不是最好的时间和天气，我们总算是相遇了。

再次见你，已是几月之后，学校将"微课制作"定为学期教师素养展评的比赛内容。看来无论我喜不喜欢你，我们都得来一场相恋了！为了认识你，我开始走近你，但是随着靠近你的脚步，我反而愈发迷茫，各种各样的疑问充斥着我的脑海：微课学习与平时的课堂学习究竟有什么不一样？我们能讲清楚的为什么还要让学生跟着视频学？微课不就是课件吗？可制作起来却比课件麻烦多了！……天啊，你太不简单！这样的你让我如何靠近你？我有点慌乱，有点紧张，为了能窥见你的庐山真面目，我赶紧找来微课的相关知识恶补起来……在时间的流逝中，在思想的碰撞中，我开始慢慢看见你的面庞，也开始领悟到微课的意义。你的作用让我心生欢喜！我开始对你有了更多的兴趣，这样的你，这样的我，第一次遇见！

第二幕：喜欢你，找到自己

与这样美好的你，相遇相知，都还不够，我相信我们相遇的意义绝非这样简单，正如我想起了《一代宗师》里宫二对习武三个阶段的认识：见自己、见天地、见众生。教学研究何尝不是这样？作为教学的引导者，我们也会迷茫，也会无措，但是我们总能在与教学对象、教学内容的一次次磨合中，找到自己，认识自己。

为了"搞定"你，制作一节有针对性、有代表性的数学微课，我反复思考斟酌，最终确定录制一年级上册的《过生日》。

毕竟我们相识不久，虽然我对你有良好的感觉，但是主题确定后的设计环节又遇到了问题，怎样才能与你跳出一支曼妙的"舞蹈"，怎样才能让这节微课更出彩？为此，我进一步深入地研究了教学用书，回想教学中的点滴，把亮点设计在突破教学中的重难点、为学生呈现出生动有趣的动画效果上，让他们在熟悉的生活场景中更好地感受整体与部分、部分与部分的关系……这种种的考量，只为能更好地站在你身旁！

你是如此美丽，我得给你披上最美的外衣，于是我投入了大量的时间在"精"上花工夫，设计精美的课件，制作精巧的动画，撰写精炼的讲稿，录制精准的微课。录制音频时，为了避免噪音和杂音，我学会了在寂静的凌晨时分与你独处。没想到你如此调皮，制作中你仍然不忘给我出难题：图像处理、声音合成、视频剪辑等各种技术问题层出不穷。于是我上网搜集各种教程，向信息技术老师请教，现学现用，反复修改。终于，我们合作的第一支"舞蹈"即将登台，这节历经十几次修改后的微课在湖北省"长江杯"微课大赛的前一刻搞定。你不负我所望，获得了省一等奖的桂冠，其喜洋洋者矣！

因为喜欢，让我找到了自己的另一种可能，重新认识了我自己！

第三幕：爱上你，忘了自己

数学课堂上由于内容、时间等限制，通常很难做到面向全体学生进行个性化辅导，老师们都深有感触而倍感疲惫。而你的出现，开启了教育的另一扇窗。

犹记得，2016年在学校的教师素养展评上，我运用微课上了一节认识平年和闰年的课。

"同学们,你们知道一年有多少天吗?"

"365天的是什么年?366天的又是什么年?"

"你知道哪些与闰年有关的知识吗?"

随着问题的深入展开,原本活跃的课堂慢慢沉寂下来。最后,终于有一位学生举起了小手,把书中看到的知识给学生们念了一遍。

"现在你们明白闰年是怎么来的了吗?"看着学生们懵懂的双眼,我明白了,学生们还是似懂非懂啊!幸好我有了你——从网上下载的一段微课,正好在此时派上用处,你清晰的解说,再配上有趣的动画,学生们瞬间也喜欢上了你这个新伙伴,你让他们在轻松愉快的氛围中获得了闰年的知识。这样的你让我怎么能不爱呢!

在你的引导下,我接着又问道:"怎么判断某一年份是闰年还是平年呢?"学生们似乎又被我难住了。普通年份要除以4,整百年份要除以400,可是四位数的除法和除数是400的除法计算学生们还没有学过,那可怎么办呢?

你再一次出马,我顺势播放另一个微视频:巧算平年和闰年的方法。观看学习后,学生们学以致用,很快判断出某一年份是平年还是闰年。

你的作用可真大呀!平时课堂中的难点问题因为你迎刃而解……同时,你也给我的教学注入了一股新鲜活力。微课,你对我来说,是最好的舞伴。课堂外,我入迷似地研究你;课堂上,我经常运用你。因为有了你,我常常忘了我自己,总是让你冲锋在前。我爱你,而比我更爱你的,是那一双双求知若渴的眼睛呀!

我的"微"之旅

文|刘友谊

随着生活节奏的不断加快,全世界正在进行一场"微"革命,我们的生活也逐渐步入"微时代"。当微博、微信、微小说、微电影大量涌入我们的生活时,教育的"微时代"也来临了。开启教育"微时代"的,正是微课。

"微课"以其短小、精致的特点,吸引了我的眼球。带着对它的好奇,我一步步了解、认识了微课,并将其应用于自己的日常教学工作中。在这一路上,我有过迷茫,也取得了一些成绩。

一、"微"了解

记得去年学校传达了市教育局关于微课大赛的文件精神,要求教师参加湖北省首届微课大赛。当时,我真的很茫然:微课是什么?如何选课?如何制作微课?……一切都是那么陌生,以前只是偶尔听说过,真没想到"微课"来得如此之快。我甚至产生了畏难情绪,因为不知道该从哪儿下手,真的产生过放弃参加微课比赛的念头。

为了更好地推进信息技术与学科教学的有效融合,促进教师专业发展和教学能力提升,解决教师制作微课的困惑,有效提升教师制作微课的水平,学校急教师之所急,举办了微课制作专题培训活动。

培训中,胡俊教师向大家介绍了什么是微课,并具体介绍了微课的制作方法,如:微课内容如何设计,幻灯片制作如何做到简洁、美观大方、动静结合、图文并茂,如何用录课软件将幻灯片录制成视频,如何在视频中插入音乐和制作片头,如何对视频进行剪辑,等等。

最后，蔡校长还鼓励我们要克服畏难情绪，微课对于大家来说是新事物，大家都在摸着石头过河，都在探索，只要参与、勇于实践，总会有所收获。

二、"微"探索

通过培训，我在思想上对微课加以重视，对微课有了更全面、更清晰的认识，激发了我的参与热情。

接下来，我认真研究微课的制作方法，熟悉微课的制作流程，并在网上大量观看优秀教师的微课视频。通过一段时间的网上学习，我逐渐认识到微课是为学生自学服务的，因此制作微课选取的知识点最好是教学中的重点、难点或疑点，这些知识点是传统教学中不能很好解决的问题。例如：双引号的作用、修改病句、陈述句和反问句的互换、"的""地""得"的用法、理解词语的方法、缩写句子、扩写句子、文言文的学习方法、小学语文句子排序方法与技巧等都可以作为微课研究的课题。

我欣喜于自己的探索之路，由开始的一头雾水到现在的拨开云雾见日出的清楚认识，这段时间的网上学习，不仅提高了我微课制作的学习能力和研究能力，还为自己的专业成长搭建了更广阔的学习和交流的平台。

三、"微"进步

学习之余，我也积极录制微课。俗话说，一分耕耘，一分收获。经过几次反复

录制和修改,我制作的微课《地震来了怎么办》在湖北省首届中小学微课竞赛中获得一等奖。

为了探索微课在课堂教学创新中的有效模式和方法,我将微课运用于语文课堂。例如,在关于"幸福"话题的写作中,我制作了这样一段微视频。有一个爱唱歌的小女孩,歌声动人的她却有个永远无法实现的心愿——唱歌给妈妈听。因为妈妈是个生活在无声世界里的聋哑人,遗憾和自卑一直伴随着这个小女孩。后来,小女孩进入中学,身边多了一群可爱的室友和快乐的朋友。一切的平静美好却在妈妈到宿舍送蜂蜜柚子水的那一刻被打破……心底的秘密被泄露了,亲情、友情,女孩该何去何从?她能勇敢面对吗?蜂蜜柚子水,清甜、苦涩、甘醇,品尝的人,心有百态,幸福的味道却未曾改变……

类似这样的事情在生活中常常发生,我精心将它制作成一个让人感动的小故事。教学中我先让学生看视频,然后让学生畅谈感受,在我的引导下,学生逐渐打开思路,谈内容,谈构思,谈故事设计的技巧,等等。看学生情绪高昂,我及时追问:"这么好的情节,这么好的构思为什么在你们的作文中看不到呢?"短暂的沉默后,我带领大家从分析微视频开始,挖掘写作技巧……

凭借着这样一节微课,"幸福"这个永恒的话题摒弃了"纸上谈兵",避免了"空头说教",既是对学生情感态度与价值观的一次提升,又是对学生写作技巧的一次提高。

课后,在与学生的交流中,大家不约而同地谈到这节微课对自己的触动,引发了学生对生活中诸多事情的思考,所以有话说,有情抒。作文批阅后,我进行了统计和比较,这次的作文全班百分之七十以上的学生我给予了"优"的等级评价,比以前提升了百分之三十。由此可见,一节好的微课对于作文教学的重要性。

回想起微课制作的点点滴滴,真的是充满着苦与乐。微课制作的过程是艰辛的、复杂的,但看到沉甸甸的收获,那种快乐是无法用言语形容的。通过微课制作,提升了我的信息技术应用水平,更重要的是我感受到制作微课也是自身专业成长和经验积累的过程。微课制作过程,其实更是自我反思、自我积累的过程。微课正引领着我的"微"进步。

巧用信息技术，实现学科整合

文｜王华

曾几何时，几幅精美的图片、动态的幻灯片给我带来了莫大的帮助，几首动听的歌曲、精彩的视频就能让学生们雀跃欢喜，课堂就因为信息技术的参与而变得生动有趣。当我们还在感叹信息技术的快速发展时，"课程整合"这一崭新的概念，像春风一样扑面而来。

"今天我们要到微机室上国际理解课，请大家带好学习用具，准备出发！"老师提醒的话语刚说完，学生们就拿好书本、迫不及待地冲出了教室，带着无比激动、兴奋的心情直奔微机室。

开始上课了，一段精彩的南非视频，调动了全班学生的学习兴趣，为了让学生明确此次学习的目的，我和学生们在提问、思考、归纳中达成共识，确定了四年级国际理解课"走进南非"，将从四个方面开展主题研究性学习："国家概况"方面主要了解南非的国旗、国徽、国花、首都、节日等；"自然资源"方面主要了解南非的黄金城（约翰内斯堡）、钻石城（金伯利）、世界上最大的

钻石、黄金和钻石的重量单位等;"人文习俗"方面主要了解南非各部族、特色习俗文化(生活、歌舞、禁忌)等;"著名人物"方面主要了解南非的名人,学习他们的优秀品质。

随后,学生们根据自己感兴趣的内容,组建小组开展研究。待各位小组长对本组成员进行明确分工后,组员们便马不停蹄地投身于网络之中,开始搜索、查找资料、完成PPT汇报制作等相关任务。正当大家沉浸在浓厚的研究氛围中时,突然传来几个学生的提问声,"老师,怎样下载网页中的图片?""怎样下载网站上的视频?""如何保存网页中的文字?"……一系列的操作技术问题阻挡了学生们研究性学习的进程。然而,每个学生搜索的对象、内容、形式都不统一,要想有效解决所有问题,我提议:"你们在面对这些技术性问题时,为何不先问问'百度'大师呢?大千世界,他可是无所不知哟!如果大家还有疑问,可以观看微课自学,还可以请教老师和同学。"经过我的提点,学生们顿时恍然大悟,敢于向技术挑战,大家三个一群、六个一组,或寻求"百度"的帮助,或观看微课自学,或询问技术"小老师",或求助老师辅导,大家分工合作、有条不紊地完成各自的任务收集、分类与汇总(制作PPT)。浓厚的研究氛围,弥漫在整个微机室。不一会儿,他们很快找到了解决问题的方法。"老师,我们小组已经在百度经验里面找到图文并茂的操作步骤了。""老师,微课里面有详细的操作过程。""'小老师'已经帮我们解决好了!"……经过操作与实践,学生们渐渐对南非这个多姿多彩的国家有了初步的认识,同时,也为下节课分小组进行汇报奠定了基础。

为了让学生们深入认识了解南非这个"彩虹之国""黄金钻石之国",利用课间,我又分别与各小组的成员们再次碰头进行研讨和交流,从精简文字材料到丰富研究内容,从优化汇报形式到商讨整改建议,各小组成员们或交流智慧,或畅谈心得,思维碰撞的火花点燃了学生们参与研究的热情。

经过学生们的精心准备和用心付出,在第二节课的汇报展示中,他们带着自信的笑容走上讲台,共同分享丰硕的研究成果。他们有的用图文解说了"国家概况";有的用传说和故事介绍了黄金城和钻石城的由来;有的通过观看视频短片了解了南非各民族独特的习俗文化;有的通过学跳非洲舞蹈,感受到南非人民的热情奔放;还有的通过知识竞赛巩固了所学的内容。这节课,他们收获满满。

信息技术的整合,增强了教材的感染力,扩大了阅读的信息量,拓展了学生的思维空间,极大地拓展了教育的空间。学生学习的自由度提高了,学习的兴趣也浓了,从而提高了课堂教学效率。有人曾说过,课堂教学是师生生命里程中最辉煌的一段。那么,信息技术与学科整合将为"辉煌的历程"增添更加神奇绚丽的一笔。

整合，让课堂更高效

文 | 唐淑娟

第一次听到"整合"这个词是在2014年春天，学校致力于国家课程校本化实施，构建了"1+X+Y"课程体系，实施课程整合。新的课改方式对我们信息老师将是一项挑战，这将打破我们原有的上课模式，我们有太多需要探究的内容。

为顺利启动整合课，我们组内老师一起学习研究，积极与其他学科老师共同探讨。在课程目标的设置上，我们综合了多方面的考虑，如我校学生信息技术方面的学习情况、信息与各学科的整合点，我们还考虑到知识的实用性、前沿性，能否延伸至学习、生活中去，让学生真正学以致用。

多次的拟定、修改后，我们设定1—2年级开设信息，3—6年级实施整合，并和其他八门学科（语文、数学、英语、科学、美术、体舞/花跳、音乐、国际理解）进行整合。我们重新制定了各年级的信息学科教学目标，教学内容在原有教材的基础上重新进行了整理，并拟定了1—6年级信息技术核心目标。

我们还注重课前的准备，主动协助老师们收集资料，制作课件，利用课外时间对科任老师进行教师端软件及相关教学应用的培训，以及信息技术学科专业术语的指导。

前期充足的准备工作完成之后，2014年10月初，我们外小的信息技术与其他学科的整合课正式上线。第一堂整合课"夜书所见"，得到了相关老师的大力支持，但我们也看到了问题的所在：整合课教学目标的侧重点不明确，语文和信息技术的教学相互穿插，两个老师讲两种不同的知识点。针对这一情况，我们组内老师展开了深入讨论，征求其他学科老师的意见，最后达成一致，将整合课重新定位：学生上课以掌握学科知识目标为主，电脑作为学生辅助学习的工具，信息技术

手段则是学生解决问题的方法与技能。

俗话说万事开头难,我们的信息技术老师经常挤时间与各科老师进行说课、磨课,与他们分析各个学科的整合点、学生需要掌握哪些技能、以什么样的形式穿插在教学中等。

记得有一次,我们和六年级语文老师商量整合课,起初老师们都有抵触情绪,时间对于要准备小升初考试的六年级学生来说非常宝贵,他们不愿把时间"浪费"在这样的整合课里。于是,我将整合课的事先搁置下来,找到李知文老师,了解到六年级语文准备上关于古诗词的复习课。当时,我的大脑里闪现出"思维导图"。之后,我对几款应用软件经过使用和分析,确定可操作方案后,再一次找到李知文老师,给她分析利用"思维导图"来上语文的种种好处,告诉她用"思维导图"进行绘制、利用图像记忆的方式来复习效果会更好。

李老师有了一点心动,但心存顾虑。她担心学生上机操作会比在纸上书写要慢,操作不熟练会耽误时间。我说:"你在60分钟的大课时里只要给我三分钟,让我给学生讲思维导图软件的使用方法就行,操作简单,六年级的学生很容易上手的。"说完,李老师仍然半信半疑。我将上课的要求和一些想法与李老师达成共识后,我们抱着大胆尝试的心态让信息技术与语文亲密接触。

这节课，学生完全掌握了操作方法，"思维导图"很好地锻炼了学生的发散性思维。课后，李老师反馈，她觉得这样的课很有意义，能透过学生制作的思维导图快速地了解学生掌握的情况，学生也很喜欢这样的上课方式，注意力集中，参与度更高，学生的自主学习能力得到了提高。这就是我们的课程，一切以学生的利益为出发点，让学生更高效地学习。

如今整合课已走过了两年多，我们也在不断地更新专业知识，让我们的整合课程形式多样。例如：在英语整合课上，我们让学生学会了在线翻译软件的使用；2015年"英语趣配音"软件火爆的时候，我们将它引入到了我们的英语课堂，好玩又能练口语；在语文课上，我们将"百度脑图"推荐给了语文老师，让学生用"思维导图"的形式整理古诗词；在数学课上，"表单大师"让学生在线解答数学题，根据统计结果来了解学生的答题情况；在美术课上，我们教会学生使用"易企秀"制作电子相册。那段时间，课堂上学生的学习兴致高涨，求知欲强，每一节课都高效地完成了学习任务。学生还经常特意向我讨要一些应用软件，以便学好其他学科。看到学生们学习兴趣浓厚，爱上了整合课，我们都很欣慰，觉得所有付出都是值得的。

我相信，只要把信息技术作为工具和手段渗透到各个学科中，让整合变得自然、变得容易操作、变得潜移默化，学生就会因此爱上整合课，我们的课堂也会变得更加高效！

整合出的精彩

文|边疆

今天,306班的学生们特别兴奋,特别盼望英语课快点到来,因为今天的英语课要在五楼的计算机教室里上课。学生们充满了好奇,而我也对这节课充满了期待。

今天的英语课跟平常有点不一样,因为我们既要学英语,同时又要学习计算机知识。咦,这是怎么操作的呢?

其实在上这节课之前,我和计算机老师首先进行了沟通,我要将香港朗文教材三年级上册第一单元的内容"天气和季节"与信息技术的教学内容整合起来。我和计算机老师一起研究并制订了这节课的教学计划和内容,在这节课上,我们既要完成英语的教学任务——复习第一单元的单词和句型,也要实现相应的信息技术的教学目标——学生会改文字或字母的大小、颜色和字体。听起来像是有些不太可能,但是我们确实这样做了。

课前,我提前把这群激动的学生带到计算机教室,在简单的师生问好之后,我用一首节奏欢快的英文歌《If You Are Happy》开课,瞬间调动起学生们的积极性和热情。接下来是头脑风暴,玩三个小游戏:快速读单词、什么不见了、兔先生在哪里。一轮接一轮,学生们在紧张而刺激的氛围中复习了第一单元的重点单词和句型。接下来需要唱一首歌来放松一下,我在电脑屏幕上出示了一首歌的英文歌词,故意把字母打得特别小,学生们根本看不清楚。于是,我马上提出问题:你们能将这些字母变大吗?很自然地就引入到第一个任务:怎样改字母的大小?于是,立马就有一个学生把小手举了起来,迫不及待地想告诉大家怎么操作。我先请他说了一遍,然后我在电脑上边示范边讲解,最后把操作机会留给学生们,每个学生都可以亲自试试,在自己的电脑上修改字母的大小。这时,我和计算机老师

在教室巡视并指导,很快学生们就改好了。改完后,歌词显得大而且清楚,全班学生跟着音乐齐唱这首英语歌曲。

接下来,两人一组复习重点句型:What's the weather like in_____? It's____and_____. I_____. 然后,我谈论每个季节的天气,并问问学生们觉得每个季节是什么颜色的,顺势提出第二个问题:你能打出四季的单词并给它们上色吗?我先在自己的电脑上打出"spring"(春天)这个单词并把它改成了绿色,因为我觉得春天是绿色的。然后,我告诉学生怎样在电脑上改字体的颜色,操作示范后再一次把时间和电脑交给他们。学生们的思维是开放的、活跃的,在巡视的过程中,我发现有的把春天这个单词改成了绿色的,有的改成了蓝色的,有的把夏天这个单词改成了红色,有的把夏天这个单词改成了黄色的……单词五颜六色的,很有趣!

最后一个环节是让学生们谈论一下自己最喜欢的季节并写下来,制作成一张海报。我先给出了自己设计的一个范本,我运用了不同字体、不同大小、不同颜色的英文字母来组成一张海报,学生们在第一眼见到海报的时候,都惊叹:"啊,好漂亮!我也要做这样的!"于是,我又演示了制作的方法,这个时候,学生们已经迫不及待地要自己来设计一份独一无二的海报了。剩下的时间都交给他们,我和计算机老师就在一旁巡视、指导。每个学生都特别认真,也很有想法,做出来的海报也是各式各样,精彩纷呈。这一节课下来,我们既完成了英语课第一单元的复习,也完成了信息技术课的教学目标。学生们既巩固了有关季节和天气的单词和句型,也学会了怎样把字母的字体、大小、颜色改成自己想要的样子。一节课下来,我觉得很有成就感,学生们不仅觉得有趣好玩而且收获颇丰,都希望下次能再到这里来上英语课。

把英语和计算机进行整合,让学生有机会在英语课上学习计算机或其他课程的内容,这对提高学生英语学习的兴趣和能力有独特的效果,也可以让我们的英语教学和信息技术教学更丰富、更实用、更有效。这样的课程既有趣,学生又学得充实,何乐而不为呢?

整合的火花

文|高春

"这节美术课在信息教室上!"我的话音刚落,教室里面立刻沸腾起来了,学生们迅速地跑过来,围着我叽叽喳喳地问:"不是美术课吗?""换课了吗?"……

在小学,美术课一直是学生们喜爱的课程之一。在课堂上,他们可以尽情地发挥自己的想象,展示自己的才能,用自己独特的眼光和表现方法来展现他们脑海中的世界。"是美术课,但是我们要在信息教室利用计算机来上一节美术课。"我解释完后便领着这一群有些茫然的学生来到信息教室。一看到计算机,学生们的脸上又露出了抑制不住的喜悦。信息技术课和美术课都是学生们喜爱的课,他们今天将会碰撞出怎样的火花呢?学生们很期待,作为有着十一年教龄的我也同样期待。

这节课是三年级《花手帕》,要求学生知道染缬的基本方法和要领,启发学生发现各种图案的折叠方法,运用不同折法、染法设计制作出色彩鲜明、图案漂亮的花手帕,旨在培养学生耐心、细致的学习态度和对民间传统艺术的热爱。我已和信息老师提前商量好学案,让学生们首先通过视频欣赏民间染缬的基本方法,然后让

学生们用老师事先准备好的边框、图案等，结合电脑里的画图工具，掌握"复制""粘贴""翻转/旋转"等命令的使用和技巧，再根据美术课程中画面的构图，设计出一幅图案漂亮的"花手帕"。

课堂上，平常最爱叽叽喳喳的小宇和他的小伙伴们今天表现得格外安静，都瞪大着眼睛看着我，生怕漏掉我所讲的每一个字，而我所提出的每一个问题，他们都纷纷举手表达了自己的观点。美术课上的支支吾吾、嘻嘻哈哈，此刻消失得无影无踪，他们此时使出了浑身解数，求疑解惑。这堂课从画图工具的打开再到图片的插入、调整大小、复制、粘贴、翻转/旋转，最后是画面的构图、布局以及作业的保存，整节课上下来异常轻松，学生们也是积极地探讨，表现出了极高的求知欲。做作业时，几个平常不爱交流的学生也纷纷举手寻求帮助。

到了交作业的时间，我首先检查了小轩的作业，他平时做作业的速度就像一只小蜗牛，今天却提前完成了两幅风格不一样的"花手帕"，他大声地介绍着自己的作业："这个以花为主题的手帕是送给我妈妈的，这个以卡通为主题的是送给我妹妹的！"学生们发出阵阵惊叹声。

下课铃响了，学生们一脸的不舍，不舍的是还有很多个设计想法没有完成；不舍的是来不及多操作几次今天所学的内容；不舍的是下一次的美术信息整合不知道是什么时候。走出信息教室，学生们纷纷问我"什么时候我们再来？""还有哪一课的内容可以这样上？"……

回顾以往的美术课，都是常规的绘画和手工的模式，学生们内心虽喜爱但也厌倦了，教育需要不断的创新，今天就是一种创新，得到的结果就是学科和学科之间碰撞出的火花，短短40分钟的课，既培养了学生们对于画面的构图、审美能力，也教会了学生们在画图工具里各种命令的使用，真是一举多得。

教学是一门艺术。想要合理、有效地使用信息技术上好美术课也不是一件容易的事，课前需要做大量的准备工作。首先要认真备课，保证课堂上有充足的教学资源和主题鲜明的教学内容；其次，任课教师要熟练掌握信息技术，以便在使用时能够驾轻就熟；再次，在教学过程中要合理使用信息技术，让信息技术服务于教学内容；最后就是学生在课前要认真预习教学内容，在上课时才能快速掌握所教内容，同时也能够集中注意力听课。

信息技术服务于教学是我们所有老师的愿望。信息技术与美术课的整合会使美术的学习内容更加丰富，途径更加多样，道路更加宽广。

04
体育与健康
Sports and Health

课程与健康同行

文=雷泽民

外小体育课程由以前的线型发展到现在立体构架,构建了体育课程三级化管理模式。

1.体育课程常规化——体育常规课。

2.体育课程校本化——游泳课、体育舞蹈课、花式跳绳课。

3.体育课程延伸化——体育家庭作业、校内和校外体育活动。

体育课程校本化是外小课程改革中浓墨重彩的一笔。

一、游泳课

游泳课是我校在国际理解教育理念指导下培养学生,从而达成"六会两有"(会说话、会读书、会写字、会生存、会实践、会探究、有特长、有视野)特色素质教育目标的途径之一。

从2012年春季学期开始,学校选拔受过游泳专业训练的体育教师,组成了游泳课程开发研究小组,开展了游泳教学校本教材的开发研究,拟订了《外小游泳教学指导纲

要》。该纲要明确指出,游泳课是对国家体育课程的校本化实施,只在三年级开设,主要培养学生的生存自救能力,每个学生至少掌握一至两项泳姿和一些基本的自救知识,以应对各种突发事件,同时培养学生吃苦耐劳的意志品质,提高身体素质,为学生的终身幸福打下基础。

通过五年的课程实施情况来看,我们已经形成了一整套固定的操作模式以及规范的教学程序,从而确保了游泳课顺利实施及安全保障,不仅让学生们掌握了一门生存技能,还为湖北省队输送了一些游泳苗子,如郝陈天娜进入了湖北省花样游泳队、王艺萌进入湖北省游泳队等。

二、体育舞蹈

体育舞蹈课程也是我校体育课程校本化的实施与拓展,根据年段特点整合教学内容,科学确定年段目标,形成了一、二年级跳恰恰,三、四年级学伦巴,五、六年级跳华尔兹的课程体系。

体育舞蹈课程的开发有效地激发了学生对体育运动的兴趣,提高了身体的柔韧性、协调性,提升了学生对舞蹈的鉴赏能力,使每个学生有一技之长和阳光、儒雅的气质。这个课程获得了宜昌市校本课程评选一等奖。

我校学生还多次参加宜昌市体育舞蹈锦标赛并获得了不错的成绩。我校也以体育舞蹈为基础,编排出了音乐剧《猫》《炫唐》,参加了宜昌市"我要上春晚"节目并获得金奖,编排的大型团体操在西陵区第一届田径运动会中获得一等奖。

三、花式跳绳

跳绳是中华民族的传统体育项目之一,其历史悠久,源远流长。将花式跳绳引入到学校体育教学中,旨在创建花式跳绳的特色校园,进一步丰富学校体育课

  程的内容、培养学生的团队精神,使校园体育文化更具特色。它集健身、娱乐、观赏于一身,融健康、美育于一体,对学生身心健康发展有巨大的促进作用。

  花式跳绳的校本课程首先在北区实施,一、二年级主要是进行单摇和双摇为主的训练,这是花式跳绳的基础。三至六年级的教学目标成阶梯式、螺旋式上升,到了六年级则要学习一周换位、交叉直摇双摇跳、抬腿跳、开合跳、左右带人双摇跳,以及组合跳、集体绳等。

  通过花式跳绳校本课程的实施,三年内打基础,三年后能够初显成效,外小将成功的经验传授到东校区,使花式跳绳像体育舞蹈一样,成为展示外小风貌的运动项目,成为社会了解外小的一个窗口。

  外小体育课程在确保常规体育教学必学内容的基础上,还将继续丰富体育校本课程的内容,以提高各项活动的实用性和趣味性,着力培养学生的体育爱好、运动兴趣和技能特长,使每个学生学会一至两项终身受益的体育锻炼项目,养成良好的体育锻炼习惯和健康的生活方式。

水花溅起慢的艺术

文|雷泽民

外小开设游泳课已经五个年头了,游泳课已经被打造成为外小的一门特色课程。三年级的学生经过一学年的游泳课学习,90%的学生能基本掌握自由泳的技能,从一个个怕水的学生变成一条条水中蛟龙,学生们在学游泳的过程中,体验到了苦与乐。

还记得上学期刚开始上课的情景,我带着一群学生刚走进游泳池,就闻到一股淡淡的漂白粉味道,有的学生兴奋不已,跃跃欲试;有的学生却战战兢兢,畏畏缩缩。热身活动后,教练把学生们分成三组,开始了最基本的憋气训练,各小组的学生都在教练手把手的调教下,顺利地练起憋气。不一会就听见三小组的教练严厉的斥责声,我赶紧走过去一看,原来第三小组的女生余佳拼命地仰着头,不让自己的脸埋进水里,紧紧地抱着教练的脖子不肯松手,还不停地大喊大叫,教练脖子都被抓出一条条鲜红的印痕。教练望了望我,无奈地摇了摇头,只好把余佳送到岸边坐着。

我走过去,陪她坐着,什么也不说。她还在抽泣,我故意用脚挑起水,水花四溅,几滴水溅到她的脸上,她下意识地用手抹去脸上的水,这时我问她:"像不像在洗脸啊?"她停止了抽泣,一脸疑惑地望着我,我又问她:"你洗脸不是用水洗的吗?"她微微点头,我捧起一大捧水,浇到脸上,大喊一声"好凉爽啊!"然后,我偏着头望着她,说道:"咱们一起来洗脸吧!"紧接着,我自顾自地"洗"起脸来,她呆呆地看着我表演。我突然停下动作,望着她严肃地说:"屏住气,快点!"于是我加快了洗脸的节奏,在我不停地催促下,她也开始"洗"起来,并慢慢加快了节奏。我不时把水浇到她的脸上,她也调皮地回浇我,一时间严肃的氛围变得活跃起来,她"咯

宁静的改变

咯"地笑出声来。这时我问她:"你刚才哭什么啊?把教练都抓伤了!"她委屈地说道:"我害怕!教练好凶。""没事,教练不会责怪你的,我带你去玩吧!"说完,我就跃入水中,在她面前探出头来,对她说"下来,趴在我的背上,我带你去玩!"她往后躲了一下,我柔和地说:"别怕,你还不相信我吗?"我抓住她的手,顺势将她拉下水来。她趴在我背上紧紧抱着我的脖子,我故意假咳几声,说道:"救命啊,你要掐死我了!",她哈哈大笑,手松开了一些。"这就对了,放松些!开船了!"

我向水中间慢慢游过去,她紧紧地闭着眼睛,一点水花溅到她脸上时就传来一声尖叫。大约在水里缓慢地来回游了两趟,她也渐渐放松了,再也没听见她的叫声,也敢睁开眼睛了。我故意气喘吁吁地告诉她:"我累了,你自己扒着水线玩会吧!"我松开了她,往后退了几步;让她顺着水线往前爬。当她靠近我时,我对她伸出了大拇指,又往后退了几步,当她再次靠近我时,我问她:"还怕水吗?"她点了点头,又摇摇头。我有些欣慰地说:"咱们玩个游戏吧!"只见她眼睛一亮,问道:"什么游戏?""比吐泡泡。""吐泡泡?"她疑惑地看着我。"是啊,比比咱俩谁吐的泡泡又快又多又大。"说完我把头埋进水里,'咕咕咕'快速吐出了一串串泡泡,我说道:"吸一口气,把头埋进水里,快速把泡泡吐出来。"她效仿我快速地吐起泡泡来。之后,我又和她玩了慢吐泡泡的游戏,不知不觉她已经掌握了憋气和吐气的技巧,当我们回到岸边,看着教练还在教学生们憋气,我悄悄地在她耳边说:"余佳,你比他们棒哦!"我发现她露出得意的眼神,我突然觉得自己特别享受这种眼神。

教育好比是农民种地,从播种、到发芽、成长、开花、结果,每个过程都需要精心呵护,是"慢活"和"细活",是一种慢的艺术。教育需要老师一点一滴、一朝一夕、潜移默化地去影响学生,缓慢与细致地精心教育学生。当我们遇到挫折时,应该停下脚步,或反思自己的方法和策略,或换个角度和角色去看问题,在慢的节奏中享受教育的艺术。

我与足球的故事

文 | 602班 叶晨翔

再过一个月,我便要踏入初中的门槛了。整个小学的生活可以说是充实、多彩、难忘的,这一切得益于我爱上了体育。因为体育让我变得自信、阳光、勇敢。

其实我在低年级时对体育并不感兴趣。但是学校的体育活动特别丰富,在老师和同学们的帮助和影响下,我慢慢地改变了对体育的态度,对体育也逐渐感兴趣了。说到我对体育的改变,就不得不说我最爱的足球了。

宁静的改变

我真正喜欢上体育,是源于小学的校队挑选足球运动员。当时我上五年级,在开学不久的一堂体育课上,叶老师让想参加足球队的学生报名参加选拔。当时,我抱着试试看的想法就报了名,没想到从此开始了我的运动生涯。每当我回忆起那美好的两年时光,喜、怒、哀、乐各种情绪交织在一起,它就像一本精美的画册,打开这本画册,其中尽是"华彩篇章"。

我在球队的这两年并不是一帆风顺的。刚被选入足球队时,有一个队友因为刚接触足球,不懂规则,所以用手拿球,导致我们队输得很惨。这一举动,让我火冒三丈,跟他吵了起来,我还抱怨教练不该把他选入球队,希望教练让他离开球队。"这个球队,有我没他,有他没我。"我气鼓鼓地说。教练听了居然没有生气,还心平气和地和我说:"这个同学只是暂时还不明白足球规则,后面慢慢教他就好了。你在足球方面有潜质,但是不代表你想进就进、想出就出。球队是一个团队,需要大家相互帮助和包容。关于退队,希望你三思而后行,如果你考虑好了,我尊重你的决定。"我回家经过深思熟虑,想到:不能因为别人的过错,放弃自己喜欢的事,规则以后可以慢慢和他讲,我那时的反应也太过激了。最后我决定和那个队友友好相处,继续留在球队,后来我们也成了好兄弟。

在一次友谊赛中,我被对手的一次"飞铲"铲伤,一周都不能走路,只能拄着拐行走,每当我拄着拐缓慢地出现在校门口时,被我戏称"小灰灰"的同学兼队友就会从楼上飞奔而下,二话不说扶着我,使出吃奶的力气把我一步一步地搀扶上四楼。我好感动,说:"不用麻烦啦,我自己慢慢来。"他马上对我说:"那怎么行呢,队友之间相互帮助是最平常不过的事啦,再说我一点都不累。"看到他额头密密的汗珠,大口大口地喘着粗气,我禁不住想说点什么,但看到了他那灿烂的笑容,我把已经到嘴边的话又咽了回去,泪水却悄悄地流了出来——这才是真正的队友啊!

由于球队进攻型的球员多,叶老师让我来防守。每当我见到前锋进球时,我的心里也会十分渴望进球,我跟叶老师说:"叶老师,我也想进球,我也想进攻。"叶老师说:"一个球队是一个整体,前锋重要,你这个位置更重要。你相当于半支球队,对方要进攻,首先要过你这一关,我把你放在这么重要的位置上,正是因为信任你才让你做防守球员,你是球队的核心呢!"

两年的时间里,每天放学后,叶老师都会组织我们训练一个小时,风雨无阻。我们球队在成立初期的比赛中就被伍家区的冠军李家湖小学队打成了8:0,初赛就惨遭淘汰。赛后,我们总结经验,训练也更加刻苦。今年在宜昌市体育局举办

的足球争霸赛中,共有来自全市的22支球队参加。我们一路过关斩将,并在半决赛中6∶0战胜了李家湖小学队,报了去年的"一箭之仇"。在最后决赛中,我们由于点球输给了枝江市队,获得亚军的傲人战绩。赛后大家都喜极而泣,紧紧地拥抱在一起,我们用辛勤的汗水,终于浇灌出成功之花。

在球队训练的每一天,我们有过快乐,有过失落,也有过愤怒;在每一次比赛中,我们不仅学会了球技,而且还拥有了坚持不懈、勇敢顽强的精神,最重要的是学会了团结合作。大家都说现在的我更加阳光、自信、勇敢了,我知道这都是因为我爱上了体育,爱上了足球。

这就是我在外小的体育生活故事。不一样的学校,不一样的体育,成就了不一样的我。外小,我的母校……我虽然离开了你,但你一直在我心里。

宁静的改变

梦想，在这里启航

文|602班 奂振楠

2017年3月28日，是我永生难忘的日子。

就在这一天，我收到了北京舞蹈学院附中发来的录取通知书。双手捧着这一沉甸甸的礼物，我激动地手都颤抖了，我知道，这一切是多么的来之不易。

北京舞蹈学院有着"舞蹈家摇篮"的美誉，而北舞附中对人才的选拔可谓苛刻：从身高、比例，到体型、体态、柔韧性，再到弹跳、舞蹈表演，几十项的严格考核，一项不合格就将会被无情地淘汰。今年，北舞附中面向全国招收芭蕾舞、中国舞、歌舞、歌舞(音乐舞蹈综合方向)、国标舞共五个专业，每个专业招收12名男生和12名女生。面对如此高的门槛，我的心中充满了惶恐和期待。

老师和爸爸妈妈都鼓励我去试一试，旨在长长见识。11月底，我和小伙伴们一起报名参加了北京舞蹈学院附中的初试,12月28日晚上,妈妈欣喜地告诉我,我的中国舞、国标舞和歌舞三项初试全部通过。2017年1月13日,我和小伙伴邓翕宁、胡雨含嫣、杨孟格四人前往北京舞蹈学院参加复试。值得庆幸的是,我们有三人幸运地考入了北舞附中。

听妈妈讲,宜昌外小有三个学生同时考入北舞附中,这在北舞的历史上是极少见的。我想,这应该是与我们学校长期以来开展丰富多彩的课程有关吧!

我们学校一直非常重视素质教育,开设了多样化的体艺课程。像体育舞蹈课程,分年段学习恰恰、伦巴和华尔兹,并把体育舞蹈融入每天40分钟的大课间活动,学校每个同学都会跳舞,爱跳舞,而且每个人都会跳多种舞蹈。除了跳舞,我们的音乐课也分年段开设了不同的乐器课,除了乐器,我们还学习唱歌、音乐欣赏等。每个学期,我们都会进行各项课程的主题竞赛活动,如校园小歌手比赛、我是舞蹈家比赛,每次的比赛都会邀请业界的专业老师来担任评委,对我们的表现给予有效的指导。在外小丰富的课程中,我们对音乐、对舞蹈、对美的鉴赏能力都不断得到提高,综合素养也得到了较大提高。而学校每年开展的各种活动,如男孩节、女孩节、悦读节、异国嘉年华、舞林大会等,都给我们提供了走上舞台的机会,大大锻炼了我们的胆量,提升了我们的气质。

正是由于平时的这些积累,我们的各项能力才在无形中得到了提高。记得2014年10月,在外小北区操场上举行的三峡广电首届"谁来上春晚"的大型文艺活动中,我们四人组成的"炫唐组合",共同演绎了舞蹈《炫唐》,经历了从柔美的古典舞到激情的拉丁舞,从古到今的两大穿越,深情讲述着家乡宜昌人杰地灵的故事,得到了专家评委们的赞赏。从初赛、复赛到总决赛,我们一路过关斩将,一举获得少儿组金奖的好成绩,并被邀请参加2015年宜昌市春晚进行现场表演。

学校丰富多彩的活动使我们懂得:以比赛为主的竞技体育和舞台表演有着很大的区别,比赛只需要管理好自己,占据主导位置,展示个人独特风采就可以了,但是舞台表演更注重团队,需要团队中每一个人都相互配合,相互宽容。舞台表演从动作的规范性、台上的表情等细节方面都提出了更多、更全面的要求。慢慢地,我们从单一型舞蹈的学习转向声乐、钢琴、基训、拉丁等全方位的学习。

回顾过去的两年,我发现自己蜕变了,成长了。感谢学校丰富多彩的活动,感谢四个小伙伴几年来在一起相互鼓励,相互促进,我们一定会谨记自己的理想,努力学习,一起为学校争光。让我们牢记学校的校训:从这里走向世界!

让我们一起跳起来

文|郑祥伟

作为一名花式跳绳的教师,去年寒假,我有幸被学校派往上海有名的跃动跳绳俱乐部学习。教练技艺超群,会员身怀绝技,跃动跳绳俱乐部真是群英荟萃,这次培训活动让我受益匪浅。

随我一同去的还有两个四年级学生。刚到外地,他们在眼前陌生的环境中有些胆怯,也不敢主动与他人交流,培训中也频频出错,我不免有些担心。于是我经常询问他们的情况。有一次,当我再次问起他们的学习情况时,有个学生笑着挠头,支支吾吾地说:"老师,教练教得很好,但动作好难,我们有点跟不上。今天,我们的展示环节又没表现好,我们是不是很笨啊……"学生说了一半就欲言又止了,我也没再追问。我主动找到学生组的教练,细致了解了情况。原来,两个学生不适应新的教学方式,基础弱,跟不上,两个学生觉得给学校丢脸了。

了解到这个情况,我既惊讶又惊喜。两个学生现在就如此有责任感,而且遇到问题不是去找客观原因,而是从自身找问题。他们对待事情的态度让我欣慰。我想,这和我们学校追求卓越、培养高素质的人的教学理念是分不开的。

吃饭的时候,我笑着对他们说:"我们来就是为了学习的,每个人都是从不会到会,你们对自己要有信心,我觉得你们没问题。你们明白自己代表学校很好,但你们要知道,你们来到这里,和身边的同学也是一个集体啊,所以

要主动去和别人交流,开心学习……"两个学生似懂非懂地点点头,过了一会有一个学生说:"老师,我明白了,他们就像我们的同学,就像我们刚刚来到外小,大家都不熟悉,慢慢就熟悉了,所以我们不用害怕。"我开心地点点头。他们终于明白了,在后期的

学习中,慢慢地融入集体,最终学成而归。

这也让我想起了之前在学校发生的一个小故事。

有一节四年级花式跳绳课,全班练习完后还剩下几分钟,我就让男女生分成两组跳长绳。我先请几个学生示范了一下,然后再简单地讲解了跳长绳的动作要领,接着让学生分组练习。可是,当我刚转身去整理短绳时,就有几个学生跑过来告诉我说,有的学生不愿意跳,在边上玩,有的学生不排队,插队跳,还有的学生在讥笑别人不会跳,总之情况很混乱。当时我非常生气,但立刻控制了自己的情绪,准备先调查一下。

了解情况后,我改变了想法,原来班上70%的学生都不会跳长绳,会跳的学生却想在全班同学面前展现一下自己的能力,插队不守规矩,还有一部分学生想跳又不会跳,跳不好怕被别人讥笑,于是学生之间就出现了混乱的现象,最终导致了分组跳绳的失败。这节课给了我很大的震撼。

此次培训回来后,我认真总结了自己的教学方法并结合此次培训学习到的经验,在此后的体育教学中我总是给学生创设一个宽松的学习环境,尽量分级教学,充分调动学生的主观能动性,在课堂中有意识地把会跳的和不会跳的学生区分开来,让他们自发组合,自己找练习的同伴。学生的学习兴趣越来越高,课堂气氛越来越活跃。我想这才是真正属于我们外小的教学理念,以学生为主体,多一些理解,多一些信任,多一些支持。

作为一名花式跳绳的教师,除了要传授知识,教导技能,我觉得更重要的是要让学生充满自信,有开阔的眼界,有不断学习和提高成绩的欲望和方法。毕竟,授人以鱼不如授人以渔。

花式跳绳,让我们一起跳起来!

美丽的错过

文|张凡帆

舞林大会是外小每年都要举办的一场盛会,而今年的这场盛会却显得格外与众不同。

五月,朝阳似火,舞林大会选拔赛开始了。四年级的小方同学在一支恰恰舞蹈之后便吸引了所有人的眼球,不论是动作技巧的处理,还是舞台上的表现力都无可挑剔。眼看小方同学一次次成功晋级,就要闯进半决赛了,可就在半决赛当日我却没有看见她的身影。

临近放学,有人轻轻地敲开了我办公室的门,我抬头一看,原来是今天在半决

赛上没有出现的小方。只见她犹豫着走到我面前,用细如蚊蝇的声音,怯怯地问道:"老师,能再给我一次机会吗?我忘记了半决赛的时间。"说完,她便满脸通红地望着我,不知所措。可我想也没想便一口回绝了,严厉地说:"比赛是你想不来就不来的吗?"小方顿时失望地看着我,涨红的脸上写满了委屈。我继续给她讲道理:"若是人人都这样,这个比赛还有什么意义。我不管你去干什么了,是你自己错过了比赛,就得自己承担!"办公室里安静得出奇,我甚至能听到小方那怦怦的心跳声。听完我的训斥,小方什么也没说,只是含着眼泪离开了办公室。看着她的背影,我的心里一阵抽搐,是不是我太严厉了?让这个不到十岁的孩子满脸泪水。我甚至都没有给她一次解释的机会,就这样让她失望地离开了。我有些后悔。

回家的路上我思考着该如何和小方沟通。正当我想得出神时,手机铃声响了。原来是小方妈妈打来的。她跟我诉说着小方的伤心和失望,以及对老师的不满。我心里酸酸的,学生毕竟是学生,哪有不犯错的时候呢?作为一名老师,我应该原谅她。可是这毕竟是正规的比赛,而且名单已经公布出去了,若让她参加,对其他的学生来说比赛又有何公平可言?我难以抉择。

我该怎样做才能既不伤小方的心又不违反学校的比赛规则呢?我一边和小方的妈妈沟通,一边在思考对策,依稀记得那一天和小方的妈妈一聊就是一个多小时。经过反复商量,我们达成了一致意见,依旧让小方上场跳舞,但是不发号码牌、不占决赛指标、不参加排名,以嘉宾的形式来进行表演。这是一个老师保护学生的自尊心和兴趣唯一能做的、也是应该做的事情。

这件事情已过去半年了,直到今天,我还记得小方同学在决赛中阳光、自信的身影和退场时满足的笑容。或许我的态度使她受到了伤害,但是明确的规则引导对于她的成长更为重要!若干年后学生们在社会中经历各种磨难时,帮助他们克服困难的不是父母,更不是老师,而是在人生过程中一次次挫折所带给他们的成长。

没有规矩,不成方圆。培养学生的规则意识是做人的基本准则,也是老师责无旁贷的义务。错过,或许是另一种美丽!

宁静的改变

快乐的游泳课

文|302班 胡羽琪

我从小就特别喜欢玩水，也喜欢一切与水有关的东西。当然，我也幻想着，自己能够有一天，像鱼儿一样畅游在水中，自由自在、无拘无束地与水亲密接触。

终于，学校开设了生存课程——游泳课，这让我离自己的梦想越来越近了。

三年级时，游泳课正式开课。一学年二十次课的学习，我不仅学会了游泳，同时也收获了很多志同道合的小伙伴们的友谊。现在我已经顺利结业了，但是这段学习游泳的经历以及游泳带给我的快乐，却让我一生难忘。

当我第一次摆脱游泳圈，在老师的引导下，一点点将自己没入水中的时候，我第一次感觉到了恐惧与无助。虽然水并不算深，但是我依然害怕自己沉入水底。后来，老师看出了我的恐惧，并一点点耐心地引导我、帮助我。渐渐地，我不再害怕，渐渐感受到水中那种神奇的浮力，也感受到了水的力量。慢慢地，我学会了游泳，也爱上了游泳。

就在我们结业的当天，为了让父母见证我们这一年学习的收获，也为了让我们留下一段难忘

的回忆,学校精心准备了一场特殊的运动会——游泳结业比赛。

运动会的当天,妈妈也来了。我知道,妈妈正在看着我。为了不让妈妈失望,也为了证明自己的能力,我拼尽全力。在25米自由泳比赛中,我屏住呼吸,双腿快速地在水面掀起一串晶莹的浪花。终于,我以小组第一名的成绩获得结业证书。此外,最让我开心的是,和妈妈一起参加的25米自由泳和亲子接力比赛中,我们也获得了小组第一名的好成绩。这对于我,不仅仅是肯定与认可,更是一种荣誉。

现在,虽然我已经获得游泳的结业证书,但是我对游泳的热爱丝毫没有减退,反而愈加强烈起来,我会将游泳过程中的那份坚持与执着,带到我今后的学习中去。我会用自己的行动告诉所有人,游泳带给我的快乐与幸福。

三年级体育课程目标细化表

文 | 雷泽民

三年级体育课程目标细化表

课程分类	课程内容	课 程 目 标	课时 上学期	课时 下学期
基础体育	肩上投掷垒球	1.提高学生参与投掷的积极性和主动性,并体验投掷带来的喜悦与乐趣; 2.使85%的学生能掌握正确的投掷方法,体验成功的喜悦; 3.发展学生的力量、灵敏和协调素质,促进骨骼、肌肉、韧带和左右臂的匀称发展; 4.养成安全锻炼的习惯,培养服从集体,遵守纪律的优良品质	6	6
	200米跑	1.了解蹲踞式起跑和站立式起跑动作,并能掌握一种起跑姿势; 2.进一步学习快速跑的技术动作,使95%的学生能一气呵成地跑完200米的距离,提高快速跑的能力,并掌握冲刺跑技术动作	5	5
	跨越式跳高	1.积极主动参与跳高的活动,能体验跳高的身体感受,学会正确的跳高方法; 2.通过斜向助跑,使80%的学生能掌握两腿依次过杆的动作和方法; 3.发展灵敏、协调素质和弹跳力,提高目测能力、准确性和空间感知能力	5	7
	50米跑	1.体验各种不同的快速起跑姿势,掌握站立式起跑的姿式,发展快速反应的能力; 2.培养学生快速奔跑能力,发展反应速度、灵敏和协调素质,提高下肢力量及爆发力; 3.培养学生的安全意识,提高学生的注意力	6	6

续表

课程分类	课程内容	课程目标	课时 上学期	课时 下学期
基础体育	踢毽	1.通过游戏活动,体验踢毽的动作感受,提高踢毽的基本技能; 2.发展学生的协调性和灵敏能力; 3.培养不怕困难、敢于挑战自我的良好品质,培养学生与他人合作的良好的社会适应能力	6	8
体育舞蹈(东区)	伦巴舞的知识	1.让学生了解伦巴舞与恰恰舞的区别,并且深入了解伦巴舞的起源和舞蹈风格,并欣赏伦巴舞的音乐; 2.通过引导,学生能够独立地数出伦巴舞曲的音乐节拍	2	0
体育舞蹈(东区)	伦巴舞的站姿、手臂律动	1.让学生能够独立地做出伦巴舞的站姿,让学生强化练习伦巴舞的站姿,加深肌肉的记忆能力; 2.学生能够独立完成伦巴舞的基本手位	2	1
体育舞蹈(东区)	伦巴舞的基本步伐	1.学生能够独立完成原地换重心的步伐以及原地换重心的手位; 2.98%的学生能够学会独立地跟随音乐完成原地换重心的动作,学习并能够独立地完成库克拉恰步伐; 3.能通过这个单元的学习,提高学生的协调能力,同时加强学生的身体素质锻炼	8	4
体育舞蹈(东区)	学习伦巴舞	1.通过学习使学生学会一个伦巴舞的小组合或完整地学会老师所编的舞蹈,锻炼学生的舞蹈展示能力; 2.给学生展示空间,锻炼学生舞蹈的展示能力以及培养学生良好的心理素质,提高舞台表现能力	4	8
花式跳绳(北区)	个人花样:反摇交叉、前后交叉	1.了解反摇交叉的基本动作要领,初步学习反摇交叉的分解动作,通过训练能熟练掌握反摇交叉分解动作,最终能使98%的学生较为熟练地掌握反摇交叉的完整动作; 2.复习所学的前交叉动作和后交叉步伐,为进一步学习难度更深的花跳动作打下基础	3	2
花式跳绳(北区)	两人单绳:左右带人跳、换位	1.了解左右带人跳的动作要领和站位,练习双人握绳姿势,练习双人站位,练习左右带人跳分解动作,通过一段时间的锻炼,使90%的学生能较为熟练地掌握左右带人跳的完整动作; 2.练习左右带人跳动作,60%的学生随意组合,与他人合作完成左右带人跳动作	3	2

续表

课程分类	课程内容	课程目标	课时	
			上学期	下学期
花式跳绳(北区)	单、双内转360度花式跳绳的动作	1.学习两人单绳"单内转360度"的基本动作,通过一段时间的训练,80%的学生能完成"单内转360度"动作,并且50%的学生动作熟练,敢于展示动作; 2.在单内转360度的基础上,学生通过锻炼,60%的学生能掌握双内转360度动作,并且40%的学生能熟练掌握动作,敢于展示动作	4	2
	组合动作	1.练习所学的双人单绳动作、双人双绳动作、合作串联动作,并能练习至动作熟练; 2.50%的学生能跟随音乐熟练展示自己的串联步法,串联顺畅	2	6
游泳(自由泳)	建立完善的游泳课常规确保安全	1.在父母带领下购买游泳装备,如泳衣、泳帽、眼镜、泳箱等,准备拖鞋、浴巾等物件; 2.建立游泳课常规,所有的学生必须严格按照常规要求遵照执行,确保游泳课的安全	1	1
	掌握憋气、浮体等辅助技能	1.通过水中站立、行走,使60%的学生克服对水的恐惧感; 2.教练一对一辅导学生练习憋气,学生掌握水面上吸气,水下吐气的动作技能。在教练的帮助下,使身体呈一字漂浮起来	2	0
	持板打腿前行和打腿前行	1.学习登边技术,掌握上下直腿打腿动作方法,拿板低头打腿前行10~12米(可换气1次); 2.能憋气8秒以上,打腿前行5~8米	7	0
	划手动作、摆头换气	1.徒手练习划水动作,注意手型、划水动作、路线等细节问题; 2.扶墙低头进行换气练习,使60%的学生掌握摆头吸气、低头吐气的动作和方法,尝试趴在岸边练习摆头换气,使40%的学生完成换气动作,避免呛水	0	4
	完整动作的组合	1.通过训练,学生能将划水、打腿、摆头换气的动作有效结合起来,并且动作协调、自然; 2.能独立完成两次以上换气,并游出8~10米的距离	0	5
	自由泳游完25米距离、考核	1.运用出发入水的动作出发,运用自由泳的技术动作游完25米的距离。教师辅导少数学生完成动作,大多数学生能独立完成动作; 2.教学考核	0	1

05

艺术与审美

Art and Aesthetics

课程与艺术共舞

文／李倩倩　蒋杨丽　杨春燕

"艺海泛舟击智慧浪花，书香琴韵谱阳光外小"，作为一所以"学兼中西，开放包容"为办学理念的学校，我们已经把全面提升学生的艺术素养作为课程改革的重要目标。借学校改革的东风，我校艺术学科也进行了校本化整合与实施。

一、器乐进课堂，分层推进

"器乐进课堂，人人会演奏一门乐器"是外小音乐课程整合的目标。课程内容、课程结构、课时分配、课程评价怎么确定呢？艺术课程研发小组在学校课程中心的统领下，根据学生年龄特点，从国家设定的音乐课程中拿出30%的课时学习器乐，并创造性地开发器乐教学内容：一、二、三年级学习小钟琴，了解简单的音阶，会敲击简单的旋律，感受音乐的旋律之美；四、五、六年级学习口风琴，会识谱，会吹奏，会表演。让学生在完成音乐课程学习的同时也学会一门乐器，器乐教学与国家颁布的课程相辅相成，既丰富了音乐课堂的教学内容，改变了课堂风貌，又大大增强了音乐教学的吸引力。

二、沙画进课堂,全面铺开

通过研究发现,沙画创作这一艺术形式,创造性比较强,容易变化,符合儿童喜爱新鲜的好奇心。沙画的创作需要依赖手部的精细动作来完成,这就要求学生做事有耐心、有恒心,能更好地锻炼学生持之以恒的心理品质。同时在创作沙画时,运

用多种技巧创作各种各样富有艺术效果的作品,这对学生的创造性思维、发散思维的开发也有着极为重要的作用。因此,2013年,外小一门新的课程——动态沙画课程诞生了,首先从三、四年级开始试点,一年后在三、四、五、六年级铺开,两年后在学校全面开设,从一年级到六年级人人学习沙画。

新的课程需要有完善的课程体系,艺术课程研发小组重建目标体系,编制教材,通过不断的探索和实践,沙画教学现已正式纳入学校课程体系。我们发现:学生们的学习已渐入佳境,"指尖上的创造"正激发着越来越多的学生对美术课的兴趣。"动态沙画"教学已经真正成为学生喜欢的课程。

三、多元化平台,让学生灵动成长

除了常规教学及校本化教学的创新,我们还有艺术课程的延伸化教学创新。我校每周五下午社团活动时间开设了合唱班、葫芦丝班、竹笛班、沙画班、手工班、绘画班、小主持人班等,学生自主选课,全面提高了学生的艺术素养。

不仅如此,艺术教学还与各种活动紧密结合起来。家长开放日打破传统的老师授课、家长观摩的方式,进行了形式新颖的二十分钟艺术展示,将课堂所学内容编排成节目进行表演。将器乐演奏、歌曲演唱、音乐律动、沙画创作相结合,让学生在活动中展现自身的艺术素养,让家长在活动中了解学生的学习情况。学生表演完毕后,家长还对学生的表演情况进行评价、反馈。这让家长转变了角色,由一名旁观者变成一名参与者,更好地参与到学生的成长中来。

当课程与艺术相遇,我们把知识、技能和爱一并送给每个学生,让学生去感受艺术、理解艺术、表现艺术,让他们拥有别样的童年。

一沙一世界
——我与沙画课程

文 | 蒋杨丽

我第一次接触沙画,是几年前在《英国达人秀》节目中看见世界级沙画大师西蒙洛瓦的精湛表演,至今仍然记忆犹新:一块平整的玻璃,一些干燥的散沙,她一把沙在手,随着音乐的高低变化,手在玻璃上潇洒游走,沙从指间有序地漏下来,再用指尖轻巧的勾勒点画,一幅惟妙惟肖的图画顿时呈现眼前。她只轻轻一抹,图画瞬间变成散沙,转眼又变成一幅生动感人的画……

从2003与沙画结缘,到今天能在外小沙画课堂上游刃有余地撒沙成画,期间

的万般滋味足够我用一辈子的时间去回味。

2013年4月的一天,在与杜校长聊起学校的艺术特色课程的时候,反复斟酌后,我们商定将沙画作为学校的特色课程。要想渠水清如许,得有源头活水来,没有高素质的教师队伍,就难以培养高素质的人才。所以,首先得有专业的教师队伍。我查阅了大量国内外沙画艺术家的资料,我们最终选择了有"中国沙画之父"之称的高赞民老师,他是中国最早从事沙画表演的艺术家。我和郝婷婷老师利用暑期前往北京进行了为期一个月的专业沙画学习。

学习的过程很艰辛,却使我们终身受益。通过学习,我了解到现在的沙画已经打破了题材的限制,同样一个东西,可以擦,可以点,可以勾,也可以撒,可以使用多达十几种表现手法,表现出抽象或写实的画面。更神奇的是,它既可以有素描的明暗、线描的潇洒,又可以有国画的写意、油画的精细。老师为我们准备了各种手法技巧的视频教学,以及无数个国内外演出者和创作者的主题作品,如推沙成山、溅沙成月、走沙成物、漏沙成树……在如魔术师一般奇妙的双手下,一幅幅精美浪漫的画面奇妙无比,我们不得不佩服大师们深厚的艺术功底和极其丰富的内心世界。我也深刻感受到,没有一定的艺术积淀和人生感悟,驾驭这些平凡沙粒也将如痴人呓语,沦为一纸空谈。

学成归来,我们信心满满,对之后的工作做了一系列的具体规划并开始具体实施。

一、课程的重新设计

沙子本身流动性比较强,沙画创作这一种艺术形式,容易变化,符合儿童喜爱新鲜事物的心理特点。我们通过不断地探索和实践,无数次推翻原来的课程设计方案,最后确定了从一年级到六年级的课程设计方案,打造了动态沙画的课程体系。将国家课程重新整合,进行校本化实施,以美术国家课程为蓝本,重建目标体系,整合教材,对教材中最适合用沙画进行创作表现的部分进行整合和二度创造,使课程内容校本化。

二、沙画社团的成立

学校成立了沙画社团,活动时间为每周五下午一个小时,学生们自主报名,自愿参加。从欣赏到绘画,从动脑到动手,从单个图案到整幅画的创作,学生们在沙的世界里体验着绘画的乐趣。沙画社团现已成为学生喜爱的社团之一。

三、儿童沙画教材的创编

我们根据学生的喜好,创设了适于沙画表现的新内容,建构了符合学生心理特点和课标要求的动态沙画课程,并将动态沙画的十种基本手法按照学生的年龄特点进行分类,根据课程设置,编入我们的教材中。沙画教材在体现

学科特点的同时,也可以让学生掌握终身受益的沙画技能。

我们从2013年底开始尝试进行动态沙画教学,到2015年沙画全面进入课堂,到现在沙画已经被正式纳入学校课程体系。我们发现学生的学习已渐入佳境,"指尖上的创造"正激发着越来越多的学生对美术课的兴趣。"动态沙画"已经真正成为学生喜欢的课程。

2017年5月28日,宜昌各大报刊头版头条都报道了宜昌市外国语实验小学"沐浴阳光,我心飞扬"的"六一"文艺会演,报道让每一个外小人都感到无比自豪。沙画表演结束后,当我听到台下此起彼伏的掌声时,我知道那是对我们辛苦付出的最好奖赏,也是对我校沙画课程的高度认可,顿时觉得所有的努力都值得!

指尖创意
——沙画教材创编片段

文|郝婷婷

我是一名普通的美术教师,教书育人是我的主要工作。如今,我还是学校自编沙画教材的众位编者中的一员,编写教材的事情要从三年前说起。

2014年初,学校给我的师父蒋杨丽老师和我安排了一项很有挑战的工作——创编我校的沙画校本教材。这真是一项让我们喜忧参半的工作。喜的是,我们的沙画课将要摆脱一师一样的局面,要有统一的教材了;忧的是,我和师父毫无教材编写经验,而且在当时查遍国内与沙画相关的资料,几乎什么教材都找不到,无任何前例可循。但工作还是要进行的,鲁迅先生也说过"世上本没有路",我们师徒二人就试着走一走吧!

"海底世界"是学生们普遍比较喜欢的一节沙画课,就说说在它创编的过程中令人印象深刻的几个小片段,这些小片段既是这本教材创编历程的缩影,也是它们构成了这本教材的一部分。

编写教材,内容是首先要确定的部分。"海底世界"这一教材内容的发现还是源自于师父的一次教学尝试。当时,我的师父蒋杨丽老师负责教授学校沙画社团的学生,恰逢学生们在美术课上学习有关热带鱼的内容,兴趣浓厚。蒋老师就将沙画作为课堂教学的一个延伸,

宁静的改变

指导学生们运用学到的沙画基础手法，自由发挥，画一画心中的海底世界。学生们的能力与想法真是不可小觑，创作的沙画作品真让我们这两位老师骄傲！看着这些充满童心、童趣的作品，我们俩当下就决定将这个内容收录到教材中，于是就有了这"第二十课"。

学生们的自由发挥虽然令人惊喜，但很多时候他们仍然习惯用一根手指当画笔。然而真正意义上的沙画是双手各部分的全面运用，是各种技巧的灵活使用，更是巧妙的创意构思。这才是我们要教给学生们的沙画，也是教材应该呈现的沙画。

如何将动态的沙画通过静态的教材展现出来，拍照就成了这一动一静的衔接方式。这就不得不提我们创编工作的第二个阶段——照片收集。现在回想起来，拍摄照片的那段日子真是不美好。

回到"海底世界"吧，要画海底，第一步就是铺沙。关于这个技法的演示照片真记不清反复拍了多少次。铺沙是要讲究速度的，速度快，铺出的沙才均匀有质感，但速度一快拍出的照片却是模糊的，在速度与清晰之间我们师徒二人也说不清尝试了多少次，重拍了多少张。只记得那会儿我们说得最多的就是"再拍一张"，如此反复的重拍，只为教材中那一张张演示照片。

沙画的过程展示，我们也是靠照片来实现的。这些照片的重拍率就更高了，因为若其中某一步出现状况，为了演示照片的连贯性，就得全部从头拍一次。我们还自嘲过：好在现在是数码时代，不是胶卷时代了。各种重拍的过程虽不美好，但所幸结果是美好的，这也没有枉费我们的一番努力。

收集、整理完这一课所需的照片资料，我们就正式踏入第三个阶段——排版。对专业的排版软件，师父和我都了解不多。为了更好地完成创编大业，在学校的支持下，我们找到了专业的平面设计师。做事情有个强大的后盾，这感觉真不错！

俗话说"前进的道路是曲折的"，大概是为了印证它吧，一进入排版阶段我们就遇到问题了：删减照片，大量地删减照片。利用软件排版之后我们才发现，之前那些在纸张上勾画的、关于版面布局的想法几乎全部被否定，因为几十张照片，要摆放在两页A4大小的范围内是不现实的。如若一味求全、求多，过分缩小照片尺寸，反而会让人看不清楚，失去了照片演示的意义，得不偿失。在这种情况下我们必须有所取舍。舍什么内容，舍哪些照片，真是让我们犹豫，因为我们想把所有好的照片都呈现给学生们，因为我们最清楚每一张照片是多么来之不易。但该舍还得舍，经过再三商量和思考，我们将本课技法指导这一类，在前面基础技法教材中出现过的、类似的照片全部删掉；缩减步骤图中可有可无的过渡照片，尽可能多地保留了学生们的作品图。这些作品图既是学生们的骄傲，对以后使用这些教材的学生们也是一种激励。

在之后的校订、审核、印刷的过程中我们也遇到了这样或那样的问题，不过都被我们这个团队一一解决了。路果然是走着走着，也就有了。

我很庆幸自己参加了教材的创编工作，虽然在这个过程中有过忐忑，有过烦恼，有过挫败，有过退缩，但更多的是喜悦，是历练，是收获，是成长。

母亲节的礼物

文 | 朱雅琴

有一个人,她永远占据你心里最柔软的地方,你愿用自己的一生去爱她;有一种爱,它让你肆意地索取、享用,却不要你任何的回报……这个人,叫"母亲",这种爱,叫"母爱"!

每年5月的第二个星期日是母亲节,是我们心中最难以忘却的日子。这个节日,是对母亲的赞美和颂扬,是提醒我们时刻记住:感恩我们的母亲。我和学生们也用自己的方式为母亲献上了一份礼物:感恩沙画《母亲节的礼物》。

教室里,大家围坐在一起,我向学生们阐述着母亲节的含义,理解感受母亲节。学生们在我的诉说中,回想着和母亲相处的点点滴滴,一丝丝感人的情意涌

入心头……不一会,每个学生都有了自己想表达的画面:小学一年级时,每当放学我总能在校门口看到妈妈等我的身影,她就会第一时间拿起我的小书包背在身上;小时候我总是喜欢握紧妈妈的食指,她带我一起去买菜,一起去逛街;妈妈教我骑自行车,教我看时钟,教我穿衣服,教我系鞋带……

接着,学生们拿着笔开始将自己的想法,用适合沙画的方式构图。在构图时,我就发现了问题:大家的表现对象都是"我"和"妈妈"。这样在动态沙画表演中就会出现人物的单一性;其次,各种动态人物的表现,对于五年级的学生来说有一定的难度。

学生们刚才还是兴致勃勃的,突然陷入了沉思。这个时候,我打断了学生们的思考:"你们最擅长画什么?""我画动物画得可好了,特别是天鹅……""对啊,母爱不仅存在于我们人间,在大自然里也有感人的母爱。"就这样,我们重新开始构思,学生们又活跃起来,向老师述说着自己的构思,老师一边听,并结合学生们的所长给出合理的建议,学生们手里的笔在画纸上发出沙沙的声音……一个小时后,一组有主题的、连续的画稿出来了。学生们每个人都拿到了自己的任务,迫不及待地开始了录制前的练习。

"小心!"珂瑶大声叫道,可梦涵的衣袖还是蹭到了沙画上。

"对不起,对不起,我不是故意的!"梦涵的脸上充满了歉意。

"不要紧,我们一起来画吧!"沙子从梦涵手中落下,铺撒在玻璃台上,紧接着珂瑶的小手也

灵活地在桌面上跳跃起来……你一"笔",我一"画",拉开了这次创作的帷幕。

主题呈现完毕,紧接着,尚乐巧妙地衔接前面的爱心轮廓,勾画天鹅:小天鹅静静地依偎在天鹅妈妈的身旁,感受着暖暖的母爱。

沙画教室里静静的,只见惜月同学手抓一把沙,大气地撒在了湖面上,手在沙画上挥舞着:可爱的企鹅宝宝正抬头感受着企鹅妈妈的爱……

宁静的改变

学生们专心致志地挥舞着手中的细沙,再用手指轻巧地勾勒、点画,一幅幅惟妙惟肖的沙画呈现在我们面前。接着,另一位学生的手又轻轻一抹,画面消失不见,瞬间变成散沙;再抓起一把沙边撒边描……就这样,他们紧凑又巧妙地将一幅幅生动感人的母爱情景,在指间和光影里展现。

在这特别的节日里,我们用自己的所学和一束鲜花,表达了年少的我们对母亲无限的感恩。

母亲给予我们生命的体验,母亲给予我们的教育和开导,母亲给予我们关怀和帮助……我们心存感激。在这次活动中,学生们用自己的所学,表达了对母爱的理解和敬意,表达了自己对母亲的感激。同时我也告诉更多的学生,我们要感恩母亲!

让艺术之花华丽绽放

文|李倩倩

　　艺术,让校园充满活力;艺术,让人生变得灵动。我们,在追求艺术的路上走了很久,只为它能像花儿一样绽放……

——题记

　　时光飞逝,有时来不及和它拥抱,它就已悄然溜走,是我们成长得太快,还是它的脚步太仓促?我多想跟它赛跑,让身为音乐老师、酷爱艺术的我多采撷一些美丽的艺术之花。

宁静的改变

一切都是刚刚好,学校给了我们艺术组这个机会。2016年5月27日,在第67个儿童节来临之际,我校将举行一场主题为"沐浴阳光,我心飞扬"的庆"六一"文艺会演活动,学校把这个光荣而艰巨的任务交给了我们艺术组。我承担了编排《器乐组曲》这个节目。细细品味从筹备到演出的日日夜夜,犹如一部精彩的纪录片,美好得让人沉醉,深刻得让人难忘。

记得在2016年3月中旬,第一次筹备会时进行了人员安排和节目设置。只有70多天的排练时间,时间紧,任务重。此次活动既是学生们在节日里的一次狂欢,又是我校课程成果的一次展示,理所当然要把课程与节日有机整合起来,充分展现学校的办学成果和展望美好的未来。如何把音乐学科的器乐特色通过节目的方式呈现?怎样把3种乐器整合到一起,联排成一个节目?如何使节目更加精彩?一连串的问题让我心生忐忑,这意味着我要放下杂念、全身心地构思节目并在3月底上交节目构想方案。此时此刻,正值我怀孕4个月,除了担心节目质量,我也担心宝宝的健康。但是校领导的关心照顾、同事的尽心帮助,让我打消了顾虑。很快,对于节目我有了自己的想法。

3月下旬,召开了第二次筹备会,同时也到了上交节目构思的日子。会上,我从节目主题、内容、形式、演员安排、服饰要求和舞台设计等方面进行了介绍。与会领导初步同意了我的想法,初步拟定了15个节目。此时距离文艺会演还有62天,这意味着晚会从舞台的设计、节目的编排、演员的选拔和训练,直至演出,只剩下两个月的时间。在不耽误常规学习的情况下,学生们要抽时间进行排练,节目还要高质量,高水准,出精品。我内心顿时不安起来……

既然接受了任务,我就得全力以赴!我对自己这样说。

于是,整个4月,只要是课间有空,我就把各年级参演《器乐组曲》的学生召集在音乐教室进行排练。因为有器乐学习的基础,参演学生没用多久就能够完整演奏出乐曲,这让我欣喜不已。可同时让我担忧的是,学生在台上不仅要熟练奏出乐曲,展示他们良好的器乐演奏水平,还要通过表情、队形和动作,让节目更加精彩。大部分学生没有登上大型舞台表演器乐节目的经历,要打造一个高水平的器乐节目谈何容易?

每个节目背后,几乎都是蝴蝶脱茧一般的艰辛。为了使小演员的表情到位、动作规范、整齐划一,我让他们对着镜子反复演练,挺着大肚子一次次示范。小演员们手持乐器手臂酸痛,长时间站立腿脚发麻,但他们从不叫苦叫累,我被这群小演员们激励着,鼓舞着。即使累得腰酸背痛,我也没有打过退堂鼓,更没有向学校请过一天假。

在5月的最后冲刺阶段,节目已基本成型,但要进一步规范动作,排练强度更大。我常常为了一个动作的规范统一,让学生一个一个过关。历时两个月的辛苦排练和高强度的彩排、联排并没有让我们退缩,我们一心只想呈现出最完美的节目。

5月27日,那是一个令人瞩目、令我一辈子难忘的日子!我的学生们终于登上了那个流光溢彩的舞台。他们整齐的动作、矫健的身姿、甜美的笑容以及对乐器的驾驭能力无不彰显了外小学生极高的艺术素养。当掌声雷动的那一刻,我知道,我们的表演成功了!

这场盛宴是学生们在音乐课堂和器乐学习后的精彩汇报,是外小新课程改革成功的最好见证,也是我们这群追梦人精心呵护的艺术之花,在汗水和智慧浇灌下的华丽绽放!

宁静的改变

掌声

文 | 李莉

　　从前,有一个街头艺人,他的琴声悠扬,吸引了不少行人驻足倾听。一曲结束,周围的人纷纷向钱罐里丢钱,虽然卖艺人鞠躬致谢,奇怪的是,大家发现他的脸上却没有一丝欣喜的笑容。突然,一个过路人送给他一阵掌声,卖艺人感激的泪水顿时夺眶而出,所有的围观者这才恍然大悟,原来卖艺人寻求的不是金钱,而是知音,随后一阵又一阵的掌声此起彼伏。

　　回顾我们的课堂,是不是也同样需要掌声呢?学生期待老师的掌声,老师希

望得到学生的爱戴。作为艺术类学科的音乐教学,因为表演性强,如果课上没有掌声,就不能带着学生们自信满满地在艺术的天堂里遨游。

我不由得想起一年级的一次音乐课。课堂上,我教完一首小钟琴曲目《小猫圆舞曲》后,邀请同学们自愿上台表演,用小钟琴演奏和舞蹈表演的方式表现这首歌曲的情绪和意境。表演之前我给了一点时间让他们自己设计演奏和舞蹈动作。

表演正式开始,下面的学生纷纷举手,迫不及待地想展示自己,第一组我点了一男一女两个学生,男生演奏小钟琴,女生表演小猫。当音乐响起,这两个学生有点不知所措,女生除了拘谨地比画小猫的动作外,几乎没有别的动作和表情来表现小猫的活泼可爱,而且还跳一跳、停一停地看着我,站在台上显得有些无助,希望我能给她一些帮助。另外一个男生则因为没有跟上节奏而茫然地站在台上。我没有打断他们,直到音乐停止。虽然第一场表演的小演员显得有些扫兴,想展示自己,可是发挥不好,但我还是表扬他们勇敢,在没有老师的带领下第一组上来尝试,虽然完成得不够好,但是精神可嘉,并号召学生们给予他们鼓励的掌声。当他们向座位走去的时候,我分明看到他们眼里闪着欣喜和自信的光芒。

轮到第二组学生上台表演时,我特意挑选了两个有舞蹈经验的女生表演小猫。音乐响起,小钟琴清脆的旋律缓缓流出,两个女生都自然地随着音乐的节奏摇摆自己的身体,模仿小猫的各种动作与表情,活像两只刚出生的小猫,时而小鸟依人,时而活蹦乱跳,吸引着大家的眼球。当音乐停止后,台下还有不少学生意犹未尽地跟着一起舞动,有的还兴奋地伸出大拇指说某某学生表演得太好啦,可以得满分啦。虽然是一年级,但能表演得这么出色,我当场就情不自禁地赞美她们,说她们是天生的舞蹈家,希望今后能给大家带来更多精彩的表演,同时我还奖励了她们每人一个小贴画。这两个女生开心地回到了座位。教室里又响起了一片掌声,那是赞美的掌声。

这一下激起了更多学生的表演欲望。我挑选了一个很少上台的男生和一个性格较活泼的女生。我想有了前面两个学生的精彩表演,后面的学生应该不会像第一组学生那么冷场了,可是结果有点出乎我意料。那位很内向的男生在引子部分演奏结束之后就不知道该怎么接下去了,急得哭了起来。当时音乐并没有停止,我也不想因为他哭而上前安慰他,我突然想起了鼓掌,我站在一边使劲儿地为他鼓掌,希望可以消除他的紧张。顿时,学生们也跟着我一起为他鼓掌,有些学生甚至还喊加油,那个男生停止了哭泣,慢慢地随着音乐继续演奏起来,虽然不那么灵巧,可总算顺利完成了表演。我走过去夸他表演得很精彩,并告诉他只要再自信一点,从容一点,以后会更出色的。这时,我看到他的脸上虽然挂着泪,却会心地笑了。教室里再次响起一片掌声,那是鼓励的掌声。

作为老师的我,在学生们一片又一片掌声里感动不已。掌声,胜过千言万语,它给人一种催人奋进的力量,不但鼓舞着学生,也激励着我。学校既然给学生们提供了这么好的器乐课程,我一定要不遗余力地上好每一节课!

快乐哆来咪

文|404班 周梁怡晨

记得上三年级的时候,我们的音乐课增加了一门乐器——口风琴。刚开始的时候,我信心满满,因为在校外,妈妈给我报了小提琴辅导班,学习了小提琴,丰富的音乐知识让我在音乐课堂上如鱼得水,我便觉得口风琴的学习肯定没问题。

可学习了一段时间后,我发现口风琴演奏并没有想象的那么简单。练习的时候,弹着弹着就会出现杂音。眼睛一边看乐谱,手指一边找琴键,嘴巴还要控制好气息,让我感到有点儿手忙脚乱,跟不上节奏。就这样,一节课的时间很快就过去了。在每周一次的口风琴测试中,我的成绩也不太理想,为此我十分懊恼,几乎对学习口风琴失去了信心。

一次偶然的机会,我发现我们班的一位女生在课后休息的时间,自己安静地坐在课桌旁边,拿出口风琴准备练习,我疑惑地问她:"你怎么下课还练口风琴呀,今天又没有音乐课?"她回头对我说:"老师说了,口风琴和其他乐器一样也要多练,越练越熟。"课堂上,这位女生能够用很娴熟的指法完整地演奏整首曲子,这让我很是惊讶。我静下心来想了很久,终于明白了学口风琴的秘诀在于勤奋地练习,刻苦地学习。课堂上的时间有限,不能学了不练习,从那以后我坚持用课余时间练习口风琴,我逐渐掌握了缩指、扩指、跨指、穿指等指法,以及单吐和双吐的技巧。渐渐地,我出错的概率变小了,演奏也比较自如了。从此,我爱上了吹口风琴,甚至会尝试用口风琴吹奏小提琴的乐谱,让我成就感倍增!

四年级时,学习口风琴的难度增大了。老师告诉我们,音乐课要与乐器课整合,我们不仅能够自己识谱弹奏书本上的歌曲,还能学着弹奏一些书本以外的歌曲。当弹熟、唱熟一首曲子后,老师会组织我们将音乐课堂搬到室外的操场上。我们围成一个圈,全部席地而坐,一些同学吹奏口风琴,一些同学演唱歌曲,一场简单而快乐的小小音乐会就开始了。

除了在学校认真学习口风琴,放学回家后我对它也是爱不释手。每天做完功课之后,总是忍不住拿出口风琴,在网上下载自己喜欢的歌曲和乐谱,自己慢慢地对照着乐谱,边吹奏口风琴,边学唱歌,有趣极了。掌握了口风琴的练习方法,即使走出了音乐课堂,也可自学歌曲。最近,我开始学习钢琴了,钢琴老师还表扬我入门快,识谱能力强。我心里窃喜,这都是学校开设了器乐进课堂课程的功劳,我更喜欢音乐了。

还记得,在学校举办的"综合实践周暨家长开放日活动"中,我们全班要演奏口风琴,老师让我们自己分组展示。那段时间,教室里、走廊上、操场上都回荡着我们的琴声。妈妈还在家长反馈表中提到:"看着孩子一边吹、一边弹奏口风琴的样子真美!学口风琴,让孩子从弹奏技巧的训练中学会了耐心与认真的态度;不仅培养了孩子的口手协调能力和音乐感,更让他明白想要做好一件事,必须要付出努力!从合奏、分声部弹奏让孩子体会到分工与团体的重要性,更让孩子学会了坚持!学校开设器乐进课堂值得家长点赞!"

我们的课程管理故事
Our Curriculum Management Story

"护照"评价,让学生更加阳光、智慧

文 | 戴赛男

2015年的春季学期,随着我校课程改革的深入推进,我们深切地感受到我们应建立与学校"致明"课程相配套的学生评价体系,才能真正使我们的课程建设更有目标。

于是,我们组织学校各学科骨干老师学习北京、上海等先进课改学校的学生评价方案,请来复旦大学、华东师范大学的专家为我们指导,尝试从我校的"致明"课程入手,力求使我们的评价既成为"以学生发展为核心"的科学、多元的教育质量评价,又能让学生通过评价了解自己发展中的需求,帮助学生认识自我、建立自信。

依托课程建构,力求全面客观

我们深入学习、研究了宜昌市小学生综合素质评价的指标,立足我校办学目标及特色,针对我校学生的两大核心素养,着眼于五大领域、三类课程,分别以品德发展水平、学业发展水平、实践能力与兴趣特长、学生自我诊断四项内容对学生的素质进行综合评价。

1.品德发展水平评价。结合我校育人目标,从学生日常良好习惯的养成入手,根据低、中、高不同年级的要求,力求发展、动态、多角度地评价和考察学生,形成从道德认知到道德实践全过程的综合考查。在"护照"中,我们要求学生品德身心素质呈现的内容要与我校日评、周评、月评的《好习惯评价手册》一致,切实将日常学生的行为表现真正具体化到期末考评中,使学生的良好习惯在小学阶段得以循序渐进地形成,并持之以恒。

2.学业发展水平评价。这项评价包括三大内容,即学习习惯发展水平评价表、学科能力评价表、学生学业成就评价表。学习习惯发展水平评价表是根据我校学生特点,结合低、中、高不同年级学生的学习习惯的养成而制定的;学科能力评价表则是依据我校五类课程,通过全体教师共同研究,针对不同年级,对学生的知识技能、学科思想方法、实践能力、创新意识等关键性指标列出可操作的评价细则。学科能力评价表中的每项内容,都紧紧围绕我校课程的特点来设置,如:我校一年级上学期的语文课的评价内容中,紧紧围绕"六会两有"的目标,从语文课的听、说、读、写四大能力入手,设计了"我会听""我会读""我会写""我会说"四个项目,结合一年级学生应具有的能力进行考评;在"我爱语文"评价表中,语文的评价内容有了具体的分类,包括有语文学习、写字、普通话达标、经典阅读等,这样的设计与评价方式,我们认为会更有利于学生养成良好的语文素养,进一步为学生打好终身学习和发展的基础。

3.实践能力与兴趣发展评价。在这一项评价中,为了使评价更具有可操作性与实效性,我们组织年级主任及部分年级组长制订每个年级需要开展的实践活动的评价标准,真正实现每项活动都是充分依托我校延伸课程与个性课程而实施,做到既有活动开展又有评价考查,让老师在参与活动中考查学生学习的主动性、积极性,也让学生明确自己在活动中应该达到哪些标准,从而更有效地促进学生的个性发展和可持续性发展。例如:我校一年级学生在第一学期应该参与的"班级小岗位"实践活动的评价标准中,可以看到参与此项活动应该达成的具体标准,每项标准都易于师生操作和评价。

4.学生自我诊断与评价。这一项评价内容有学生获奖记录,学生针对品德、学业、实践三方面的自我描述,以及学生、家长、老师针对学生一学期的学习、生活的回顾、反思与激励。

护照激励成长,注重发展提升

通过我们的探索,我校的"阳光护照"评价,完成了重大的"变身"。

1.报告书变身"阳光护照"。结合我校的国际理解教育特色,以护照的形式呈现,首先更符合儿童的特点,能更好地激励学生为成为一个阳光、智慧的"具有民族情怀和国际视野的世界公民"而努力,让学生在参与学校的每项活动中、在日常的学习生活中感受到自己付出的每一点努力,都是在为今后"走向世界"打下坚实的根基。其次,"阳光护照"活泼、灵动的评价方式(如盖章、等级积分等形式)深受学生喜爱。最后,护照中呈现的具体的评价标准,强调客观记录,方便学生随时结合自身情况进行反馈。

2."一言堂"变身"大家评"。护照评价坚持多元评价,"护照"中的每一个方面都充分引入了学生自评、学生互评、家长评价、老师评价。例如:品德发展水平评价,内容上既包括学生每月《好习惯评价手册》中评价的内容,评价的对象上还有老师、同学、家长这样的评价方式,引导和帮助学生审视自我、调整自我,并让学生不断针对自身的情况进行自我调控。同时,老师通过学生自评的反馈,能更全面客观地评价学生,改变了过去老师"仲裁者"的角色。

3."评过去"变身"看未来"。在"护照"中设计的"学生自我诊断",既有在开学时,结合自己的实际进行奖励申报,也有学期结束时对现有学习中感到有难度的学科、觉得有压力的方面,与家长、老师共同讨论的解决方法和努力方向等,这些设计改变了单纯强调结果、不关注学生的发展与变化的做法,力求关注学生的不足之处,引导学生通过自我诊断,实现自我改进。

4."评阶段"变身"看全程"。我校的"护照"评价设计注重了学生成长的全面性,从一年级入学至六年级毕业,将"护照"评价中的各项内容先通过等级呈现,再计入相应的成绩,并在每学期期末进行汇总,然后纳入学生的"阳光成长"积分。这样的评价方式将学生各个学段的发展状况均纳入评价中,可以更全面、更客观地考察学生的综合素质。同时,我校还根据"阳光成长"积分,每学期都评选出班级、校级形象大使,然后在学生毕业时,核算小学阶段的成长积分,评选出外小"荣誉毕业生"。

我们期望通过"护照"评价学分制,不断地促进学生全面动态的发展,让学生懂得自己在小学六年里的每一个阶段的表

宁静的改变

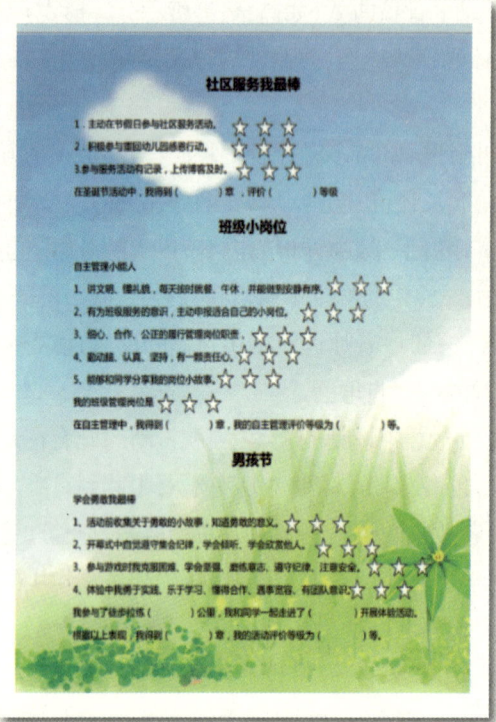

现都会成为自己童年生活中难能可贵的财富,即使存在不足,只要有坚持向上的决心,不足也会成为自己成长中的前进动力。

我们期待在"阳光护照"中,每一次评价都会促进和激励学生改善和提升自我,每一次评价都可以成为学生成长的加油站和助推器,同时也能更好地引导家长、老师树立科学的教育观,既关注学生的学业水平,又关注学生的品德发展和身心健康;既关注学生的基础,又关注兴趣特长;既关注学生的知识水平,又关注学习过程和学习效益,力求由单一评价变为综合评价,注重全面客观地收集信息,从而推动我校"致明"课程建设,使外小的每一个学生得到更好的发展,成为更阳光、智慧的现代少年。

独特节日收获精彩童年
——"男孩节、女孩节"侧记

文|代卫华

9月,是一年中人们最为期待的日子。红红的果实、金黄的田野、凉爽的空气中夹杂着甜美的气息,一切都预示着丰收的季节即将来临,而此时的人们早已经从翘首期盼变成了满心欢喜。收获的季节是人与大自然最美的对话。

外小的9月,同样是一年中学生们最为期待的日子,因为"男孩节、女孩节"就快到了。这个节日是学校专门为学生们的性别而设立的节日,各种体验活动将在9月的最后一个星期五举行。历时一个月的节日策划与筹备,学生们早已按捺不住内心的激动与兴奋,都盼望着这一天的早日到来。

节日当天,学生们会收到学校赠送的各种礼物,佩戴上自己动手设计、赋有自己年级与性别特征的节徽,走进不同的实践基地,体验不同的主题活动。他们有的攀岩,有的徒步拉练,有的露营,有的赏花,有的当消防员,有的在户外野炊,有的学习3D打印,等等。全校1200余名师生,男女共分成12个小队奔赴不同的校外实践基地,开展为期一天的主题活动。实践参与、学习技能、感受品质、小组合作、自主探究、交流分享、多元评价等,一系列完整的操作办法、项目式学习与体验将学生们的性别节日装点得五彩缤纷。

每一个女孩都是一朵必将绽放的美丽的花儿

"我是女孩,用花样的美丽,装扮美好的世界;我用勤劳的双手,创造幸福的生活,我用聪慧的头脑,从容面对困难;我有温柔的力量,做到耐心包容与友爱;我懂得自爱,爱惜自己的身心与名誉;我有独立的精神,一定能创造属于自己的天空。我为我是女孩而快乐,我为我是女孩而幸福。我必将成为美丽、勤劳、聪慧、温婉、自爱、独立的最美女孩。"

　　这是外小每一个女孩在节日当天都必须庄重宣誓的誓词。誓词中包含女孩应具备的品质：美丽、勤劳、聪慧、温婉、自爱、独立。这六种品质就像六片花瓣，将女孩的世界装扮得多姿多彩。

　　美由心生、上善若水，一年级"美丽女孩走进夷陵森林公园"，观赏花卉，并围绕"美丽"这一品质开展主题活动，如做文明的小游客、环保小小志愿者等，让一年级的女孩在欣赏美的同时，用自己的身体力行来践行美。

　　"心灵手巧、敏而好学"，二年级"聪慧女孩走进梦想城"，进行职场体验。女孩们将在梦想城根据自己的兴趣，选择3—4种职场项目，用自己的聪明才智，完成相应的任务，从而换取梦想币。这既是一个学习体验的过程，又是一次对自己能力的检验，有的女孩当保育护士学习如何照顾婴儿，有的当空姐学习航空服务礼仪，有的学习活字印刷，等等，丰富的职场体验课程，不仅激发了女孩们的参与兴趣，更让女孩们认识到各行各业都有特别的知识与技能，唯有不断学习，才能收获成功。

　　"天道酬勤、俭以养德"，三年级"勤劳女孩走进安琪酵母工业园"，学习烘焙。蛋糕、奶昔、蛋挞、奶油饼干对女孩们有着巨大的吸引力，如何学会制作这些美食呢？女孩们个个跃跃欲试，耐心地跟着烘焙老师认识各种美食材料以及制作工具，学习制作方法，并从中感受劳动的意义，认识到劳动成果来之不易，要倍加珍

惜,从而懂得父母、师长的辛苦与劳累,学会用自己的双手创造美好未来。

"雏鹰展翅、自立自强",四年级"独立女孩走进入武汉国防基地",进行生存训练。独立不仅需要有独立的人格精神,更需要掌握独立的生存技能,而生存训练为女孩独立精神的培养打开了一扇窗。户外急救、意外伤害的处理(伤口的包扎、骨折的处理)野外急救药品的配备、户外生存法则的学习、户外技能的掌握等,每一项的学习都要经过教练的严格考核,让女孩们在技能的学习中,感受生存是一件严肃的事情,独立不仅需要勇气,更需要知识与技能。

"珍爱生命、热爱生活",五年级"自爱女孩走进戒毒所、商业步行街",认识毒品的危害,进行健康生活的公益宣传。走进戒毒所,女孩们在教导员的带领下认识现今社会的各种毒品,了解毒品的危害,从而树立正确的人生观和价值观,远离毒品。而健康生活的公益宣传,女孩们需要自己制作海报和横幅,大胆地与陌生人沟通,向路人宣讲自己的健康生活的主张,并邀请路人进行珍爱生命、健康生活的签名。当女孩们通过半天的努力,让越来越多的人加入到签名活动时,每一个女孩无不为自己的付出感到欣喜,学会自爱,认识到不仅要珍爱自己的生命,更应该让更多的人行动起来,远离毒品,践行健康的生活方式。

"温婉善良、关爱他人",六年级"温婉女孩走进福利院",关爱老人,传递温暖。当女孩们为老人们表演自编自导的节目时,当女孩们把从家里带来的干净的水果送到老人们手中时,当女孩们为老人们拖地、收拾房间、清洗被子和衣物时,老人们的心中是感激的,是高兴的,是开心的,而女孩们心中更是乐开了花。临别时老人们拉着女孩们的手,依依不舍,一个劲儿地夸女孩们,很难想象这样一群习惯了别人照顾的独生女,如此能干,心地如此纯洁善良。

每一个男孩都是一颗必将长成参天大树的种子

男孩节誓词:"我是男孩,我有勇敢的精神,不怕一切困难;我有坚毅的品质,敢于顽强拼搏;我有乐观的精神,能从容面对挫折和打击;我有坦荡的胸怀,待人宽容大度;我有好学的精神,用知识让自己睿智;我有担当,能承担家庭和班级的重任。我为我是男孩而骄傲,我为我是男孩而自豪。我必将成为勇敢、坚毅,乐观、宽容、睿智、有担当的男子汉!"

男孩的品质是:勇敢、坚毅、乐观、宽容、睿智、有担当。

"直面困难、永不退缩",一年级"勇敢男孩走进世纪山水",进行拓展训练。

"坚韧不拔、越挫越勇",二年级"坚强男孩走进和平公园",进行徒步拉练。

"积极进取、奋发有为",三年级"乐观男孩走进磨基山",勇攀高峰。

"悦纳自我、欣赏他人",四年级"宽容男孩走进入武汉国防基地",开展拓展露营活动。

"乐学善思、博闻强识",五年级"睿智男孩走进三峡大学",开展科技实践活动。

"胸怀大志、敢为敢当",六年级"担当男孩走进消防中队",体验军营生活。

立足儿童立场,让学生感知生命角色,形成独特的性别品质

外小的"男孩节、女孩节"是学校依据学生主体性别差异而设置的,它历经五年多的修改与完善,如今已经从活动走向了课程,成为学校实施德育教育的重要组成部分。同时,"男孩节、女孩节"也是落实学生"阳光、智慧"两大核心培养目标的具体体现,旨在让学生感知生命角色,形成独特的性别品质。

学校始终坚持把尊重学生的主体地位和需求放在首位,男孩、女孩分别具有的六种性别品质,来源于学生们的网络投票和问卷调查,学校从众多品质中进行筛选,并最终确定。学校根据学生的身心特点将十二种品质分布到一至六年级,即每个年级的男、女生需要具备一种品质。学生们的个性成长离不开体验,而男孩节、女孩节的创设就是将学生的能力培养渗透到体验和活动之中,为每一个学生提供发展的条件,让每一个学生都能因体验而寻找到快乐与成功,收获不一样的成长。

学校多年的实践,得到了社会各界和家长的好评,特别是得到学生们的高度认可和喜爱。节日课程的设立为学生性别品质的逐步形成起到了很好的引导作用,也让我们在坚守中更加清晰地认识到立足学生的个性发展,需要我们搭建更多的平台,创造更多的机遇,给予更多的指导和引领,为学生们的美好童年服好务,为学生们未来的成长提供更多有价值的营养。

研学手册带我看世界

文|邹琼

镜头一

"我们组叫战鹰,怎么样?战斗的雄鹰?"

"不好,我觉得我们组应该叫飞鹰组!"

"对,我们要做展翅高飞的雄鹰!就叫飞鹰组,同意的举手!"大家纷纷举手表决。"好,下面请大家一起想一想,我们在研学旅行时,应该遵守哪些规则?我们一起制定一个小组公约。"

…………

学生们正七嘴八舌地给自己的小组命名,商量着研学旅行的公约呢!不一会儿一个个小组公约出炉了。这是我校研学活动的惯例,在每次研学旅行前都会组织学生们做好研究性学习,了解当地的风土人情,制定自己的研学计划。然后,组织学生讨论需要准备的行李、需要遵守的规则、需要注意的礼仪,需要特别注意的当地禁忌、需要注意的安全事项等,填写在研学手册的第一页。这样设计就是要让学生们都意识到,这是自己的研学旅行,而不是跟随爸爸妈妈或者老师的旅行,自己要承担起计划、筹备、自我管理的责任,为出行做好充足的准备。在这样的准备工作中,学生们慢慢地学会自我管理、自我规划,并主动地学习相关知识,这是多么有意义的一件事呀!

镜头二

"导游,请问这种花叫什么名字?"五年级的王浩然同学在新加坡滨海湾花园里的植物冷冻室花穹里转悠了一大圈后,指着《新加坡研学手册》上的图片有礼貌地询问着。可是导游却笑而不答,只是说,你们可以再往前走走,到云雾林里就能见到了。于是,学生们又带着希望出发,边走边拍各种奇花异草。经过一座七层楼高的人造大瀑布,学生们乘电梯来到了云雾林参观,在一一比对之后,终于找到了和图片上一模一样的植物了,可是一旁的植物名居然是英文的,学生们连忙拍下来,用百度词典开始翻译,最后兴高采烈地在研学手册上填上了"猪笼草"的名字。

看着学生们拿着研学手册,跑来跑去地寻找、询问、拍照,学习热情无比高涨,老师们心中暗暗窃喜。这个手册中每一天的研学内容都是结合研学行程的特点而设计的,例如:到汽水工厂体验汽水的制作,然后品尝自己制作的汽水;乘坐飞机、火车就要弄懂机票、火车票上所有字母和数字的含义;到北京大学就画出"一塔湖图";到清华大学就来到荷塘吟诵《荷塘月色》;在孔府学尊师礼仪,树立人生目标;在奥林匹克公园玩"瞎子敲锣""纸人接力"的趣味体育游戏;进中国国家博物馆就在大门前背诵《中国历史朝代歌》……这些学习的内容都是我校研学旅行前精心设计的,为学生们量身打造的研学旅行课程,印制成册,人手一本,为学生们提供了一个个动手、动脑、动口的机会,让他们在体验中学习,在情境中学习,在团队竞赛中学习。让学生们学得有兴致,学得有实效,学得有记录。

镜头三

"老师,这是我和第五个老外的合影!"姚昱彤同学得意地把与外国人的合影拿给我们看。在晚间小结时,姚同学讲述了自己勇敢地使用学到的英语与外国人交流的情景。"一开始,我也是忐忑不安,既担心自己的英语外国人听不懂,又担心外国人拒绝我。但我还是鼓起勇气和外国人交流,没想到他却问我:'Why?'我紧张地回答:'No why.'他居然答应了。于是我的信心大增,又一连找了六个外国人合影。如果我的英语词汇量再大一些,我一定可以更好地与他们交流,那该多好呀!今天,我的成功是对自我胆识的一次小小挑战,所以我给自己今日评价为五星!""同意!"小组成员异口同声地回答。

在研学手册中,我们每天都有"今日评价",学生们每天晚上都要在小组老师的带领下进行汇报、自评、组评、师评的过程。这样的评价促进了学生们自我管理能力的提升,培养了学生们文明旅游的意识,同时也有意识地促进了学生们书本知识和生活经验的深度融合。对我校学生来说,英语作为主要学科,他们都自认为学得不错了,但是到了新加坡和我国台湾,连飞禽公园里那些鹦鹉都能听懂的英语指令,学生们还不能完全听懂,就更别提新生水厂的全英语讲解了。学生们这才发现书本上的英语和现实中的英语应用真是不同,还真是"人外有人,天外有天",不愿意讲英语的学生也开始主动开口练习英语了。

镜头四

北区503班的教室里传出阵阵笑声,原来学生们正在进行别开生面的研学汇报,瞧,他们5个学生拿着快板开始了绘声绘色的表演:"舟车劳顿第一天,乘动车转飞机,学会托运看航班,取行李过海关……走进滨海湾花园,擎天大树18棵,直插云霄势磅礴……"

这些快板台词都是学生们的原创,台下的观众们也被他们的真情演绎感动着,爆发出一阵阵热烈的掌声,那掌声比给任何一个戏曲名角的还要响亮。每次研学旅行后,学生们都会开展不同形式的研学旅行汇报活动,或唱,或演,或讲。这样的汇报虽然稚嫩,但是散发出成长的气息,我们仿佛听到了他们在研学旅行活动中"拔节"的声音。

基于学生核心素养的研学旅行课程

文 | 王玉茜

从2009年至今,我校开展人生远足研学旅行已有六年历程,其中活动地点从最开始的中国香港、台湾,逐步拓展到新加坡,内容包括走进乡村国情考察,还有今年刚启动的毕业旅行等;活动内容也从单纯的旅游观光逐步转变为研究性学习;活动准备也从家长、学生自愿报名逐步完善为演讲、竞选,从学生自己收集信息逐步完善为开展校本教材《我们从这里走向世界》的研究性学习;活动结束后,从简单的汇报、分享逐步拓展为面向家长和学生的研学汇报。这些点点滴滴,都诠释着外小的育人目标和办学理念。

我校开设研学旅行课程,对于全面贯彻党的教育方针、积极推进素质教育、不断深化课程改革,培养学生的社会责任感、创新精神和实践能力,都具有十分重要的意义。

一、我校研学旅行课程的目标

读万卷书不如行万里路,我校研学旅行课程,就是让我们的学生从小走出去,了解国情,认识世界,了解历史,体验文化,从而培养具有民族情怀、国际视野、素质全面的现代少年。

二、我校研学旅行课程的理念

以学生为本,让每个学生都得到更好的发展。

研学活动的每一个环节、每一个地点都应站在学生发展的角度,以学生的发展为本,去思考和设计。让学生们在活动中发展各项能力:会说话,能够与人沟通与交流;会读书,能够读书并查找信息资料;会写字,能写竞选演讲稿和研学汇报;会生存,具备一定的生存能力;会实践,能积极参与各种实践活动;会探索,善于发现并提出问题;有特长,能进行展示;有视野,阅历丰富。

三、我校研学旅行课程的内容

1.学习校本教材,收集相关信息资料。

第一节课,可以以年级为单位,采取集中大课的方式进行,梳理学习内容;第二节课再分班进行学习,同时鼓励学生根据自己喜欢的内容搜集信息并制作课件,自愿当小老师,让学生学习更主动、学习内容更丰富。

2.自愿申请,撰写竞选演讲稿。

在集中学习与个别学习的基础上,学生和家长一起根据自己的实际情况填写研学旅行活动申请表,并撰写竞选演讲稿。

3.共同拟定标准,公平公正竞选。

邀请家长代表监督竞选活动的全过程,由老师和学生共同拟定评比标准,集体投票,确定参加研学旅行的学生名单。

4.文明礼仪培训。

培训可以让学生懂得尊重不同国家的民族文化和不同地域的风俗习惯;培训可以提高学生自身的修养,增强自信;培训可以避免不该发生的尴尬;培训教会了学生们外出如何管理自己;培训可以让学生懂得研学不是玩,而是在旅行中增长

见识、丰富知识。

5.准备两校交流活动。

每次的研学活动,都会带领学生们走进一所学校,体验课堂,体验生活。开展交流活动,学生们就会用他们最精彩的表演节目和互赠礼物的方式表达友好。其实在节目的内容上,可以考虑以我们的家乡和我们的学校为主题,以此培养学生们爱家乡、爱学校的情感。

6.跟着手册去研学。

游学内容及形式的设计要力求科学合理,让学生们觉得有意义、有意思。学生们每人一本研学手册,每天填写。研学手册的设计有助于学生们养成"每日三省吾身"的习惯,有助于自我管理,有助于各学科素养的渗透,有助于增强民族自豪感,有助于开阔视野、增长见识等。

7.研学汇报。

研学活动虽然结束了,但学生们的研学并没有结束,学生们还需要面对本年级的家长和学生进行研学汇报,这不仅能锻炼学生们的写作和表达能力,还能锻炼学生们的胆识。老师们加以指导,让学生们学会选择不同的角度去思考问题、发现问题,并进行总结和展望。

四、对研学旅行课程的几点建议

1.进一步完善安全保障机制。

《国务院关于促进旅游业改革发展的若干意见》指出,研学旅行必须遵循"教育为本、安全第一"的原则,对我们正确认识中小学研学旅行的意义十分重大。

研学旅行不是亲子游,没有家长的陪同,涉及全班、全年级集体同时外出旅游,因此对安全的要求更高。所以要根据每一个环节、活动地点的具体情况,制订活动方案、安全保障方案及应急预案,建立并形成行之有效的事故处理、责任界定及纠纷处理模式,还要签订安全责任书。

2.让学生参与研学路线的设计。

研学旅行不同于其他普通的旅游产品,从路线设计、景点选择、时间安排等各环节都要特别考虑学生的年龄特点,景点要与学生所学的知识接轨,并让学生参与研学路线的设计。

3.不断创新,不断改进。

追求卓越要靠创新来实现。建议每次活动后老师们都要写活动总结,再坐在一起交流、反思,总结活动的得与失,为下一次研学旅行的路线设计提供依据。

4.完善科学评价机制。

活动过程中、活动结束后,要求学生自我评价、互相评价、总结反思活动的成败与得失,让评选优秀学员的过程和自评、互评的过程,成为学生思想提升、能力增强的过程。

5.建立档案管理制度。

建立研学旅行档案管理制度,妥善管理以下资料:研学旅行主题活动方案,培训记录,照片影像资料,总结材料,教师学生游记专辑,活动评选表彰资料,家长反馈资料,合作单位的相关资料,等等。

开展研学旅行,是落实十八大提出的"把立德树人作为教育的根本任务"的创新举措,是培养学生"德育为先"的重要手段,是拓宽学生"能力为重"的重要渠道,是促进学生全面发展的有机组成部分,更是创新校外教育、深化社会实践的重要途径。让我们用心探索,不断丰富我校的研学旅行课程。

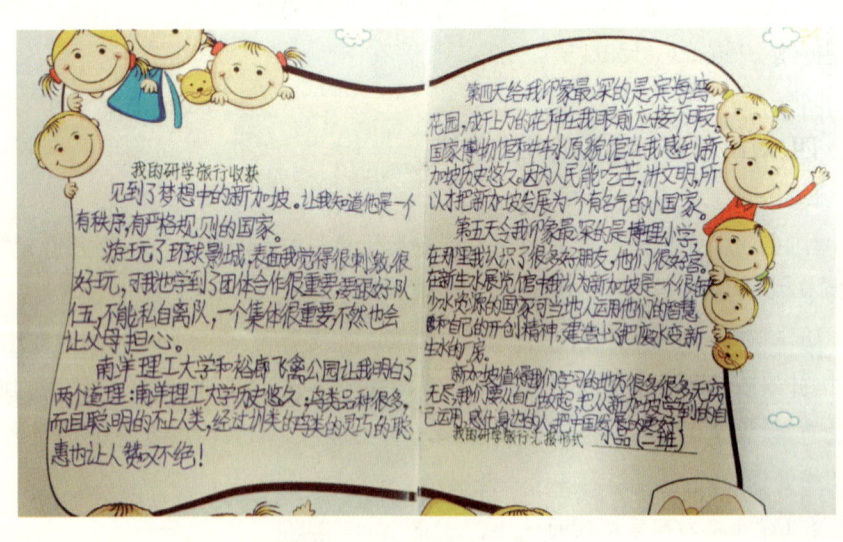

澳洲课程，离我们很远也很近
——读《澳洲课程故事》的思考

文|蔡艳峰

"一个没有理想的人不可能走多远；一个没有理想的学校，也不可能走多远；一个没有理想的教育，更加不可能走多远。"这是"新教育"的创始人朱永新在《澳洲课程故事》总序中的一句话。中国教育呼唤一种追求理想、着眼于未来的精神。让教育的理想植根于我们的学校或者教育人，必须从课程开发与教学模式上进行研究与实施，这才是未来教育发展的方向。

今年暑假有幸拜读了《澳洲课程故事》一书，跟随许新海校长的研究故事，在字里行间中感受着实践与理论的互动魅力，也为心中的困惑找到了一丝光亮。澳洲，离中国很远；澳洲的课程，我们离它还有距离。如果在学习和研究中，我们能找寻到适合我校课程的思想和操作方式，那么我们和澳洲的距离也会很近。

一、读到"稻米"综合课程，想到我们的"异国嘉年华"

这本书的第一个课程故事就是"稻米"综合课程，为了让学生在开阔的国际视野中传承本土文明，结合2004年"国际稻米年"编制了这门大综合课程。从学前班到高中的每个阶段都有着相关的学习内容，社会与环境、英语、数学、科学与技术、音乐与美术等许多课程都开发了与稻米相关的研究专题，与相关国家的稻米历史、饮食文化紧密结合，让学生从小对世界多元文化有一个具体的感受。而这些活动内容不是简单地灌输给学生，而是通过学生的调查、辩论、上网、手工等活动，让学生去发现、去研究、去学习"稻米"的相关知识，让学生对澳洲的产米技术和亚洲的产米技术进行比较、思考和辩论。这门课程的设计是如此连贯、系统、详尽，可见澳洲课程开发的理念及创造力不一般。

看看"稻米"综合课程,再看看我们的"异国嘉年华",同样也是为了让学生在开阔国际视野的同时,认同自己的本土文化。教育意图相同,可是在课程整体设计及实施上却没有澳洲"稻米"综合课程那么完整和科学。

思考与行动

(1)每年我校都会走进一个国家并进行相关专题的研究活动,我们也应该在学校网站上设置相关的研究专题链接。

(2)根据专题,分年级设计"走进××国家研究性学习指导手册",让学生在手册的指导下带着任务进行专题研究,形成完整的研究报告。在这里,老师的关键作用在于提供一个好的课程设计和详细的指导计划,在学生学习过程中遇到困难时能及时提供帮助。

(3)根据专题,分年级设计不同的活动,如折页、小报、手工制作等。

二、读到"学前班的多元文化",想到我们的"启程课程"

看完这个故事,我被学前班学生要完成的《关于我的国家的报告》的报告册给吸引了,学前班的学生还写不了几个字,怎么能写出这么高深的研究报告,看到这个综合课程的设计,我折服了。这让我想到了我们学校启动的"启程课程",是各学科根据"我是小学生""我和班级""我和学校""我心中的××课"四大主题,整合重建的一门综合性课程。但是我们在实施中缺少了学生过程性资料的呈现及收集整理,我们可以借鉴澳洲"多元文化课程"的做法,设计出适合一年级学生操作和记录的方式,为他们记录人生的每一步。

思考与行动

各学科根据四大主题设计记录手册,指导学生以图画为主,写、说相配合的方式,让学生围绕主题进行自我介绍、寻找新朋友、书写名字、解读班名、设计班徽、绘制学校地图、理解校徽的意义、介绍我喜欢的老师、介绍我喜欢的学校节日等,通过学生自己的方式记录与留存,为学生学习生涯的每一步留下宝贵的资料,我相信这有十分重要的意义。

三、读到"野营之旅"和"野营手册",想到我们的"视野课程"

他们把野营活动组织成一个很系统的综合实践活动,在整个活动中综合了语文、数学、科学、社会、环境、地理、历史、文化、体育、音乐、美术等各科目的内容,通过社会实践、环境考察、劳动教育、表演活动、游泳休闲等一系列的活动,巧妙地把各科目的教育内容整合在一起。书中提到的"野营手册",让我很惊叹澳洲老师的课程意识及开放的思想。我们学校设计有"视野课程",从三年级开始,外出有三天、六天、八天的行程,2017年春季学期,我们学校又启动了"毕业旅行",我们主要是以研学的方式来进行课程设置,也设计了"研学手册",涵盖了许多出行技巧及自我教育的内容,相比澳洲的"野营之旅"课程来说,教育目标不一样,都有各自的长处,我们可以在某些细节处借鉴并完善我们的研学手册。

思考与行动

就拿六年级的毕业旅行课程来说吧,六年级是小学阶段的最高年级,学生有一定的外出经验,我们可以通过这个旅行课程培养学生异地生存的能力、团队协作能力及问题研究能力,为学生的小学生涯画上圆满的句号,也

给他们留下了沉甸甸的记忆财富。我们在一周的旅行中可以构建不同地区、不同的活动课程目标，各科目根据目标设计出行程中不同的任务研究单，让学生们带着问题行走，以小组合作的方式进行。在旅行地点的选择中，尽量找有很好教育资源的地点，让学生在真实的环境里学习。在住宿的选择上，我们可以选择一到两个适合露营的基地或者房车基地，让学生体验《澳洲课程故事》中提到的家庭教育的各个方面，分组购买食物，分组打扫驻地，分组进行烹饪菜肴，给学生创造实践活动的机会、条件和空间。

四、读到"信息技术的课程故事"想到我们的"信息技术整合课"

我很自豪我们学校在2014年启动了信息技术整合课，课程的设计理念与澳洲的信息技术课程设计理念有相似之处，但是在信息技术与其他课程科目的整合中，我们在硬件上存在很大的差距。信息技术老师与其他科目老师之间的教学研究、课程开发以及合作教学，都在这两年的实践中逐步地建立起来，有了一定的经验。

思考与行动

（1）信息老师与其他科目老师要寻找一些适合本科目学习及应用的软件，让学生能够通过使用软件来提高学习效率。

（2）可以适当地舍弃教材中不适合学生或者是平时不经常使用的信息技术知识，根据时下与生活紧密相关的技术为主要学习目标，并采用不同形式的强化训练和运用，让学生能够扎实地掌握这门技能。比如PPT的制作，是学生一直会的，还可以延伸出其他的技能。

（3）我们从三年级开始的信息技术整合课是把知识点整合到相应的课程科目中去，如果我们以年级为单位设定一个主题，涵盖每个科目，每周都有信息技术整合课，学生可以在机房里学习、研究，构建出主题式的计算机课程体系。在主题的研究过程中，培养学生收集信息、加工信息、交流和表达信息的能力。

再看澳洲课程和我校的"致明"课程，理念与理想的契合，社会资源与公共设施的差距，科学有效与架构合理的异同，让我觉得有一种"身虽远、心亦近"的感觉。学习是为了让理想走得更远，思考是为了让学校的教育更有意义，行动是为了让教育理想变成现实。澳洲，我们会与你越走越近。

习惯是梦想的翅膀
——外小学生好习惯养成侧记

文|代卫华

走进外小,干净整洁,绿树成荫,环抱着操场的香樟树散发着幽幽的香气。一个班的学生排着整齐的队伍从校门右侧教学楼的楼梯口缓缓地走出,像一列即将入站的火车,安静而又有秩序,这是学生们准备进餐厅吃午餐的时间了。浸着香樟的芬芳,还有学生们无声地"流动"着的美,身临其中的我生怕惊扰了这幅美丽而和谐的画面,不得不放轻自己的脚步,舒缓自己的呼吸,驻足、欣赏、享受这份不期而遇带给我心灵的温暖与柔软,这不正是教育应该浸润的气息吗?

抬眼望,"我从这里走向世界"八个大字高耸楼顶,赫然醒目,它是我们每一位外小师生共同追寻的梦。这个梦将我们与学生间的距离拉近,这个梦将我们与每个家庭紧紧联系在一起。从一个梦到另一个梦,梦又生梦,这些梦会实现吗?在梦中我们又将去向哪里?我们的梦又在何方呢?……其实,在我看来,这个梦已经浸染在我们整洁的校园里了,已经生长在学生们从容而坚定的脚步里了,不是吗?

对待学生的成长应该是理智的,也应该是平和而柔软的。

记得有这样一个故事,有位记者问一位诺贝尔奖得主:"在您的一生里,您认为最重要的东西是在哪所大学、哪个实验室里学到的呢?"这位白发苍苍的诺贝尔奖获得者平静地回答:"是在幼儿园。"记者感到非常惊奇,又问道:"为什么是在幼儿园呢?您认为您在幼儿园里学到了什么呢?"诺贝尔奖获得者微笑着回答:"在幼儿园里,我学会了很多很多。比如:把自己的东西分一半给小伙伴们,不是自己的东西不要拿,东西要放整齐,饭前要洗手,午饭后要休息,做了错事要表示歉意,学习要多思考,要仔细观察大自然。我认为,我学到的全部东西就是这些。"所有在场的人对这位诺贝尔奖获得者的回答报以热烈的掌声。

从这则故事中,我们不难看出,一个人梦想的实现,其实源于习惯。如果说学生在幼儿时期经历了一个习惯养成的启蒙期,那我们在小学阶段是否应该肩负起精心培育学生良好习惯的责任呢?如果说"我从这里走向世界"是外小给学生们未来人生指明的一个目标与方向,那我们是否应该为成就学生们"走向世界"的梦找寻更多的方法呢?我想,答案应该是肯定的。

著名的教育家叶圣陶曾说过:"什么是教育?简单一句话,就是养成良好的习惯。"叶圣陶先生认为,教育的目的就是培养习惯。他说:"我们在学校里受教育,目的在养成习惯、增强能力。我们离开了学校,仍然要从多方面受教育,并且要自

我教育,其目的还是在养成习惯、增强能力。习惯越自然越好,能力越增强越好。"

基于对人的培养的思考,以及先哲先贤的教育经验,外小管理团队带领50多位班主任老师,历经数年的研究与实践,围绕外小"阳光、智慧"两大核心素养,运用描述性的语言对学生的习惯进行分类,归纳提炼出两类习惯的各十个子目标,即学习习惯十条、行为习惯十条。根据学生的身心特点和认知规律,将各条习惯的养成按水平进行划分,细化子目标下的水平培养目标,从而形成"外小学生学习习惯培养体系"和"外小学生行为习惯培养体系",并以此为蓝本,将各级子目标与量化评价相结合汇编了《好习惯养成手册》(低、中、高三个版本)。意在从知、情、意、行四个维度帮助老师、学生、家长理解习惯养成的具体指向,实现习惯养成的量化监控,为学生们的健康发展营造良好的教育生态,从而促进学生良好习惯的养成。

多年来,外小以《好习惯养成手册》为抓手,通过每月好习惯推进计划,月"好习惯之星"评价、周五星班级评价、外小学生一日常规检查、外小学生护照、阳光德育学分等评价机制,既注重学生习惯养成的过程性评价,又将结果性评价与过程性评价相结合。通过日评(家长评价、学生自评)、周评(小组考评、班级评价)、月评(学校表彰)、学期评(综合评价,纳入成长学分)等多种评价方式,促进学生身心的良性转变与健康发展,使学生不断由"他律"走向"自律",不断激励学生的自我进步,进而促进学生良好习惯的自觉形成。

"骐骥一跃,不能十步;驽马十驾,功在不舍。锲而舍之,朽木不折;锲而不舍,金石可镂。"正是多年对学生良好习惯养成的坚持,以及学生对自我习惯养成的不断认识与内化,才有了我踏进校门那一刻的"不期而遇",才有了学生如今的"阳光向上、智慧乐学"。

正如哲学家怀特海在《教育的目的》一书中所说:"当把学校学到的知识忘掉,剩下的那一部分才是教育。"我们将不断行走在教育思考与求真的大道上,我们有理由相信,在学生未来成长的历程中,他们定会因良好的习惯而生活得更幸福,梦想总会如期而至。

附1：

宜昌市外国语实验小学一至六年级学习习惯培养体系表

习惯类别	一、二年级	三、四年级	五、六年级
学会倾听	1.能专注地倾听教师讲解； 2.在课堂上能认真聆听他人发言，并虚心学习他人长处； 3.倾听能持续保持5~10分钟	1.上课不做与学习无关的事； 2.认真倾听并思考，持续10~15分钟左右； 3.在倾听过程中，善于吸纳同学和老师的正确观点	1.善于倾听，不随意打断别人，并学会在重点处做记录； 2.每次可以持续15~20分钟左右，并能针对所讲内容做出相应反应
善于思考	1.听清要求，能够尝试思考； 2.学会举手发言，用简洁的语言简单叙述思考的答案； 3.课堂上与老师同学有不同意见时，可以课后与老师、同学讨论，并寻求解决方法； 4.回答问题时声音洪亮，站得笔直，表述完整清楚	1.能够积极主动思考，有自己的独立见解，不盲目跟从他人的想法； 2.能够有条理地表述思考的过程和答案； 3.回答问题，观点明确，条理清晰	1.针对疑惑处、重难点处能有自己的独立见解与思考； 2.能用多种方式思考，能够有条理、有层次地表述过程、答案并验证； 3.陈述观点，有理有据，有独到见解
敢于提问	1.发言时，保持正确的站姿，口齿清，讲普通话，声音洪亮； 2.学习内容不明确处，乐于向他人或老师提问	1.提出问题清楚，指向明确； 2.勇于提问，不怕说错，并能适当互动	1.有条理地提出质疑，或同时提出多个有效问题； 2.学会辩证认同，及时互动交流，交叉提问，并陈述对问题的困惑
与人合作	1.知道合作和个人的区别； 2.知道自己的任务，尊重他人，认真观察和倾听； 3.会用简短的语言陈述自己的发现和结论； 4.具备团队意识，有合作精神，能接受不同意见	1.能够服从安排，与他人合作； 2.合作过程中，努力完成自己的任务； 3.能够用语言与他人沟通，陈述自己的发现和结论，在小组交流时不影响其他小组	1.服从安排，或自主选择与他人合作； 2.尝试合理分工，提高效率，确保合作的有效性； 3.能主动分享自己的发现，大胆陈述观点，并对他人的意见提出质疑； 4.小组发言有序，汇报落落大方

续表

习惯类别	一、二年级	三、四年级	五、六年级
自主读书	1.喜欢读书,爱惜书籍,不在书籍上乱涂乱画; 2.能借助拼音进行阅读,能了解大致意思,遇到不懂的词语能主动查阅字典学习	1.根据自己的喜好读书,并能使用工具查阅资料; 2.比较有感情地朗读,或能基本理解文章的主要内容; 3.初步养成积累好词好句的习惯	1.养成边读边想、圈点勾画、写读书笔记的习惯,注重知识积累,养成读书的习惯; 2.能较全面理解文章内容与感情,并有感情地朗读; 3.会与人交流读书心得,会使用多种阅读的方法
认真书写	1.书写姿势端正,正确执笔; 2.会使用铅笔或硬笔书写,书写笔顺正确,会使用橡皮等修改工具,保持干净; 3.书写专心,不边玩边写,书写时要先想好再下笔; 4.不在作业本上乱涂乱画,不随便撕作业纸,保持作业本的整洁和完整	1.硬笔书写间架结构合理,美观; 2.知道软笔书写的基本知识; 3.会简单评价自己或他人的书写; 4.书写整洁美观,正确使用涂改液和修正纸	1.软笔书写达到一定水平; 2.字迹工整,书写干净,标点符号规范; 3.养成正确书写、主动练字的习惯,并会简单评价或欣赏规范汉字
自评互评	1.知晓对错、好坏、是非、善恶; 2.学会鼓掌	1.会根据要求简单自评或互评,能够使用简单的语言进行评价; 2.会赞赏他人,不嘲讽他人,主动鼓掌	1.中肯评价自我与他人,并能从态度和表现等方面评价,评价要有根据; 2.善于在评价中学习,主动帮助困难同学
收集资料	1.会使用工具书字典; 2.会根据目录指引查阅	1.会上网打开网页; 2.会使用搜索引擎,直接搜索问题,寻找答案,并会通过查阅图书、走访调查等方式收集资料	1.会使用多种搜索方式,熟练运用网络或其他工具收集资料; 2.会使用文字编辑和表格制作工具,进行资料的分析、归纳、筛选和整合; 3.根据收集的资料,提出个人的见解,作品制作美观大方

续表

习惯类别	一、二年级	三、四年级	五、六年级
动手操作	1.养成整理书包、抽屉、书桌的习惯,课前摆好文具和书本; 2.听清简单指令,并能按照指令去完成; 3.会简单的对折和裁剪方法	1.养成课前预习、收集相关资料,以及学习用品准备的习惯; 2.使用正确方法对电脑开机、关机,会简单的文字和表格处理方法。在家长帮助下制作或演示PPT文稿; 3.能够按照要求,独立完成教科书上的各类操作; 4.在书包中分类放置学习资料	1.课前能对收集的资料进行整理归纳,课后能够比较系统地整理学习内容; 2.能够比较熟练地使用现代信息技术制作和演示PPT、收发邮件等; 3.能够根据自己的兴趣,自己动手进行小实验、小制作、小发明等
完成作业	1.养成按时完成作业的习惯; 2.知道作业等级的不同评价,读懂老师的评价语言; 3.能及时改错	1.会检查自己和他人的作业,并做出简单的评价; 2.养成改错习惯,主动向老师请教	1.养成巩固复习的习惯; 2.学会分析出错的原因,主动改错,并将错题进行整理

附2:

宜昌市外国语实验小学一至六年级行为习惯培养体系表

习惯类别	一、二年级	三、四年级	五、六年级
举止文明	1.学会主动问好,会说"对不起""谢谢"等文明用语; 2.升降旗做到:安静肃立,会唱国歌,着装整洁,佩戴红领巾; 3.在公共场所不喧哗打闹、不乱涂乱画	1.讲普通话,语言文明; 2.集会活动中能自觉维持纪律,保持肃静; 3.在公共场所遵守公共秩序	1.在不同环境下自觉准确地使用礼貌用语; 2.懂得自我约束,并能有效配合老师和同学开展活动
诚实守信	1.知道诚实是一种好品质,不撒谎,敢说真话; 2.生活学习中有借与还的行为意识	1.诚实不说谎,不扭曲事实; 2.自觉借还物品,并能通过自己的努力做到信守承诺	1.自觉地运用诚实守信服务于自己和他人,懂得分辨是非; 2.做事信守承诺,并能有意识地提示他人
尊重他人	1.学会倾听,不打断他人的发言,懂得为他人鼓掌; 2.懂得不打扰他人,不随便拿他人的物品、翻他人的物品; 3.懂得接受批评和向他人道歉	1.能倾听他人的发言,懂得欣赏并为他人鼓掌; 2.能约束自己和他人,不打扰他人,未经允许不随便拿他人的东西; 3.敢于质疑批评,同时勇于接受批评	1.耐心倾听他人的发言,合理地发表自己的见解; 2.对打扰他人或随意拿东西的行为给予提醒和批评; 3.对待批评,能冷静地思考,并分辨是非
守时惜时	1.知道上学、上课不迟到,做好课前准备; 2.能独立完成作业,按时交作业,学会当天的事当天完成; 3.知道各个时间段应该做什么	1.听到铃声迅速进教室,并能提醒身边的小伙伴; 2.按时完成作业,会利用时间做有意义的事; 3.每天有自己的计划,有效率意识	1.有提前准备的意识,懂得守时惜时; 2.懂得合理利用时间,高效完成作业; 3.做事有计划、有目标,能合理分配时间,高效完成任务

续表

习惯类别	一、二年级	三、四年级	五、六年级
懂得感恩	1.知道什么是感恩，能使用基本的语言感谢他人； 2.能接受父母及师长的教诲，做到不顶撞他人； 3.学会帮助他人，并感谢帮助过自己的人； 4.能做力所能及的简单劳动，尊重身边的劳动者	1.懂得感恩，知道在特殊的节日，通过不同形式表达自己的感恩之情； 2.听从教诲，并能努力做到不让父母和师长失望； 3.能主动帮助他人，懂得感谢帮助过自己的人； 4.学会担当，有责任意识	1.自觉感恩，用行动回报父母和师长的爱； 2.有较强的分辨善恶的能力，在感恩中能融入自己的情感； 3.助人为乐，不求回报，对帮助过自己的人铭记于心，力求通过自己的努力回报他人和社会
勤俭节约	1.知道勤俭节约是一种美德； 2.不乱花钱，不随便买三无食品； 3.懂得不挑吃、不挑穿，节约水电，爱惜学习用品，爱护公共财物	1.有勤俭节约的意识，爱惜自己和他人的物品； 2.能自觉开关电源和水龙头，知道浪费是可耻的行为	1.有环保意识，能尝试通过自己的努力变废为宝，创造价值； 2.不仅自己做到节约，而且能通过言行教育身边的人； 3.出行力求节约，倡导低碳生活
遵守秩序	1.知道纪律，明确要求，做到上下楼梯，轻声慢步靠右行； 2.知道交通规则，绿灯行，红灯停； 3.能按要求排队等候，不推挤，遵守集会纪律，不喧哗； 4.公共场所，保持安静，不吵闹，不乱涂乱画	1.在班干部的监督下能做到排队的要求； 2.对交通规则、集会纪律，自觉遵守，并能做到自我约束； 3.公共场所购物乘车懂得提醒他人遵守公共秩序	1.自觉遵守校规校纪，并通过自身行动维护纪律，能合理制止各种违规行为； 2.有一定的法律常识，并能自觉遵守各项法律法规； 3.能反思自己的行为，并及时纠正或加以改进

续表

习惯类别	一、二年级	三、四年级	五、六年级
勤于动手	1.知道自己的事情自己做,能在老师的指导下整理书包、扫地、拖地; 2.能在家长及老师的帮助下,制作贺卡、学具等; 3.能自己收拾自己的物品,做到物归原处	1.能自觉整理自己的物品,能与他人合作完成动手的任务; 2.能正确使用电脑等信息化设备; 3.能在动手中学会思考,并表现出一定的创造力	1.会思考,会动手,能操作较为精密的实验器材; 2.能在动手的过程中发现问题,寻求更科学、更合理的操作方法; 3.能与多人共同合作,完成动手操作的内容
锻炼身体	1.积极参加集体活动和课堂内外的活动,有参加活动的兴趣; 2.会做眼保健操、广播操、健美操等; 3.有运动的兴趣,会跳绳、踢毽,会一两项球类运动; 4.不做危险的活动,不疯闹; 5.身体不舒服时知道寻求帮助	1.积极参与各项体育活动,掌握跑、跳、投等基本运动技能; 2.能用更加标准的身体动作完成广播操、体育舞蹈等活动; 3.具有自我保护的意识,活动中不能伤害他人	1.自觉参与体育锻炼,力求通过身体锻炼提高自身的健康水平; 2.自我保护的能力强,能对自己的行为进行控制和约束,避免自己和他人受伤; 3.能影响身边的人参与锻炼,有主动学习运动技能的意识,并不断突破自己; 4.有安全意识,杜绝危险运动
讲究卫生	1.知道正确洗手的方法,知道饭前便后要洗手; 2.定期整理书包及擦课桌,保持教室的清洁; 3.有良好的个人卫生习惯,做到勤洗澡、勤洗头、勤换衣、勤剪指甲; 4.爱护公共卫生,不随地吐痰,不乱扔杂物等	1.自觉保持室内外清洁卫生,能做好自己的个人卫生; 2.自觉维护公共区域的卫生,能主动拾起地上的垃圾; 3.能对不讲卫生的同学进行提醒或及时报告老师	1.有较好的个人卫生及维护公共卫生的习惯; 2.能发现并监督生活中不卫生的行为; 3.愿意与人合作,进行创造性的劳动,寻找更好的方法保持环境卫生,从而美化校园

附3：

9月份学生习惯养成家庭评价表

_____月_____日至_____月_____日

内容	具体内容	周一	周二	周三	周四	周五
学会倾听	1.和他人讲话时，要面向对方，保持目光接触，专注细心地倾听他人的谈话	••	••	••	••	••
	2.和父母谈话时，不得随意打断，等父母说完再发表自己的观点，和父母交谈要恭敬，不发脾气，不顶撞	••	••	••	••	••
	3.父母呼唤时，要及时回答，父母交代重要事情时，要听清父母说的每一句话，不清楚的问题，可以问父母	••	••	••	••	••
	4.与同学玩耍、交流时，要学会尊重，耐心倾听他人的意见，并发表自己的意见，友善礼貌地对待身边的同学	••	••	••	••	••
	5.当别人发言时，要学会倾听并评价他人的发言，不重复他人的观点，敢于质疑并提出自己的想法	••	••	••	••	••
举止文明	1.在公共场所，不大声喧哗，不乱丢垃圾，爱护公共设施，自觉维护公共秩序	••	••	••	••	••
	2.过马路走斑马线，自觉遵守交通规则，不在马路上嬉戏玩耍	••	••	••	••	••
	3.当家里来客人时，要主动问好，并给客户端茶	••	••	••	••	••
	4.与周围的邻居说话时要有礼貌，不说脏话，能正确使用礼貌用语，如请、谢谢、没关系等	••	••	••	••	••
	5.勤换衣服，勤洗澡，勤剪指甲，勤洗头，讲究个人卫生和仪表，穿着整洁干净	••	••	••	••	••
父母对我说						

评价要求：根据学生的表现给予评价，画"～"表示优秀，画"—"表示良好，画"⌒"表示需努力。

附4:

9月份学生习惯养成学校评价表

_____月_____日至_____月_____日

内容	具体内容	自评	小组评
学会倾听	1.老师讲课时注视老师,保持目光接触,不要东张西望	☆☆☆	☆☆☆
	2.同学发言时不得随意打断,想发表自己的观点,等同学发言完毕再举手发言	☆☆☆	☆☆☆
	3.听老师讲课或听同学发言时,要听清老师或同学说的每一句话,脑子里不想其他事	☆☆☆	☆☆☆
	4.当别人的发言有错时,要学会评价同学的发言,做到不重复他人的观点,要提出新颖的想法	☆☆☆	☆☆☆
举止文明	1.保持良好的姿势,做到坐如钟、立如松、行如风	☆☆☆	☆☆☆
	2.见到来学校的客人主动问好,和同学们友好相处,不为小事打同学的小报告	☆☆☆	☆☆☆
	3.不说脏话,不给同学起绰号,说话时使用礼貌用语,如请、谢谢、没关系等	☆☆☆	☆☆☆
	4.按学校的要求着装,佩戴红领巾	☆☆☆	☆☆☆
老师对我说	了不起!( )　　你真棒( )　　加油!( )		
我对自己说			

评价要求:习惯养成自评与组评分别用"☆"进行评定,优秀☆☆☆,良好☆☆,需努力☆。

一张课表的故事

文 | 望鸣晖

2014年的秋季学期正式开始了，一张张课表发到了外小的每间教室，这次的课表可与之前的完全不一样了！奇奇怪怪的课表引得学生们好奇地挤破脑袋想先探个究竟，七嘴八舌的声音不断从大小脑袋中传了出来。

"咦？课表怎么变成这样了啊？""语文课叫语言与阅读，英语课也叫语言与阅读！""数学和科学课叫数学与科技。"……

这奇怪的课表中的大课时有1个小时，9节课分别分布在每天上午和下午的第一节课，其他课时分别为35分钟至40分钟的基础课时，也有20分钟的短课时（夕会课）。

原来这是外小进行课程改革的第一个学期启用的新课程表。学校尝试打破国家课程中各学科间的壁垒，精简、整合国家课程，补充合适的校本课程，形成一套基于国家课程且高于国家标准的"1+X+Y"的课程体系。学校把所有课程进行分类整合，整合成五大领域：语言与阅读、数学与科技、品德与社会、艺术与审美、体育与健康。语言与阅读包括语文和英语，核心是语言的听说读写；数学与科技包括数学、科学、信息技术和综合实践，核心是培养学生理性思考和动手实践的能力；品德与社会包括品德与生活、心理健康等课程，核心是培养具有良好思想品质的人；艺术与审美包括音乐、美术和书法课程，核心是发展学生的审美和艺术能力；体育与健康课程，核心是促进学生的健康成长。这种整合，有利于抓住学科之间共同的属性，避免分科过细造成的问题，同时也有利于学科之间的内容整合，发挥不同学科在育人上的整合效应。

记得学校刚决定进行课程改革时，老师们大吃一惊，要从传统的课程结构转变成一个全新的课程结构,很多老师是不能接受这样巨大的变化的。习惯了这么多年的课程结构改变了,有的老师觉得很不适应,有的老师有抵触情绪,甚至还出现了各种不同的声音。为了转变老师们的教育观念,学校花费了大量的时间组织老师们学习,学校还分批组织老师到清华大学附属小学学习和观摩课程教学,了解课程改革的实效。学习归来后,老师们通过全体教师大会详细地向每位老师介绍了自己的所见所闻。一张张鲜活的照片,一个个富有实效性的教学实例呈现在老师们的眼前,使老师们的思想都发生了根本的转变,大家了解了课程改革对学生带来的好处,质疑声变小了,取而代之的是大家积极利用假期休息时间,主动投身到课程改革之中,努力学习,主动钻研教材,甚至自己挖掘、补充课程资源。其中不乏激烈的讨论、面红耳赤的辩驳,但最终都能找到合适的方式,达成学科的统一目标。

经过一段时间的实践,第一轮听课完毕后,校长召集了学科主任、骨干教师、教研组长开会,集中听取老师们对改革实施的意见。有的老师觉得一年级学生年龄太小,注意力集中的时间短,不能适应1个小时的大课,甚至有的家长也担忧不已,大家顿时热烈地讨论起来,积极提出一些可行办法,最后一致认为,课中可以加入活动或游戏,缓解学生的疲劳,解决大课时的问题。还有的老师觉得1个小时的课与40分钟的课在课时工资的计算中要能体现多劳多得,校长也立刻给予了肯定的答复……会议一直持续到晚上9点多钟,但老师们依然兴致勃勃,各抒己见……

经过一学期的教学实践,学校紧密跟踪调研,形成了阶段性的小结。当假期到来,老师们都没有放假,主动开展教研活动,总结一个学期的所得,并大胆摒弃不合理的地方,探讨可行的方式和方法解决问题,使学校的课程改革更趋于科学合理。

老师们一致认为,大课时不在于多,而在于合适,以前每天上午和下午各有一节大课时,老师们认为下午大课时安排不合理、效率不高,所以我们课表中的9个大课时变为了上午5个大课时和周三下午1个大课时,因为周三下午是我们的"无书写作业日",这样的安排更科学,更合理。

老师队伍的素质决定着课程改革的成败,老师们齐心协力,团结一心,为了共同的心愿——一切为了学生的发展而努力着。

创意水果拼盘大比拼
——"综合实践统整周"侧记

文 | 付振强

每学期第十一周为我校"综合实践统整周"。2017年春季学期除了各学科的综合实践课开足、开齐之外,我们还开设了实践体验课程、博物课程、悦读节等课程和活动。

实践体验课程为:一年级系红领巾、系鞋带;二年级擦桌子、椅子,整理书包;三年级制作创意水果拼盘;四年级包饺子……

在举办这次"创意水果拼盘大比拼"活动前,大家都认为这是学校和老师的事情,其实这样是不对的,家长们的参与真的很重要,重要性不仅仅体现在口头上,还要落实到行动中,必须端正我们家长的态度。为孩子分配简单工作,是对孩子极大的信任!其实他们非常情愿与我们一起完成各种有趣的任务。

活动结束一周后,301班毛玄奥同学的妈妈向我们分享了她们家的故事。

三年级这次综合实践活动考核项目是"创意水果拼盘",计划是要提前一天在家里进行比赛。首先由我确定水果材料(统一用苹果、香蕉、梨子、葡萄、番茄)和奖励(胜者可以要求对方做一件事情)。儿子小毛提议我们在网上查看有关资料和图片,我们一起浏览了很多有趣可爱的水果拼盘图片并分别表达自己对创意的理解和认识(这一步很关键,因为可以激发我们对生活的渴望和激情)。接下来比赛有条不紊地开始了,我的创意水果拼盘是"香蕉船",小毛的创意水果拼盘是"米奇",听起来是不是觉得我做的拼盘没有创意(实在想不出来)。确实孩子的想象力很丰富,他用苹果做了头,小小的牙签上插着小番茄当作耳朵,把葡萄切成月牙形状当作弯弯的眼睛和嘴巴,剩余的水果制作成了漂亮的裙摆,栩栩如生的小米奇出现在了餐盘上。小毛拿着他的成品得意的摆在爸爸的面前,毫不掩饰地叫到:"老爸,请为我们做个评判,究竟谁是胜利者?"爸爸认真地看了看这个夸张的"米奇"和我的"香蕉船",米奇仿佛是杰克船长,可以随时控制我的小船。爸爸宣布小毛胜利了,小家伙手舞足蹈,命令我必须马上传到301班的微信群,展示一下他的胜利品,而我这个失败者毫无反抗地顺从了他。而后面最重要的环节终于该妈妈我掌控了,游戏前的约定是自己使用的原材料必须自己负责全部回收。趁热打铁,我马上教了他正确的切菜方法,他学得还挺快,并在我的指导下学会了番茄炒鸡蛋。第二天,小毛兴奋又快速地凭着前一天晚上的记忆完成了创意水果大拼盘,老师、同学都啧啧称奇,夸小毛的水果拼盘做得既漂亮又有创意。

过了几天,我加班回家,家里没有人,小毛竟然独自在家亲手为我做了一盘番茄炒鸡蛋。虽然他直接切掉了一半番茄有点可惜,因为他说上面有点硬,但是作为母亲的我,顿时泪流满面。小毛,妈妈再也不用担心你饿肚子了。

有些目标靠一个人是完成不了的,需要每一个家庭成员共同配合完成,我们不要总在教育孩子方面指责对方,同时也要想一想我们都做了些什么。分数固然重要,但是我觉得孩子动手能力和思想水平的提高要远远比分数的增加更有意义。感谢学校组织的"综合实践统整周"活动,感谢学校给了我们与孩子一起创作、一起成长的机会。

是的,小毛的妈妈只是众多家长中的一个。所有的家长不仅在见证了孩子的成长,也都在参与孩子的成长。

"综合实践统整周"的开放日当天,我们不但进行了实践体验课的验收活动,还进行了体育项目检测、读书展示、博物课程等活动。

"综合实践统整周"活动,不仅是对我校深化国际理解教育、全面推进"253"课程改革的成果展示,也是我校实施素质教育的创新举措。整个活动过程,以突出综合性、实践性、体验性为主,充分体现了以学生为主体、家长深度参与、注重多元评价的教育思想。

附：
2016至2017学年"综合实践统整周"实施方案

一、指导思想

今年是我校深化国际理解教育、全面推进课程改革的第三年。开设综合实践活动，旨在培养学生动手能力和创新意识，这既是全面贯彻国家教育方针的举措，也是在新的历史时期，践行和落实社会主义核心价值观以及"立德树人"指导意见的重要举措，这与我校基于学生"阳光、智慧"核心素养培养的理念也是一致的。

外小综合实践活动贯穿于学校教育、家庭教育和社会教育的全过程。结合学校的课程改革，学校在内容、时间和空间上对部分可以关联的综合实践内容进行了统整。希望通过这种方式，不仅有利于综合实践活动内容的落实，更希望达到增效的目的。本学年的"综合实践统整周"安排有五个内容，引入了生活自理技能、体育家庭作业和阅读情况检测，更加突出"综合性"和"实践性"，强调以学生为主体，教师为主导，家长深度参与，注重多元评价，强调过程性评价和发展性评价，为学生搭建实践性学习与自我展示的平台，促进学生健康、快乐的发展。

二、"综合实践统整周"时间

"综合实践统整周"的时间为每学期第十一周。

三、"综合实践统整周"的具体内容及措施

(一)学科延伸课程

学科延伸课程是根据外小"致明"课程的结构体系，并结合外小每年开展的"异国嘉年华"主题活动而设置的，内容见下表。

学科延伸课程表

学科	类别	具体内容		负责人
语文	国学经典	秋季:国学经典	春季:国学经典及外国文学	学科主任
数学	思维游戏	"让思维灵动起来"等数学游戏		学科主任
英语	绘本阅读	秋季:《英语绘本》	春季:《英语绘本》及外国文化渗透	学科主任
体育	游戏教学	秋季:外国特色游戏及体育项目	春季:中国传统游戏及体育项目	备课组长
音乐	器乐展示	外国音乐、舞蹈作品欣赏		备课组长
美术	主题画展	外国美术作品欣赏及创作		备课组长
科学	分类探究	生物探究(教材) 主题性研究(宜昌) 生态环境探究(教材) 纸桥的制作与分享(教材)	走进科学家(自选) 奇思妙想(小改进) 小实验及研究报告 科技探究	备课组长

实施策略:由各学科教师组织实施,并在家长开放日中通过学生互评、家长评价和教师评价完成学科延伸性课程的评价,家长深度参与。

(二)实践体验课程

结合"320体验成长计划"及外小体验类课程的设置,依据学生年龄特点开展不同主题的实践体验类活动,旨在提高学生生活的技能,提升学生的综合能力。课程内容见下表。

实践体验课程表

年级	类别	内容	
一	自理能力	秋季:整理书包、系鞋带	春季:扫地、拖地(家中录制视频)
二		秋季:洗碗、叠被子(视频)	春季:洗小件衣物(家中录制视频)
三		秋季:规范叠衣物(校服、衬衣及西裤)	春季:水果沙拉或凉拌菜(家中录制视频)
四	帮厨体验	秋季:刨土豆、掰大蒜	春季:番茄炒鸡蛋(家中录制视频)
五	自护自救	秋季:电梯安全、小伤口包扎	春季:心脏复苏、人工呼吸
六	理财消费	秋季:走进银行,学习金融相关知识,学会办理个人银行卡	春季:走进初中,开展初中生活一日体验

实施策略:由年级组长负责策划及组织,并通过自评、家长评和教师评来完成"'综合实践统整周'实践活动评价表",上交学生发展处。

(三)博物课程

充分挖掘家长及社会有效资源,邀请家长或社会人士根据自己的兴趣特长自主申报,走进课堂给学生上课,开阔学生的视野,培养学生的综合素养。

实施策略:博物课程可以年级为单位,确定一个主题,也可以各班确定不同的主题,时间为一节课(35~40分钟),各年级分别确定上课时间。年级组长负责策划及组织,确定授课人员后填写"'综合实践统整周'博物课程计划表",上交学生发展处。

(四)家长开放日安排

每学期的家长开放日设置在"综合实践统整周"的最后一天,一般安排有四到五个板块,包括学科延伸课程的展示与评价、实践体验课程的现场考核、学生体育家庭作业的验收、学校主题活动展示以及家长会等内容。校区可根据本校区的实情合理安排。

秋季学期家长开放日安排见下表。

家长开放日安排表

时间	内容	负责人
第一节大课	1.语文经典诵读展示 2.海量阅读评价(语文教师准备试卷及答案,家长考核并记载)	语文教师 班主任
第二基础课时	英语(诵读、对话、演唱)、音乐(器乐)、美术(作品)、科学展示及学生自评、家长评价	副班主任
大课间	展示体育家庭作业测评(家长评价)	班主任 体育教师
第三、四节课	各年级开展实践体验类课程的现场考核及评价	班主任 副班主任
14:30—15:30	社团观摩及展示	社团负责人
15:30—16:30	家长会	班主任

触动就要行动

文 | 陈莉

> 人不是因为知道而改变，而是因为触动而改变。
>
> ——李育新

忽如一夜春风来

2015年7月，我与张群英老师一起赴深圳学习微课及翻转课堂。其实，早在2015年2月的学校管理论坛上，我对微课及翻转课堂就有所耳闻。

记得那次论坛的主题是"4G时代给教育的启示"。在那次论坛中，我们意识到教育行业将进入智能时代。电子书包、多媒体课堂、O2O教育……各式各样、令人目不暇接的教育方式，可能很快就会来到我们身边。当时，我们还觉得这只是一个趋势，离我们的课堂教学还有一定的距离。

可是，在深圳的学习中，我们了解到可汗学院、慕课、网易公开课、阳光书包、洋葱数学已经成为教育界的常见名词，与我们的距离并不遥远。重庆聚奎中学的视频课程已经成为流行的学习方式；广州的胡小勇教授更是向我们提出了"技术不能取代教师，但抗拒技术的教师终将被取代"的概念。这些现代技术真是"忽如一夜春风来"呀！

千树万树梨花开

2015年9月，学校为了给每一个老师搭建专业成长的平台，提供成长的机会，研究决定本学期教师素养展评内容是微课大赛。这与宜昌市下达的《关于举办宜昌市第五届教师信息化教学大赛的通知》中的精神不谋而合，学校要求老师

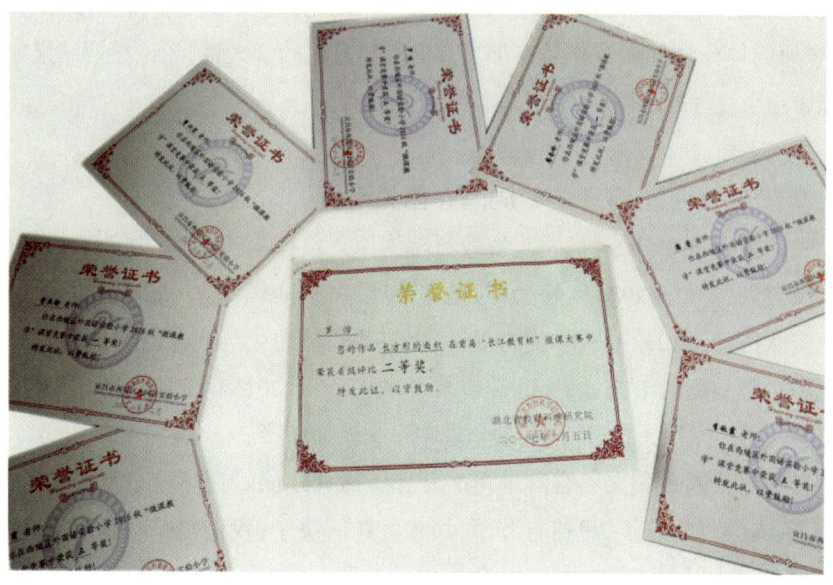

们积极参加。作为教师发展处主任,我义不容辞地带领老师们开始踏上漫漫微课之旅。

当每个教研组接到制作微课参赛的通知时,大家就像当初的我一样觉得微课离我们那么遥远,如何制作？技术问题是一个大难题。

为了帮助每位老师解决实际困难,学校请胡俊老师做了一次微课技术培训。胡老师率先尝试利用Power Point 2010、Power Point 2007屏幕录制法录制了一节微课,在培训时播放给全校老师观看。老师们兴致勃勃地看着,当熟悉的PPT画面从微课视频中传来时,大家感到微课离我们是那么近。紧接着,胡老师进行了Power Point 2010、Power Point 2007屏幕录制法微课制作培训。原来,我们可以利用耳麦同步录制自己的声音,制作微课是那么简单。老师们心中的疑虑顿时打消了。我也当场表态:"好像不是很复杂,我愿意来试一试！不管大家做不做,我一定会尝试着做一节微课。"大家也纷纷表示愿意参赛。

老师们开始认真学习相关知识,通过潜心研究,用心准备,从微课选题、创意、设计理念、内容呈现、制作技术等方面分析优秀的微课作品,学习借鉴其优点。同时,剖析设计欠佳的微课作品,总结微课创作中的常见问题和误区。通过对优秀的和设计欠佳的两类微课作品的对比分析,老师们建构了自己对微课的独特理解和设计思路。老师们经常忙到凌晨三四点钟才能休息。经过潜心研究、用心准备，老师们共有15件微课作品参加了宜昌市信息化教学大赛，无论参赛结果如何，在经历这个过程的这段时间中，我们收获了成长。

满园春色关不住

时间来到2016年5月，湖北省教科院为深入贯彻落实教育部《教育信息化十年发展规划（2011—2020年）》精神，扎实开展"一师一优课、一课一名师"活动，推动师资队伍建设和教师教学能力提升，促进教育信息化与学科教学的深度融合，优化中小学教师教学方式，提高教育教学水平，定于2016年5月至10月举办首届"长江教育杯"微课大赛，广泛发动全省中小学教师参赛。

尝到甜头的我们义不容辞地再次开始了微课之旅。在学校去年微课大赛的基础上，大家经验有了，思路打开了，技术问题解决了，我们轻车熟路地完成了参赛作品。这次活动，我校共有90余件作品参赛，其中有61件作品获得了省级奖项，因获奖作品综合排序在全省前二十名，我校被省教研室授予了"湖北省中小学微课推广实验基地"的称号。

微课的制作是为了辅助课堂教学，它可以提高教学效率，满足学生自主学习和发展的需要，对教学具有深远的现实意义。为此，在微课制作的基础上，2016年秋，学校又紧锣密鼓地开展了老师微课教学竞赛活动。教学过程中，有的老师将微课用于课堂热身导入，有的老师将微课用于知识点的新授，有的老师则在课堂练习巩固的过程中使用微课教学。这样，整个教学过程既直观易懂，又生动有趣，大大提高了课堂的教学效率，也使得学习不再是学生被动地由老师牵着鼻子走，课堂发生了可喜的改变。

亲身下河知深浅，亲口尝梨知酸甜。我们有天生的一种惰性，因为怕麻烦，总不愿去接受新事物，希望用最少的付出，走最少的弯路，获得最大的收益。其实，有些事情并非我们所想象的那么复杂，只要努力，许多事情坚持一下也能够完成。成功的快乐，不仅仅在于到达奋斗的终点，更在于拼搏的过程。

回想微课制作的学习过程，还真是与以往不同，以往我们只是学习时激动不已，事后谈谈而已。如今，我们却因为学习而触动，我们在工作中行动，在行动中又不断地提高教学水平，慢慢地改变着自己，努力成为一名掌握现代教育技术的老师。

开学第一周

文|陈露露

"这个寒假,我的收获可不少!我回到老家福建,那里过年可跟我们宜昌一样,他们放鞭炮,还祭拜自己的祖先!"教室里,一个学生正在讲台上绘声绘色地分享他的寒假生活。坐在下面的学生听得津津有味,仿佛身临其境。如果大家以为这是一次寒假过后的班会课,那就大错特错啦!因为这样的分享和评价将持续整整一周,这样的一周,很特别吧!

快乐体验

在外小,学生们步入寒暑假之前,每个人都会拿到一本《寒暑假体验手册》。这本手册的制作,汇集了全校老师的心血。老师们将学科知识与各项体验活动结合起来,这本手册既有知识性,又有趣味性,里面的内容丰富多彩。

翻开体验手册,扉页是"致家长们的一封信",感谢这一学期家长们的细心陪伴。紧接着映入眼帘的是《好习惯伴我阳光成长》,文章教育学生们要将好习惯的养成真正落实到每一天。再往后翻,就是为学生们特别定制的六道"精美大餐"。

"快乐旅行"——学生们在父母的带领下进行一场亲子旅游,感受当地的风土人情,享受父母陪伴的快乐。这也是每个学生分享时最快乐的回忆。

"快乐阅读"——为每个年级的学生推荐两本寒暑假必读图书。根据不同的年龄段,学生们读完后可以复述、画思维导图或者写读书笔记记录自己的读书心得,使假期的快乐阅读真正得到落实。阅读小能手正好可以展示他们的实力。

"快乐小当家"——将数学真正与生活结合。学生们需要自己列出购物清单,比较价格,选择最经济实惠的方式购买食材。擅长数学的学生一定会喜欢这道

"菜"。

"快乐创造"——结合我们的传统节日,设置制作灯笼等活动,这可是考验学生们创新能力和动手能力的时候哦!

"快乐运动"——为了让学生们从小有健康的体魄,我们鼓励学生们将锻炼的过程记录下来,坚持天天锻炼。

"生态好市民"——学生们关注时事热点,与时代同进步。这可是爱研究、好提问的学生们最爱的一个板块呢!

瞧,有了这么多丰富多彩的体验活动,学生们的假期快乐而又充实。

快乐评价

在外小,开学第一周,学生们不用马上投入到课堂的学习,而是可以尽情分享自己的寒暑假生活,我们的评价体系也是别出心裁。

语文课上,学生们争先恐后地展示自己在假期所读的书,开展"读书分享会"和"好书推荐会"活动。数学课上,学生们举着照片,展示自己勤俭持家的劳动成果,"圆角分"之间的换算不再糊涂,"时间"的加减法也不再迷茫。英语课上,学生们唱着好听的英文歌,自信地随着节拍起舞。美术课上,一件件精美的手工作品,一幅幅生动的设计作品,展示着学生们无限的想象力。体育课上,跳绳比赛、踢毽子大赛等活动层出不穷,学生们恨不得让所有人都来看看自己的进步……

学生们过得充实,老师们就更忙碌了。各科老师根据学生们的表现,为学生们打"星"。每位科任老师再把评价表汇总给班主任老师,班主任老师将在第一周的最后一天,公布学生们的"星级评价表"。这一天,每个学生都能获得"星级"称号,从"一星体验小先锋"到"六星体验小先锋",做得特别好的甚至还可以获得"七星体验小先锋"的称号呢!经过这快乐而又充实的一周,每个学生都能捧着一张奖状回家,这不仅是对寒暑假体验活动的一次肯定,更是对学生们的一种鞭策,学生们感到特别充实!

在外小,寒暑假不再是一次漫长的放松,也不再是一场书海和题海的风暴,而是一场真正的"阳光体验,快乐同行"!不一样的第一周,不一样的外小课程,学生们在这里有不一样的童年!

启程月里欢乐多

文|艾文卿

每年开学季,你是否会发现很多幼儿园和小学门口出现了"神秘人"?他们不是坏人,也不是人贩子,只是一群操心的爸爸妈妈们,唯恐孩子第一天上学不适应,想多看几眼。然而,半个月过去了,部分学校门口并没有恢复平静,因为还是有些孩子不能适应新环境,爸妈们束手无策,很多一年级老师对此也很头痛。

我校也不例外,开学初期,常常一大清早接到家长的电话:"喂,老师,我看到我家孩子进教室20分钟都没出来,我怕她还没吃早饭,麻烦您帮我看看。"我也常常会收到这样的短消息:"老师,小孩上学了,我感觉自己比他还紧张,要是孩子上课坐不住怎么办,想妈妈怎么办……"

另一方面,孩子们也没闲着,常常上课不到十分钟就开始问各种问题。

"老师,可以吃饭了吗?"

"老师,可以看动画片吗?"

"老师,可以回家了吗?"

或者是上课上到一半,突然出现各种状况。

"这位小朋友你站起来干吗?""我要撒尿!"

"这位小朋友你爬地上干吗?""老师,我的铅笔掉了!"

或者是下课了,孩子们不停向老师求助。

"老师,我不会系鞋带。"

"老师,他打我!"

"老师,他……"

家长紧张,孩子糊涂,其实他们需要的是幼小衔接,对于一年级新生的不适应状况,比起亡羊补牢,更好的解决办法是未雨绸缪。在外小,我们是这样做的。

外小设置了一个月的启程月课程,较好地解决了这个难题。开学的第一个月,各学科的老师不急于上教材上的内容,而是围绕"我是小学生""我和班级""我和学校""我心中的课程"四大主题设置综合性体验活动,增强趣味性、实践性、操作性,注重学习与生活的整合,拼音等难度稍大的教学内容适当延后,拒绝突然的

宁静的改变

约束，拒绝突然的学习压力，给孩子们一个适应的过程，较好地实现平稳过渡。

数学课上，孩子们又跳又唱："一拍手，二拍胸，三搅搅，四拉弓……"有时候，又听到"咚咚咚"的声音，原来是老师在敲鼓，孩子们在听鼓声摆数字呢！启程第一周，孩子们在游戏当中，不仅认识了学校、熟悉了班级、爱上了同学，还轻轻松松地学完了数学第一单元《生活中的数》。

有时候，在教室里也会听到这样的声音：

"请你按我口令做：男生起，女生坐。

长发举起手，短发拍拍手。

一三五组点点头，二四六组拍拍手。"

孩子们可活跃了，手脚、小脑袋忙得不亦乐乎，还会整理书包，整理课桌，收拾百宝箱呢！原来，启程第二周，我们将课本上第四单元关于分类的内容进行整合，展开活动课教学，贴近生活的课堂。这使孩子们不仅熟悉了课堂，也有了更强的自理能力，更好地融入小学生的学习中来了。

经过快乐的启程月之后，孩子们互相熟悉了，和老师有感情了，在课堂上有规矩了，家长也放心了。孩子们再进入小学学习模式，家长们会发现一切刚刚好。

附1：

一年级"启程月"课程计划表

学科：语文

时间	主题	主题解析	学科设计思路	分课时教学目标	分课时教学内容
第一周	我是小学生	小学生的校内、校外一日行为习惯及学习常规，各学科的课堂常规等，旨在让学生适应小学生活	第一周语文启程课《我是小学生》的内容与语文课本中的第一部分《我上学了》的入学教育高度吻合。两者完全可以融合在一起教学。教学过程中以歌曲、谈话、采访、图片等形式再现情景，引出校内、校外一日常规、课堂学习常规及课间安全常规的儿歌。通过反复诵读、比赛读、师生分角色背读等形式，让学生在轻松愉悦的氛围中牢记小学应遵守的常规、课间安全要求等，并让学生了解外小习惯养成手册的内容，鼓励学生努力养成好习惯	第一大课时（作息时间）：不迟到，不早退。第二大课时（课堂常规）：听懂上下课铃声；举手示意不插嘴；摆放书本和文具。第三大课时（课间十分钟）：注意安全不嬉戏；上好厕所，喝好水；做好课前的准备	第一大课时：语文课本入学教育《我是中国人》《我是小学生》《上学歌》《作息时间儿歌》。第二大课时：语文课本入学教育《我爱学语文》，初步了解语文听说读写的特点；课堂常规儿歌；外小一日常规，了解外小习惯手册的内容和填写方式。第三大课时：语文课本识字《天地人》《金木水火土》；引出课间十分钟常规习惯要求——安全、文明，做好下节课的准备
第二周	我和班级	各学科老师引导学生较快融入班级，熟悉班级老师及学生，并设计班名、班会及班歌等，让学生成为班级的小主人	第二周学生已经对班级有了一定的认识，根据对身体器官名称的学习，可以拓展出班级，也应该有班级的名称，根据身体行为准则、大自然的法则，可以引出对班级公约的制定和对班级公物的爱护。第二周开始对新同学和新老师有了一定的认识，在这周的课程中，将学生们对自己和同学的介绍融入其中，让学生们更深刻感受到集体生活的乐趣	第一大课时：讨论班名和班训。第二大课时：认识班级公物，提出保护要求。第三大课时：说说你的新同学，讲讲你的新老师；回忆幼儿园，感怀师恩	第一大课时：语文课本识字《口耳目》，学习儿歌"站如松，坐如钟，行如风，卧如弓"。根据身体器官有自己的名字，引出班级也要有自己的名字。第二大课时：语文课本识字《日月水火》，看图猜字，学习字、词句的运用，根据大自然有大自然的法则，引出班级也应该有自己的规矩，教育学生要保护班级公物。第三大课时：语文课本识字《对韵歌》，语文园地"识字加油站"，说一说新同学和新老师，感怀师恩

续表

时间	主题	主题解析	学科设计思路	分课时教学目标	分课时教学内容
第三周	我和学校	通过不同学科的角度了解外小文化,并认识校徽、学唱校歌及了解学校的相关活动及课程等	1.第三周,学生开始学习拼音,利用拼音字母的音和形的特点,让学生了解外小文化和丰富多彩的活动。比如,通过"a"的形状像一个扎着辫子的小女孩的脑袋,让学生初步认识女孩和男孩的特点,做好性别教育,引出我校有趣的节日——男孩节、女孩节,课间休息时间播放我校男孩节、女孩节活动的视频,激发学生对学校生活的热爱; 2.带学生实地参观,认识学校功能室、办公室,并进行礼仪教育	第一大课时:做好性别教育,初步认识男女;回顾男孩节和女孩节,做好相关准备。 第二大课时:了解阅读节,公布必读书;认识阅读卡,学填阅读卡。 第三大课时:了解其他活动,进行学生素养展评	第一大课时:学习课文《a o e》;初步认识男女,回顾男孩节和女孩节。 第二大课时:汉语拼音《i u ü》;学背外小学生誓词。 第三个大课时:学习课文《b p m f》;了解学校其他丰富多彩的活动和学生素养展评
第四周	我心中的课	通过前三周的学习及活动,学科教师带领学生回顾学科认识,通过说一说、演一演、画一画对学科的了解,巩固学科的基本认识	本周是对前三周启程课程的回顾和总结,因此启程教育结合复习总结进行。 1.根据前期的学习,总结出一套预习和复习的方法,为后期学习做好充分的习惯准备,也可以及时将这些好方法运用到拼音教学中。 2.阅读兴趣已经有了一定的积累,这周的阅读课将再次教学生关于道理的儿歌,让学生在学习儿歌的同时,学会好的学习和生活方法	第一大课时:说说你心中的语文老师。 第二大课时:说说你在语文课上学到了什么;说说以后还想学习什么。 第三大课时:交流语文预习、复习方法	第一大课时:学习课文《d t n l》,谈谈对语文老师的期望。 第二大课时:学习课文《g k h》,回顾语文所学内容,完成识字卡,交流语文其他学习内容。 第三大课时:学习课文《j q x》,交流语文预习和复习的方法

附2：

一年级语文"我上学了"教学设计

执教：陈蓉

教学内容：入学教育"我上学了"，养成良好的作息习惯。

教学目标：

1.观察图画内容，使学生初步了解学校生活、自己的国家、民族，感受教师的亲切、同学的友爱、语文学习的快乐和校园生活的丰富多彩。

2.依据图画的提示，对学生进行热爱祖国、热爱国旗、热爱学习、遵守纪律、团结友爱等方面的入学常规教育和良好学习习惯的养成教育。

3.观察与演练结合，培养学生与老师、同学友好交谈的兴趣。

4.教育学生不迟到、不早退、养成良好的作息习惯。

教学重点：儿歌《上学歌》。

教学难点：儿歌《上学歌》。

教学准备：有关国旗、国歌和《上学歌》的课件。

课时安排：两个课时。

教学过程：

一、启程导入

1.师：同学们，今天我们正式上课了！

今天，同学们都早早来到了学校，没有一个迟到，你们是怎么做到的呢？早上起来都做了些什么呢？

让学生自由交流。

2.师：看来呀，只要早上按时起床，抓紧时间穿衣、刷牙、洗脸，像一个小小的战士一样，我们是不会迟到的。那今天老师送你们一首《作息歌》，它会时刻提醒我们。

老师出示儿歌。

作息歌

小小闹钟，铃铃铃，
六点半钟，快快起。
鲤鱼打挺，把衣穿，

洗脸刷牙,又梳头。

七点钟到,把学上,

按时到校,不迟到,

太阳公公,哈哈笑!

3.老师指导学生诵读儿歌,边读边拍手。

二、过渡

师:太阳公公看我们按时在课堂上学习,笑得更欢了,那下面我们继续开心快乐地学习吧!(进行语文课程内容的学习)

三、板书:《我上学了》

请学生们看书中入学教育第一幅图:

1.这是什么地方?(长城)

2.画面上有什么人?(学生)

3.他们在做什么?(背着书包上学)

4.他们可能在说些什么?

5.请给第一幅图起个名字。(以"我是中国人"为主题)

四、教学注意事项

1.观察后,可以请学生在图上指出每个同学的民族服装。

2.老师引导学生讨论:入学第一天,猜一猜,学生见到老师应该说什么? 老师会对学生说什么? 老师切忌答案求同,只要学生回答的意思是正确的,都要鼓励。之后,引导学生进行情境演练。创设情境演练,使入学教育形象化、具体化,落到实处。

老师和学生一起模拟相互问候的情景,并告诉学生每天第一次见面时见到老师都要向老师问好。老师和学生共同模拟练习。

(1)同学们,你们是哪个国家的人?

(2)我们的国家叫什么名字?

(3)谁愿意把我们国家的名字读给大家听?(中国)

(4)你愿意把这些字教给大家吗?

五、说一说图片上你还看到了什么? 你知道这里吗?

可以让学生分小组交流讨论、学习,让所有的学生都知道,五星红旗是我国的国旗,图片上的建筑是天安门。

六、初步学习儿歌《上学歌》

1.播放音乐,让学生欣赏音乐。

2.老师读儿歌。

3.老师领读。

4.让学生自己读儿歌,分小组朗读。

七、了解《上学歌》的基本意思

1.老师讲解《上学歌》的基本意思。

2.教育学生上学要遵守纪律,不迟到,不早退。

八、学唱《上学歌》

宁静的改变

第一节iPad课

文|马云

身为一名年轻人,我喜欢尝试一些新鲜的事物,我也想把新鲜感带到课堂中去。去年我有幸被学校选中作为iPad课堂试点教师,让我从此与iPad结缘。但是如何上好iPad课,却是我一直在不断学习和思考的。

还记得我给学生上的第一节iPad课,课题是巧算。在我看来,这节课也许是最不适合用iPad课堂模式上的。因为这是需要学生们大量动笔计算的一节课,往往更注重感悟和体验,很难用微视频的方式呈现出来。

现在想来,当初的想法真的是有点狭隘。我的脑子里实际上还是在想,我要

给学生们讲些什么,而没有关注学生们想知道些什么。而且,我单纯地认为,只有讲微课才叫 iPad 课堂,全然没有意识到,只有老师的观念真正转变了,才能实现课堂的转变,从而实现学生学习方式的转变。

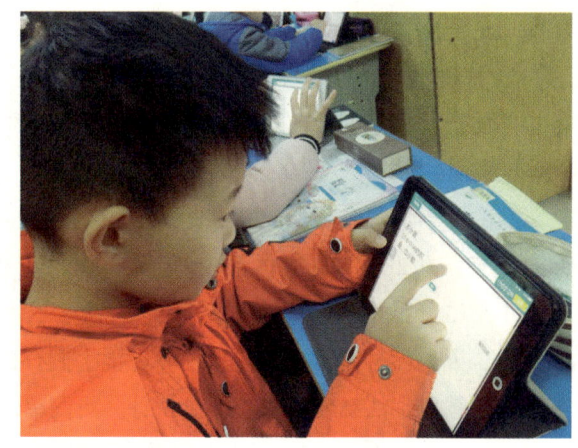

正因为头脑中这么多的可能或者不可能,还有很多顾虑和不自信,我在备课过程中就多了许多煎熬。没有现成的模式,也没有可以借鉴的经验,我只能摸着石头过河了。

首先是确定微视频的内容。我上网看了很多可汗学院的慕课和微课,又回想过年前参加微课培训时其他老师做的微课,反复琢磨,最后确定了内容。

录制的时候,我也比较煎熬。看似短暂的几分钟其实十分漫长,要注意语气和语调,要注意不要有异声、异响,讲解的时候要流畅,自己不能出现任何小的失误,否则就要重来。这节微课录制了将近20遍,才勉强过关。

微课的制作固然重要,课堂活动组织不佳也可能达不到预期的效果。于是我拿出了第一个教学设计方案:学生口算,播放微课,老师总结,利用 iPad 发送题目,学生自主练习。

但是上完之后,我很遗憾地发现,我只是上了一节用微课来代替现场教学的传统课。当时的我觉得自己要崩溃了,无路可走,眼前一片黑暗。幸好,周末来了。

周一再回来,我的心态已经发生了改变。既然无路可走,那就争取自己走出一条路来。我决定了,放下包袱,重新再来,不去想得失。

经过领导的指点、与组内老师的交流、研讨,我们认为,既然是 iPad 课堂,既要颠覆传统课堂,也要提高课堂效率。重点问题可以通过后台提前发送给学生,学生们在家利用 iPad 自主观看,不仅节约了课堂时间,还可以让不同程度的学生选择观看的次数,直到看懂为止。那么在课堂上,教学内容也一定要有所删减,绝对不能面面俱到。学生能够自己完成的、一看就会的内容,老师坚决不讲。

讨论到这里,我突然觉得晴空万里、阴霾尽去。

接下来,我修改了教学设计,并且设计了"自主学习任务单",引导学生完成课下自学的流程,然后课堂的教学重点就确定为计算方法的指导,学生能自学的内容,老师尽量不讲。

我的教学流程变成了这样:预习小测试,利用教学软件进行抢答(5分钟);小组讨论交流(12分钟);集体汇报,老师推送讨论积极的小组给全班分享(15分钟);小结(3分钟)。

第二天上课时,在讨论群里,我发现学生们有许多精彩的发现:有的学生发现加法交换律和加法结合律一起用会使计算更简单;有的学生发现乘法分配律的使用是有限制条件的;还有的学生发现乘法分配律的其他形式……

最难能可贵的是,不常举手的学生和不善于表达的学生通过抢答和群内讨论的方式表现得异常积极踊跃,呈现出与以往完全不同的状态。

到目前为止,我校对iPad课程建设的实践和研究已进行了近两年,形成了独具特色的教学模式,学生对微课和iPad授课的热情与日俱增。

我非常感谢这次宝贵的经验,是它打开了我教学生涯中一道崭新的大门。感谢学校领导的支持和鼓励,感谢同事们的帮助与理解,让我成为更好的自己。我会继续学习和研究,为推动外小信息化与教育教学的深度融合而不懈努力!

磨课日记

文|胡静

那是 2016 年 9 月的一天,戴校长对我说:"现在有个研讨课活动,希望你能参加……"

这是我期盼已久的机会!可是,当我看到材料时,却想打退堂鼓了:这是宜昌市教科院举办的一次《道德与法治》新教材研讨活动,而我,只是一个刚刚走上讲台一年的新老师,我对新教材、新理念的理解准确吗?我能驾驭好陌生班级的课堂吗?最终我还是忐忑不安地接下任务,开始了漫漫磨课路。

回首磨课的一个半月,就像在看一部纪录片。

9月12日,周一,定心定念

全体"1+X+Y"道德与法治学科课题组的老师齐聚一堂,为确定这节新教材研讨课的教学内容开始了"头脑风暴"。充分讨论后,大家的目光聚焦在"冰雪世界乐趣多"和"冬天的节日"这两课上,到底哪一课更贴近低年级学生们的生活呢?争执不下之时,李老师大手一挥:"这是学生们的课堂,我们不妨听听学生们的声音!"于是,我们一行来到一年级学生们中间,欢呼声最高的"冰雪世界",成了我们的主角。

接下来,要潜心拿出一份高质量的教学设计。我希望这节课上学生能在情境体验中开展学习活动。独自推敲的过程举步维艰:要设计哪些活动?如何体现设计理念?教学过程怎样预设?怎样才能促进课堂智慧的自然生成?一个个问题整整一个礼拜萦绕在我的脑海之中挥之不去。这一个礼拜,有几个夜晚,我一闭上眼睛,脑子里全是教案和想象中的试教画面,久久不能入睡。我一边查阅资料,了解教学设计的结构,一边继续研究教材,大到教学环节的反复推敲,小到字斟句酌的不断修改,历时一周,教学设计方案终于定稿。

9月19日,又一个周一,乘风破浪

第一次磨课,我能把握教学的流程。从"冰雪乐趣我来说"到"安全保暖享冰趣",再到"快乐玩雪我拿手",学生们的积极性很高,各环节进行得也很顺利。根据老师们听课后给出的意见和建议,我在"活动一"中增加了一个"看照片说故事"的环节,增加学生们表达的机会;又重新调整了"活动三"中的环节,让多人合作进行得更加有条不紊。

之后的两个星期,我又先后在北区、东区一年级进行了四次试教,班主任们开玩笑说:"你都成了学生们眼中的红人了,咱们学校一年级的这两百多个孩子个个都认识胡老师哦。"每一次试教,我注意观察听课老师们的信号,注视、微笑、点头、摇头或是奋笔疾书,这些都是有价值的交流。每次试教后,大家纷纷亮出自己的观点。有的针对某一个教学环节,有的讨论怎样提问更简洁,有的老师甚至讨论我的一个手势和行进路线,细碎到一字一句、一举一动。我认真聆听大家提出的

真诚意见和建议,时而追问不休,时而豁然开朗,有时也勇敢地坚持自己的观点。

9月29日,周四,乘胜追击

这最后一磨,让我感触最深的是关注点的变化:从关注教材转移到关注学生上来。我与学生的互动也增强了,在活动中生成了一些新的资源,这些资源激发了我的灵感。

原本的课堂导入是以图片形式呈现的,我一直想不出更好的呈现方式。有一次,在展示冰雪图片时,一个学生随口说道:"哇,好像在看《冰雪女王》!"这让我灵光一闪,何不用冰雪女王来创设情境、进行导入呢?于是,我请信息技术老师设计好人物形象,请嗓音甜美的李老师为冰雪女王配音:"冰雪女王魔棒一挥,将我们带入了童话般的冰雪世界。"这样的导入让学生们兴趣大增。

最后一次评课中,李老师想到了"雪花片"的主意,大家一致认为有新意:不但可以插入到活动中,让学生们跳起雪花舞,还能作为奖励手段,激发学生们的兴趣,拉近老师和陌生班级的距离。

在最终的展示课上,这个创意显示出了神奇的力量。在课前交流时,我向学生展示了美丽的小雪花:"老师要把这些小雪花送给在课堂上表现得最好的小组。你想为你的小组赢得小雪花吗?"学生的注意力一下子集中起来,求知欲和好胜心也被激发了。课堂最后,我让学生数一数赢得的小雪花有多少。学生们沸腾了,得到雪花的学生都高高举起了自己的成果,其他学生也向他们投来羡慕的目光,学生的自我评价意识也得到了充分的体现。

回忆整个磨课过程,有痛苦的时候:山重水复疑无路时的迷茫;有腹中空空,江郎才尽时的懊悔;为取舍做决断时的左右为难……也有快乐的时候:有柳暗花明又一村时的惊喜;有阅读补给后短暂的满盈;有当机立断时的快乐……不断打磨,才磨出这一节经得起考验的活动课。我很庆幸,我校"1+X+Y"道德与法治学科课题组集体智慧的结晶,帮助我顺利地完成了这次任务,真有一种化茧成蝶的艰难与欣喜。

艰难　美好　辽阔

文|王晶晶

每个人的生命中,都有最艰难的一年,人生因此变得美好而辽阔。

艰难之"磨炼"

所谓磨炼,就是不断把自己最短的那块板拉长的过程。

抽签确定为《黄山奇松》后,我的第一个任务就是研磨课文。我首先在短时间内,大量地搜集、学习、消化与这篇课文相关的资料,比较、筛选、发现那些能为我

所用,能为这次教学所用的东西。第一次的教学设计便是建立在大量的知识储备基础之上的。

"研磨"教学设计过后便是"琢磨"课堂教学了。这个"琢磨"更多的是独自分析、独自思考。解读文本,分析学生,分析自己……思考教学的目标、重难点,思考教学的方法、学生学习的方法,思考教学的环节……当有了一个比较好的想法的时候,我便会赶紧把它记下来,加入到教学设计中。在教学设计基本确定的情况下,再去试教给团队老师看。上完课后,大家会提出存在的问题:教学语言不够精练、语言训练没有落到实处、学生的主体地位没有凸显……然后,我针对学生的具体情况,对教学设计进行一次次更为科学、合理的调整。磨掉那些忽略学生主体地位的环节,磨掉那些指向性不强的教学语言,磨掉那些教学中的套话、废话。将教学重点磨得更细,更准,更实,更突出;将教学语言磨得更恰当,更精炼,更有启发性;将教学环节磨得更简约,更合理、更紧凑……这个琢磨的过程确实辛苦,每天我的脑子里都是这节课,针对试教时出现的问题在那儿冥思苦想,希望有灵感闪现,但常常又是一头雾水,所以每天都很纠结。下一次试教时,我又担心重复上一节试教课时所犯的错误。

那段时间,郁闷、迷茫、苦恼与焦急,我总是交替感受着种种情感,即便是周末,在这样的情绪笼罩下,也从未彻底轻松过。早上凌晨四点,我准时醒来,然后满脑子的黄山奇松。你见过凌晨四点宜昌的样子吗?我每天都见过。

还有,大家能想象一节课在试教了20次之后又被推翻,那是一种什么感觉?

当省教研员否认了我们的创新后,我们根据整改意见又陷入了新一轮的"黑屋子"教研。

这间"黑屋子"其实很亮堂,却被陪着我一起磨炼的王督学和邹琼主任戏称为"黑屋子",因为我们在里面一关就是一整天,反复推敲每一个小设计。中午,蔡校长把盒饭送过来给我们吃,她常常开玩笑说自己是送牢饭的!饭后,我们趴在桌子上休息半个小时后又开始了研讨,中间上厕所的时间就是放风的时间。

就这样,我们团队赴荆州,去黄石,两下武汉,在西陵区、伍家岗区、夷陵区、当阳、长阳等地进行了40多次试教,面对2000多名学生,制订了一个最终版本的教学设计方案。正是在这个磨课的过程中,我深深地感受到了前辈指导、帮助的重要性。我佩服与感激自己的指导老师们,他们的教学思想和教学方法对我的影响不仅是这一节课,而是对整个语文教学的认识。我也在反复实践中不断地感悟、

反思、积累,增强了对课堂教学本质的理解。现在回想起来,这个痛苦的磨课过程反而成了自己对文本解读、对语文教学的认识越来越深入、越来越清晰的过程。

酸甜苦辣,百般滋味,我一一品尝过了。现在的我成了一个坚强、淡定、从容的人,一个处变不惊的人,一个在专业领域愈发严谨的人,这才是这次磨课过程中我最大的收获。

磨课,就是一个痛苦的过程,但更是一个破茧成蝶的过程。磨着磨着,就磨出了美好的感觉。

美好——破茧成蝶

水尝无华,相荡乃成涟漪;石本无火,相击而发灵光。如果没有经历过磨课,也许我永远都无法体会什么叫痛快,永远都无法体会柳暗花明又一村时的惊喜。

我还要特别感谢一个人——王督学,她亲眼看见了我的变化,她陪伴我一步一步地走上全国大赛的舞台。40多次试教、无数次关"黑屋子",都有她的陪伴;每次试教前的预习、摆桌子、放资料、带学生进场、录像的都是她,试教到第30次的时候大家开始看到我的各种变化,王督学说:"听了这么多遍,没有厌倦,而是越来越品出了味道呢!"最后一次试教的时候,她欣喜地对我说:"真的不一样了,你脱胎换骨,破茧成蝶了!"

还有一种美好,是来自于学生的,2000多名学生,或许匆匆一面,从此就不再有交集,可是,每次课后,学生们都会围着我,说:"再见就真的不会见了吗?你是哪里的老师?"下课后有几个学生迟迟不走,陪着我收拾、整理,直到最后打铃了,他们才调皮地说:"晶晶姐姐,再见!"天啊,小学生喊我姐姐!当阳的学生不仅排队要我签名,还让我留下QQ号,为我建了一个群——一闪一闪亮晶晶,大赛之前纷纷给我加油鼓劲。以前,为了在公开课上达到较好的效果,我们老师会准备一点小礼品奖励学生,让他们在课堂上积极展示自己。其实,最好的奖励是用精心的教学设计带给孩子们知识的营养和能力的提升,那种精神上的愉悦和收获的喜悦远远大于物质上的奖励。

更加没有想到的是,等我上完课,刚刚走下讲台时,就有小学语文论坛的编辑采访我,还有《小学语文教学》杂志社向我约稿,让我写一篇教学反思寄给他们。他们以专业、敏锐的眼光发现了我们的课堂上对语文教学大胆的改革和创新。

辽阔——过有意义的语文人生

课堂是学生的一段生命历程,也是老师的一段生命历程,我们所追求的,是让这一段生命历程精彩而有意义,公开课亦然。然而什么样的历程才是有意义的呢?喧闹、轻松、快乐、严谨还是满足?我认为:唯有真实的,才是最美丽的!所谓真实,那就是我的课堂不是为了取悦于人、做给别人看,而是在演绎一段自己和学生成长的故事,无论精彩与否,留下的脚印都是生命的写照,精彩固然可喜,缺憾亦是自己的人生。上课,不是为了获得什么赞赏,也不是为了得到专家的认可,更不是为了在众人面前展示自己的美貌与才华、巧舌如簧,而是让自己和学生一起愉悦,只有学生开心了、自己开心了,这40分钟的生命才显得有意义。

最后,我虽然没有站上最高的领奖台,但是,当我从领奖的复杂心境中走出来之后,我突然感到一种"辽阔",就如站在高山之巅,放空心中的一切杂念,尽情感受天地的深远与无边无际一般。陡然间,我看到了现在的自己,那由一节又一节磨课积累起来的思想、方法、策略、经验、痛苦、快乐……变成了一个只属于我的"高山",站在这上面,我的视野开阔了,我有了看得更远的能力,我眼睛里看到的不再是一堂堂课的华丽外表,而是背后团队的精神、教学中蕴涵的教学思想,是可以更多助力于未来语文教学发展的动力和智慧,这时候,是不是站上金字塔的顶端还有那么重要吗?所以我很庆幸,庆幸自己战胜了自己,看到了远方,看到一个充满诗意却又实实在在的远方,它是那么辽阔,那么宁静,那么美好!

掌声中的泪花
——记美术课题结题的那一幕

文|朱雅琴

2017年5月17日,星期三,天气晴朗,万里无云,空气中透着一丝凉意,我与美术组的老师一起来到了待产在家的蒋杨丽老师的家中。大家围坐在一起,商量宜昌市省级美术课题"国家美术课程校本化实施"的结题事宜:谁来负责结题报告的撰写,谁来进行过程资料的收集,谁来进行报告的封面设计及装订,等等。不一会工夫,大家就捋清了头绪,分工到人。

四年前,学校申报这个省级课题时,课题组成员可以说得上是精兵强将,但四年后,课题组成员发生了很大变化:一个骨折在家、一个调离学校、一个待产在家……所有的工作,全都压在了我这个年轻老师身上。我一是没经验,二是觉得自己能力不够,课题的结题工作陷入困境。但我转念一想,不能因为这些原因,就将大家四年的辛苦白白浪费,于是就出现了本文开始的那一幕。

回顾课题研究的这四年,刚好也是我校进行课程改革的起始阶段,根据学校的具体情况,我们在保留国家美术课程的基础上,整合了沙画课程。在实施过程中,我们受到了各种质疑:你们有没有能力进行研究?老师的教学水平够不够?

学校的硬件条件够不够？学生的学习能力够不够？……质疑声不绝于耳，正是在这种压力下，我们的老师迎难而上，踏上了四年的征途！

首先，我们成立了课题研究小组，由学校第一届"金苹果教师"、省市区都小有名度的蒋杨丽老师挂帅组成了研究团队。接着，由学校出资，组织蒋杨丽和郝婷婷老师，前往北京师从"中国沙画之父"高赞民老师学艺一个月，他们圆满结业归来。没有条件，我们创造条件，学校组织全体美术老师进行专项沙画培训和考核，美术老师的沙画技能有了显著的提高，两个沙画教室建了起来，学校的沙画社团也成立了起来。在各级、各类活动中，学生的沙画表演也成了最亮丽的一幕。在宜昌春晚和学校的大型文艺演出中、在市区教师节表彰现场、在学校迎接各级领导参观时，沙画表演无不是一道亮丽的风景线！天道酬勤，我们的课题终于在研究中崭露头角，研究成果在各地区进行经验交流，沙画微课"远山的画法"获"一师一优"课部级优秀等级及国家级微课比赛一等奖。

在枝江英杰学校，结题汇报如期举行，我代表学校进行了结题汇报，翔实的课题资料、丰硕的课题成果、典型的经验交流，赢得了与会专家和同行的阵阵掌声。那一刻，我的眼睛湿润了，那是高兴的泪水！课题研究过程中所有的苦和累都是值得的，没有什么比这更有力量，更能催我前行了！

没有条件，我们创造条件！再大的困难，我们一起克服！追求卓越，是我们一贯的作风，这就是外小人！

"金苹果"的故事

文 | 陈莉

有三个著名的苹果：一个诱惑了夏娃，一个砸醒了牛顿，一个握在乔布斯手中。夏娃的苹果带我们看到了这个新世界，牛顿的苹果带我们了解了这个新世界，而乔布斯的苹果则带我们体验了这个新世界。

而为了营造更加浓厚的学习氛围，促进老师的专业发展，体验职业幸福感，消除职业倦怠，不断提升并超越自我，搭建成功的平台，2014年4月金东方总部也为所有金东方集团的老师提供了一个"金苹果"——"金苹果1号"教师专业提升行动方案。

这个行动方案的制定，正好有效地促进了我校课程改革中老师们的个人专业发展。当我们积淀更深厚、视野更开阔的时候，才会拥有更多的教育智慧，在具体的课程改革过程中自然能够得心应手，游刃有余。

一、苹果就在那里，不大不小

拿到方案，我匆匆浏览，发现方案采用积分制模式，里面涉及老师的通识知识、学科及学科教学知识、教学实施与专业成长等内容，达到1000分的就可以拿到"金苹果"。学校的老师们能拿到吗？我能拿到吗？

翻出从教16年所获得的成绩，厚厚的一沓，还有不少荣誉证书，我心中暗自窃喜。但仔细一看，心里又不禁凉了半截：这里有些成绩和方案不沾边；有些能得分的项目又超过了年限，剔除水分，获奖证书就剩了原来的一半。对照金苹果方案，我满心忐忑地开始估算。

1.通识知识测试。第一次通识性知识考试成绩：88分。

2.学科及学科教学知识领域。小学高级教师职称：100分；2014年粉笔字考核等级为优秀：50分。

3.教学实施与专业成长领域。参与3项课题研究：90分；4次优质课获奖：320分；3年内7次论文、案例获奖：360分；2次在区经验交流：100分；三年内编制校本教材1次：50分；学科类专业称号2个：150分。

1308分！我欣喜若狂，满心欢喜地递交了评选申请。

8月，我校有54名老师申请参加了第一届"金苹果教师"甄选，但经过评审团的严格评审，仅有12位老师获得了"金苹果教师"称号，大家"乘兴而来，败兴而归"。这是怎么回事？"金苹果"貌似唾手可得，但大多数人实际上并没摘到，问题出在哪里？是对方案理解得不清楚？是老师们的成果意识不够？还是教学成绩梳理得不全面？

怎样才能让更多的老师获得"金苹果"，获得职业认同感？我们陷入了思考之中。

二、金苹果总在那里，不远不近

总部将部分第一批"金苹果教师"的得分梳理成一览表，发放到学校，帮助我们答疑解惑。我校对照一览表分学科选取具有代表性的老师进行了细致的分析，制成了课件"你离金苹果有多远"，向老师们详细解读。

语文老师罗璇。她的粉笔字考核等级为优秀，普通话一级乙等；2010年，获得金东方集团演讲比赛一等奖；是湖北省级普通话测试员、国家二级心理咨询师；2011年5月，参加了湖北省级课题"小学习作教学的方法研究"的结题工作；2011年，获得西陵区优质课比赛一等奖；2012年5月，获得西陵区优质课比赛二等奖；2013年7月，获得湖北省优质课竞赛特等奖；2011年9月，在湖北省教研室组织的课题报告会上朗诵……她的个人素质非常优秀，优质课的频频获奖使她得到了不少的分数。

数学老师程雯。2013年被评为西陵区优秀实验教师；2012年6月被宜昌市教

科院评为小学优秀数学教师；2013年被评为金东方集团优秀教师；粉笔字考核等级为优秀；2013年9月，参加了湖北省级课题"小学数学计算教学的有效性研究"的结题工作；2013年，参与的辽宁省省级课题"小学数学分享式教学的模式研究"立项；2014年，参加的湖北省级课题"综合实践学与教的研究"立项；2013年，参与的外小校课题"小学数学分享交流中表达能力的培养"立项；2009年6月，在西陵区级优质课比赛中获得二等奖；2012年，在西陵区"课内比教学"比赛中获得一等奖……这是一个醉心于教学研究、笔耕不辍的老师。

英语老师何苗：最年轻的"金苹果教师"。她来到我们外小仅仅4年，这期间她参加英语雅思考试获得7.5分的好成绩；2013年11月，参加第一届培生中国"新朗文小学数学"教学大赛，获得了第一名。她的成绩主要集中在学科教学知识和教学实施与专业成长两大领域，再加上本科学历和小学一级教师职称，分数就够了。

美术老师蒋杨丽。她通过了国家高级沙画师考试等自主学习研修，首创并实施了沙画课程；2013年5月，参与的湖北省美术课题立项；2013年9月，参与的外小校课题立项；2014年，参加宜昌市课内比教学，获得一等奖；2013年12月，在中国教育学会美术分研讨会上展示课；2006年，在湖南省教科院组织的交流会上获一等奖……这也是一个个人素质全面、有着扎实基本功的教师。

三、金苹果还在那里，不高不低

根据对语文、数学、英语、综合这些学科"金苹果教师"得分点的梳理，老师们对金苹果方案的理解更加透彻，明白了我们现在有什么、我们还能做什么，明确了自己应该努力的方向，制订了自我发展和成长得分的计划，并更加关注日常教学工作的反思和经验的积累。

接下来的日子里，我校也积极为老师搭建专业发展的平台，组织了代卫华、叶军、陈小凤等20多位老师报名参加心理咨询师的培训和考试。这一举措,一方面促进了老师个人的成长与发展,另一方面既有利于课堂上的教学,又有利于与学生课下的交流,能对学生的心理问题做到提早疏导。经过不懈的努力,他们分别获得了国家二、三级心理咨询师证书。

对于一线老师而言,研究更多的是一种提炼。各学科老师积极参与课题研究,我们参与了5个省级课题、2个市级课题,申报了19个校级微课题,并有9个微课题成功结题。在课题研究的过程中,老师们自觉学习理论,更新教育观念,以科研带教研,以教研促教改,科研让我们的教育更加精彩。

要想在教育研究中取得创造性的成果,"勤于笔耕"是一个重要手段。我校老师积极向国家级、省级刊物投稿或参加省市教学活动评比,取得了不错的成绩;研读专业书籍,撰写了有分量的读后感;金东方总部也帮我们搭建平台,组织了老师命题比赛……

一分耕耘一分收获!2015年8月,我校有29位老师获得了第二届"金苹果教师"称号,为尚未获得金苹果的老师指引了方向。

路漫漫其修远兮,吾将上下而求索。

"致明"课程的朋友们

To the Friends of the Course

外小力量

文 | 宜昌市教科院 李德强

    了解宜昌外小的课程建设是从与杜心华校长的接触开始的。大约四年前，杜校长和我聊起了外小的课程建设设想，尽管当时他的很多想法并不是太清晰，但有许多大胆的构想和具体的实施措施，所以我是比较敬佩也是积极支持他的。也就是在那之后，我对外小的课程发展情况也就多了一些关注。

    一晃几年过去了，外小的几位领导和老师笑称我是"较多参与了外小课程建设的人"，这话其实是有原因的。最初在研究"1＋X＋Y"课程体系时，我们曾在一起交流过想法，其中在涉及语文课程时，我提的问题可能多了一些，现在看来，当

初他们在语文课时调整及内容整合方面的确是很有创造性的。之后,国家级也是全省小学语文的重点课题"群读类学"花落外小,于是我敲边鼓的时候也就更多了,也就有机会见证了"大单元主题教学"研究向纵深推进的方方面面。其间,我经历的事情比较多,但有几件事是令我深有感触的。

"群读类学"课题刚刚起步时,大家都是摸着石头过河,需要思考和解决的问题太多。在一次课题案例的研究会上,外小课题组的老师们拿出了厚厚的资料以及对案例中"群读类学"设计的说明,当时不仅让参加会议的其他课题组吃惊,也让我感到了一种"外小力量"。在那么短的时间之内能有如此成果,绝不是一种偶然,这得力于他们在课程建设中已经具有的创新意识和锲而不舍的探求精神。我相信,那些材料的后面一定是辛勤的付出,是深刻的思考,是平时的积淀,一定有许多的故事,或许这也是课程建设内容的一部分。

2015年,湖北省的"群读类学"课题研究会在咸宁嘉鱼举行,外小的王晶晶老师代表宜昌上了一节展示课,给专家和老师们留下了难忘的印象,王老师由此而获得了代表湖北省参加全国小学语文优质课竞赛的机遇。在对待这一事情时,外小再一次展现了"外小力量"。为这一节课的打磨提供各种便利自不必多言,最让我感受深刻的是,大家把怎么样通过这一节课,将外小在"群读类学"以及"大单元主题教学"中的思想、方法传递给全国的语文同行们确定为参会的重要目标。这种定位是不简单的,因为他们对竞赛的认识并没有简单地停留在结果上。正如外小的几位领导所讲,带动并培养一批人,激发课程建设的热情,探寻课程建设的方法,交流课程建设的思想,让更多的人了解"宜昌外小人"的思想,这才是我们最大的收获。在这样的过程和认识中,我了解了一种力量的内涵。人们常说,人即课程,外小的这些老师们是可以担得起这样的说法的。

回望这段经历,我想,外小的课程建设之路是一条真实的探索之路,从"1+X+Y"到"253",再到"致明"课程,单从这些名称的演变来看,就是一个逐步明确的过程。决策者们的睿智、研究团队的精进、各方资源的汇聚,使得这条路越来越宽广。行走在这条路上的每一个人、发生的每一件事,都必将成为外小课程建设中的重要组成部分,并能够影响更多的人,最终成就更多的学生。

从课堂到课程

文 | 宜昌市教育信息技术中心 黄家涛

一、现象级的宜昌外小数学课堂

"现象级"这一词近来颇热,之前在智能手机、电影《阿凡达》等对象上使用,借以指代这些产品或事物深受大众追捧、引起巨大轰动、遥遥领先同类,大意是产生了一定的效应。在中小学课堂中,在课改、教改花样迭出的背景下,众多优秀教师、个性教学模式等不断产生,如果详加辨析,也能发现一些教师的教学拥有了"现象级"特点,宜昌外小数学教研组就是如此。

陈老师的这次教学正是一个热闹的课堂,叙说着精彩的故事:"森林里的蜗牛在进行跳伞比赛。"学生们的头高高地昂着,眼齐刷地盯着,明明是安静的教室,何谈热闹呢?学生们看着跳伞的小动物,想着降落伞的"加与减"。在静之后,热闹才刚开始。陈老师准备了卡纸、小棒等工具,发放了学习材料,预留了充裕的时间。学生们在拿起手中的工具,摆一摆、画一画、想一想、说一说后,朴素的道理"大数减小数等于相差数"才以最完整的环节体验得出。

刘老师以"小数乘法——蚕丝"

为课题的教学,引发全体学生互动、交流。将小数乘法与面积直观图对照,以计算图形面积的过程来实现小数乘法算理的推演,数形结合和知识转化等数学知识在课堂中浸润而无声。当学生完成初级阶段的思考、面向跨越层级时,教师适时引导,参与问答,通过步步追问来开启学生思维深入之门,不知不觉中"小数乘法算式"笔算推演的模型已搭建成功。

走进校园,走近师生,你会发现类似的教与学场景还有很多,吸引你、感动你,已然成为"现象级"。传统课堂中教师当主角,这里的课堂中学生当主角,这个变化被越来越多的人接受,即教师从知识的输出者变为学习的组织者、策划者,源于活水,所以渠清如许。

二、从质感课堂到"致明"课程

课堂是学习的场所,是育人的主要渠道,在"百度"网站搜索"课堂"一词,也可知其在拉丁语中代表阅读和叙说,总归都是认同了课堂是学习知识、表达信息的重要途径。质感课堂作为课堂绩效高下区分中的高者,自可视为教师追求之愿景、学生渴望之理想。那么,什么样的课堂教学才堪称有质感的课堂呢?质感课堂要不要模式,一个模式能适合整个学校的师生吗?这些问题,在宜昌外小,已经经由实践解决并进一步成为教师们强烈的共识:优质课堂的核心思想一定是围绕"立德树人"的,这是教育的根本任务,让"以学定教,自主合作"的课堂教学改革模式成为一种常态;优质课堂同时要做到"信息技术与教育教学深度融合",这是教育信息化工作的核心理念;优质课堂中应实现利用信息技术"优化课堂教学,转变学习方式",与此对应教师信息技术应用能力的基础性和发展性目标。

2001年国家颁布《基础教育课程改革纲要(试行)》以及2014年颁发《教育部关于全面深化课程改革、落实立德树人根本任务的意见》,都是以教学改革为重点,对课程进行了顶层设计。在此背景下,赋予了基层学校在实施课程过程中探索的任务,也为它们提供了机会。20世纪的美国知名教育家杜威认为,课程即活动,指出了课程要注意课程与社会生活的联系,强调了学生在学习中的主动性。以课程与课堂的关系来看,可借用三个比喻:设计图纸与砖混构筑,球赛战术与过程实战、乐谱与演奏。

课堂生态从教师怎么教变成学生怎么学,教案变成学案,课堂也不再是教师自我展示的舞台,而是学生彼此关注、彼此讨论的沙龙。好的课堂,不在于讨论的问题的多少,而在于问题是否有挑战性,是否能够启发学生并连贯性地深入下去,"宁静以致远",课程体系由此发端而形成。宜昌外小开展的众多课堂教学活动、实施的多种课程体系,无疑都是践行了这样的思想,郝老师的沙画系列课堂教学、智慧系列课程就是其中的一个缩影,在国家"一师一优课,一课一名师"活动中成为"部优"。

三、技术与教育牵手:连接、分享与改变

《国家中长期教育改革和发展规划纲要(2010—2020年)》中指出:"信息技术对教育发展具有革命性影响,必须予以高度重视。"当我们今天在惊叹于技术的快速发展之时,殊不知"宁静的改变"同样早已在教育教学中孕育、成长、传播。

"面向全体,注重差异"的这一教育诉求,借助信息化的手段,通过"问卷星""乐调查"等网络调查问卷、投票测评软件,实现对学生学情数据的收集与分析,做到量化的评判,这是"问卷测评知学情"。自主学习材料的重要性是不言而喻的,微课视频加上导学案,使先学后教的先学环节中资源更丰富、形式更灵活,这是"微课视频供自学"。教师和学生登录网络学习空间,以水平均衡、层次趋同等策略配置构建小组,联通教与学的多点主体,有效避免了教室环境中物理分布的局限性,这是"网络空间联小组"。以交互式电子白板(触屏一体机)为媒介增强教师、学生、资源之间的多维交流,兼顾协调好人与机、黑与白、师与生、文本与数字、虚拟与现实等五种关系,使其既是教师教学的工具,也是学生展示的舞台,这是"交互白板展成果"。将几何画板、在线地图、听音测评、仿真实验等应用于学科教学中,变微观为宏观、化抽象为形象,这是"学科工具助建构"。利用宽带网络、学习空间、信息终端,定向推送与学生个体学习水平和现实需求匹配的教学素材、多媒体课件、学习资源包、电子书、专题网站等各类数字资源,对接学情数据和认知层次,这是"数字资源定制化"。以网络资源平台、教学互动平台、课程管理平台等为支撑,实现学习活动中的资源、作业、评价等过程性数据的过程记录,保障全员参与互动、反馈,这是"学习平台录轨迹"。让学生在信息化环境中进行自主合作、个性探究的学习,教师以组织和引导等行为来培育学生的协作和批判精神,让学生在活动中不仅是参与者,也是组织者,这是"协作评判促育人"。

高质量信息的引入,有价值观点的碰撞,教育教学本质的触及,信息技术的使用,在这样的课堂与课程中,学生核心素养的培育是值得期待的。我相信,这也是我们所有人的期盼。

宁静的改变

我与"致明"课程的美丽邂逅

文|宜昌市中小学课程专业委员会副理事长 宜昌市夷陵区研训中心主任 汪宏军

一个偶然的机会,在一次宜昌市课程建设研讨会上,我见到了宜昌市西陵区外国语实验小学(以下简称"外小")的校长杜心华。第一次见到他时,他给我留下的印象是个子不高,身材微胖,满脸微笑。和他交流了几句,感觉他充满自信,沉稳练达,善于表达,后来通过慢慢接触,我才发现他更是一位充满教育情怀、锐意课程改革、信念执着坚定的校长。虽然在外小任职时间不是很长,但他带领他的团队坚持以"学兼中西、开放包容"为办学理念,立足"国际视野、儿童立场"的教育理念,以"努力办一所以课程为鲜明特色的、学生喜欢的学校"为办学目标,锐意改革,开拓创新,取得了令人称赞的成绩。特别是在听他讲述"致明"课程建设的故事之后,更让我对他肃然起敬。正如一朵花,可以拒绝艳丽,但一定不要拒绝盛开;一个人,可以拒绝华贵,但一定不要拒绝成长。因为,无论是花还是人,都有着一份朝向生命的情怀,这种情怀就叫作坚韧不拔。用这段话来形容杜心华校长和他学校的课程建设历程再合适不过。

后来,由于我们都是宜昌市范俊明名师工作室的室友,见面的机会就多了起来。每次见面时,我们都会在一起聊课程建设,聊课堂改革,聊学校管理,慢慢地我们就成了无话不说的朋友。回想我们相识以来,我从他那里学到了很多关于课程建设的知识,也见证了他的学校课程建设所走过的四季历程,我想借此机会分享给大家,让我们一起来感受杜校长和他的学校在课程建设道路上的孜孜追求。

孕育之冬

外小是西陵区人民政府于2002年创办的一所具有基础性、实验性、开放性的"小班化、精英型"双语学校。从2008年8月起,由宜昌金东方学校租赁并开办全日制民办小学。办学之初,学校走的是常规办学之路,学校开设的课程是按照上级教育行政部门规定的类型开设的,没有学校课程建设的意识,更没有开展学校特色课程体系建设的行动,只是突出了"小班化、精英型"双语学校的特色。随着国家课程改革的深入推进,学校开始关注校本课程的开发与实施,开设了十几门校本课程,但学校的课程结构还是由国家课程、地方课程、校本课程三级相对独立并存的课程构成。在课程实施上,每门课程也是相对独立地实施。几年过后,这种相对独立的课程结构和课程实施方式逐渐暴露出了一些问题:在学校开设的国家课程、地方课程和校本课程中,存在学习内容交叉重复的现象,既浪费了学生的学习时间,又损害了学生的学习积极性;一方面学生感觉很多学习内容枯燥无味,另一方面满足学生个性发展需要和凸显学校特色的课程又无法开设。杜校长和他的团队看在眼里,急在心里。怎样才能改变这种局面?如何才能将国家课程、地方课程、校本课程统整起来?怎样才能充分发挥学校课程的整体育人功能?学校的课程又怎样才能兑现学校的育人目标?杜校长带领外小一班人开始了艰难的探索。

成长之夏

美国课程论专家菲利浦·泰勒指出:"课程是教育事业的核心,是教育运行的手段。没有课程,教育就没有了用以传达信息、表达意义、说明价值的媒介。"《国家中长期教育改革和发展规划纲要(2010—2020年)》也提出,"为每一个学生提供适合发展的教育"。在我们看来,提供适合学生发展的教育,其实质就是提供适合学生发展的课程,没有课程做支撑,再好的理念也只是空中之阁、水中之花、镜中之月。

外小人深刻认识到:课程改革的关键在课程,学校要"为每一个学生提供适合发展的教育"就必须提供适合学生发展的课程,课程改革就从课程建设入手。认识统一以后,学校就把"探索学科整合的课程设置,逐步建立适合学生发展的课程体系"作为学校课程建设的突破点。从2014年开始,学校将开设的国家课程、地方课程、校本课程进行统一规划,通过对学校三级三类课程的合并、删减和校本开发,探索构建了"五大领域"的课程。实施半年之后,学校又规划出了每一领域的课程门类,提出了"三类课程",即基础课程、延伸课程、个性课程,并根据学校办学理念和教育理念,提出了基于五大领域课程实施的核心目标"阳光、智慧"。至此,外小基于国际理解背景下的"253"课程体系("2"大核心目标、"5"大课程领域、"3"类课程类型)构建已见雏形。

2016年夏天,我随范俊明名师工作室一行8人,再次来到外小参加了学校举行的课程建设研讨会,杜心华校长给我们介绍了基于国际理解教育背景下的"253"课程体系构建与实施的基本情况,让我们看到了学校课程建设的路线图及初步取得的成效,与会者高度赞扬了学校以课程建设为载体,构建了清晰的课程体系,既体现了学校的育人目标,又体现学校的价值追求,课程体系的构建发展了学生核心素养,目标清晰,定位准确,值得全市其他学校学习借鉴。但同时也希望学校进一步在课程名称的适合性、课程目标定位的准确性、小学生目标的适合性、课程模块体系的精准性、教材内容的精确性上加以改进。研讨会之后,外小一班人在校长杜心华的带领下,组建多个研究团队,围绕学校的课程名称、课程体系、课程模块、课程实施、课程资源开发、课程评价等问题开展系列研究。后来,我和外小的杜校长、蔡校长、戴校长一起见过几次面,每次见面都是在探讨研究的问题、交流研究的成果。每次见面,我从他们的脸上看到了研究的疲惫,看到了探索的艰辛,但更看到了外小人对教育的执着情怀、对工作的孜孜不倦,以及取得点滴进步后的喜悦之情。

收获之秋

教育部《关于全面深化课程改革　落实立德树人根本任务的意见》颁布以后,明确了教育的根本任务是落实立德树人。各学校须把对学生德、智、体、美全面发展的总体要求和社会主义核心价值观的有关内容具体化、精细化并转化为具体的品格和能力要求,进而贯穿到学校各类课程中,最后体现在学生身上,深入回答"培养什么人、怎样培养人"的问题。该意见指出:"统筹各学科,特别是德育、语文、历史、体育、艺术等学科。充分发挥人文学科独特的育人优势,进一步提升数学、科学、技术等课程的育人价值。同时,加强学科间的相互配合,发挥综合育人功能,不断提高学生综合运用知识解决实际问题的能力。"这就要求各学校要全面深化课程改革,必须认真做好学校课程的顶层设计,重视全科育人、全程育人、全员育人,切实加强学科的横向配合和纵向衔接。外小在认真学习领会了该意见的精神实质后,站在"整体育人"的高度来设计完善课程体系,逐步搭建科学合理、充满活力的课程结构,以兑现"为学生提供可持续发展的、终身受用的关键品格和能力"课程建设目标。

一分耕耘,一分收获。2017年春天,外小经过近一年的扎实研究,在原来"253"课程体系的基础上,经多次征求全体师生的意见,基于国际理解教育背景下的"致明"课程体系终于诞生,这是外小人集体智慧的结晶。致,是达到、穷尽的意思;明,是明亮、明白、明天的意思。外小的"致明"课程有两层含义,一层为致明天,意为教育是基于儿童,科学施教,指向学生的未来和终身的教育;二层是借用明亮与明白的含义,引申为阳光与智慧之意,直接指向外小两大核心素养。"致明"既有阳光向上、聪明智慧之意,又有面向未来,实现远大理想之意。

聚焦核心素养,就是聚焦人才培养的关键点。外小的"致明"课程体系建设直指学生"阳光"、"智慧"两大核心素养,意为学生在学校课程的滋润下,孕育心智、发展潜能、完善自我,既立足本土,又面向世界;既学兼中西、包容大气,又智慧灵动、阳光自信,最终展翅飞翔,实现学生们从这里走向世界的远大理想。"致明"课程的创意既符合当今立德树人的大趋势,又体现了学校的办学理念,更体现了课程育人的教育需求。

学校课程必须兑现育人目标。外小依据培养目标,让课程从五大领域来承担不同的育人目标。这五个领域是语言与阅读、数学与科技、品德与生活、体育与健康、艺术与审美。每一个领域课程又分成了基础课程、延伸课程和个性课程三类。每一领域课程承担不同的育人目标,"语文与阅读"对应"固语言阅读之本,致人文交流之明";"数学与科技"对应"固数学科技之本,致思维启智之明";"品德与社会"对应"固品德社会之本,致修德体验之明";"体育与健康"对应"固体育健康之本,致修身健体之明";"艺术与审美"对应"固艺术审美之本,致尚美怡情之明"。"致明"课程体系的构建既绘制了较为合理、充满活力的课程图谱,又符合课程建设的一般规范,更体现了学校课程建设的价值追求。

希望之春

  一所学校只有充分认识自我，拥有独特的价值追求，独有的教育哲学，独到的学校精神，独到的教育见解，才会建立起属于自己的教育标识。一所学校只有抓好学校的特色课程体系建设，也才能认识自我、完善自我、超越自我。"小立课程，大作功夫"（朱熹），外小坚持以学校特色课程体系建设为抓手，实现了学校内涵发展的系统性突破，成了宜昌市乃至湖北省课程建设的"新样态"学校。

  从最初的邂逅，到后来的知心，到现在的知己，我与杜心华校长的交往过程见证的是这所学校校长课程领导力建设的艰难历程；从最初的只闻其名，到后来的见其形，到现在的会其神，我与学校的交往过程见证的是这所学校慢慢成长为课程特色学校的蜕变历程。学校课程建设的故事很多，希望我与外小"致明"课程的美丽邂逅，能够为您带来一点春的气息，相信不久的将来，外小特色课程建设的春天会姗然向我们走来。

映日荷花别样红

文|西陵区教科院 刘春林

2016年11月10日，我应邀参加了外小的"《澳洲课程故事》读书分享会"。这是一位校长，带领一批骨干，共读好书，汲取智慧，谋学校战略发展，促学校课程建设，讲学校与师生共同成长的故事会。

这是校长引领下的为了学生终身发展的共读。杜心华校长说，自己对《澳洲课程故事》这本书有些爱不释手，他从理论和实践方面借鉴和吸纳，从而构建了外小的课程，续写了外小的课程故事。无论是在读书分享会上，还是在平时的交流中，谈起课程建设，杜校长总是娓娓道来，如数家珍，这非亲身投入并长期坚持不可。外小的课程建设是基于学校、学生的实际需求和学校发展战略目标整体设计与持续改进的，可以使学生终身受益。多年来，外小坚守"学贯中西，开放包容"办学理念，保持敏锐的教育触觉，坚持与时俱进，开展自觉、自主、自信的改进行动。外小善于整合与重组国家课程、地方课程、校本课程以及各级各类活动，不断深化国际理解教育，完善"致明"课程体系，课程特色更趋鲜明，办学成效更加突出，极大地提升了课程品质、教研品质、管理品质，提高了学校的核心竞争力和品牌影响力。通过耳闻目睹，我们真切感受到,通过专业阅读与实践提升学校管理者的课程领导力,是铸就品牌学校的有效途径。

这是基于实践反思持续改进的共读。分享会上,我们现场聆听了9位各学科带头人老师的交流发言,阅读了《读〈走进澳洲课程故事〉有感》的材料集。我发现,大家共同的鲜明特点就是读以致用,改进课程建设,从而更好地服务于学生的发展。邹琼老师从《澳洲课程故事》中的野营课程、野营手册受到启示,进一步梳理了外小游学课程的目标、内容、实施流程和评价机制,思考着外小游学手册的设计制作与改进,充分挖掘了课程的教育价值。蔡艳峰校长读到"稻米综合课程"后想到外小的"异国嘉年华",读到"学前班的多元文化"想到外小的"启程课程",读到"阅读水平测试"想到该校的"海量阅读",等等,每一方面都有思考与行动的具体举措。正如她所说:学习是为了让理想走得更远,思考是为了教育更有意义,行动是为了让教育理想变为现实。望鸣晖老师自豪地描述了外小不一样的体育课、不一样的音乐课、不一样的美术课、不一样的信息课、不一样的生存课、不一样的视野课、不一样的性别课、不一样的综合实践统整周、不一样的"阳光护照"评价体系,并紧密结合专家们对核心素养的研究,提出了持续改进的行动建议。其实,这么多的不一样,正是外小的特色和魅力。外小的管理者和老师们从共读中汲取营养,善于运用"整合与重建"的策略,通过课程建设培育了充满"阳光、智慧"的莘莘学子。

不知不觉半天过去了,精彩纷呈的"《澳洲课程故事》读书分享会"只好结束。但在校长的引领下,团队读书、思考、实践、反思、分享、改进……仍在继续着。

课程,是学生成长的跑道。期待外小的课程建设不断续写新的辉煌篇章。

一位校长的课程故事

文|西陵区教科院 乔能俊

杜心华校长经常到我办公室来聊天,天南海北什么都讲。一次,他说准备在课程上做点文章。我当时不以为然,因为要在课程上动刀子是件伤筋动骨的事,没有多少校长愿意真干。

过了几个月,杜校长到教育局来办事,顺便找到我。他说外小的课程整合已经小火慢炖地弄起来了,希望我有时间指导指导。我满口答应,但从没去过。到了学期结束,快过年了,他请我参加学校关于课程整合的总结会。在那次会上,本要说些好话的,但我还是本性难改,批评多于表扬。杜校长坐在下面,依旧是那么一副憨态可掬的样子。会结束后,走到操场上,他说:"我们是草根,也搞不出什么惊天动地的事,我们就是按自己对课程的理解,做点自认为有价值的事。"他顿了顿,接着说:"我们是当真在做。外小没有硬件优势,做好课程是生存和发展的需要,我们是从学校战略的层面做这件事。如果你感兴趣,明年我们一起来做。"

第二年春季,我们开始做语文学科的单元整合。这件事说起来容易,做起来却十分棘手,一个单元的课往往要磨上个把月。每个星期,语文老师要集中两三次,大家一起备课、研讨、修改。很多时候,天快黑了,我走下楼梯,老师们却迎面冲上来——他们要根据讨论的结果再次修改教案。有个单元,也不知道修改了多少遍,一位老师抱怨道:"真是'阴魂不散'啊!"杜校长还是那副憨态可掬的面容,说:"反反复复才是真正的研究,不像从前,一个课题从立项到结题是零距离。"

后来,我有很多机会和杜校长一同出差,无论是坐车还是住店,他三句话都没离开过"课程"二字。那次到新疆开会,晚上我们聊着聊着天就亮了,杜校长直接打车到机场返程了。每次像这样深入地交谈,我都能明显地感受到杜校长"内力"的增长。这种内力,一方面来自阅读,但更重要的是来自行动,来自实践,来自他对实践的反思和感悟。

几年下来,外小的课程建设取得了一些成绩,也有了一些名气。但我今天写这些事儿不是为外小抬轿子的,只是想表明,在课程文化非常稀缺的今天,一位校长的坚持和一位校长的领导力,对一所学校的发展是多么重要。

宁静的改变

文|宜昌市教科院 徐鸣

宁静的改变,用来讲述一所学校的课程故事,是很贴切的。一来,教育作为一场与生命的对话本就该是淡泊与宁静的,轰轰烈烈、热闹喧嚣不是教育应有的样子,而宁静则是对生命的敬畏,也是为思考与沉淀的留白;二来,课程建设作为一项专业实践活动,需要在长期的课程实践中思考与探索,是一个不断调整与改善的动态过程,不以激烈的变化为目的,但求不忘初心,始终前行。

在我看来,外小课程建设宁静的改变是这样发生的。

一、改变,以教育哲学的明晰为起点

"我是谁、从哪里来、到哪里去"是哲学中的三个终极问题,正是对这些问题的不断思考与探索才促使人类持续地认识、改进和完善自己。学校也是如此,历史传统、文化环境、教育资源、师生状况等因素决定了一所学校的定位和发展,也就是对"我是谁、从哪里来"的诠释,而"办一所怎样的学校""培养什么样的人"则是对"到哪里去"的回答。在追问的过程中,学校逐渐确立独特的教育哲学,用于引领学校的办学方向,勾勒学校的发展愿景,指导学校的教育实践以及处理学校发展过程中的各种矛盾。

从外小的课改历程中可以发现,在2008年改制、建校之初,外小就对学校的使命和办学愿景等教育哲学问题进行了系统性的思考,办学思路逐渐明晰。外小既立足学校实际,回归教育本源,又倾听社会和家长的需求,确立起"学兼中西,开放包容"的办学理念和"国际理解教育"的办学方向。在实践过程中,外小又逐步明确了"建设以课程为鲜明特色,师生自豪的现代学校",并最终确定了独具外小特质的学生形象,即身心健康、习惯良好、兴趣广泛、善于合作、具有民族情怀和国际视野的现代少年。这一系列的思辨和哲学化的表达,一方面,作为外小师生共同的教育信念,激发了学校成员的使命感,成为学校健康、持续发展的思想保证;另一方面,作为"愿景"(vision)描绘了看得见的希望,从而产生强大的凝聚力和驱动力,引领全体学校成员共同奋斗。

二、改变,在长期的课程实践中发生

课程是教育思想、教育目标和教育内容的主要载体,是学校教育、教学活动的基本依据,在新课改纵深推进的今天,课程建设越来越成为学校的核心竞争力。学校课程建设是一项系统工程,从程序上来看,既包括教育哲学的思考、学校课程规划,又包括课程开发与实施、管理与评价;从课程类别来看,既包括国家、地方课程的校本化实施,又包括校本课程开发与实施。同时,还需要依据资源与需求的变化在实践中不断创新,才能确保学校课程建设对学校现状与未来发展需求的适应性。

培养什么样的人,需要有相应的课程做支撑,外小的改变正是以课程为突破口发生的。从2012年开始尝试国家课程校本化实施,到对学校课程进行整体规划,重构语言与阅读、数学与科技、艺术与审美、体育与健康、品德与社会五大课程领域,构建"1+X+Y"课程体系,再到融入学生发展核心素养的"253课程体系",完成了从1.0版到4.0版的课程转型升级。外小的课程建设既有由点及面的探索性操作,又有全局视野的整体性规划,并能依据学校发展主动做出调整,呈现出一个富有逻辑思维的过程。

三、改变,以学校课程领导力为保证

学校是"学习共同体"已成为当今教育界的普遍共识,这意味着学校教育成为一项合作型的事业,共同的目标、价值观、行为规范引领校长、教师、专家、学生、家长和社区等各种力量相融合。在学校教育趋向合作与民主的过程中,传统的"课程管理"转向"课程领导"成为必然。课程领导通俗来讲就是通过学校课程与教学,强调教师专业成长,成就学生发展,与课程管理相比,淡化了"控制",强调通过"引导"促进相关人员的持续成长。课程领导是学校生态改善的重要保证,特别是对于校本课程开发而言具有决定性的作用。

课程领导的一个重要的特征就是强调"作用"而非"角色",通过愿景规划、课程的开发与改进、教师专业素养的提升、学校文化的建设等达成学校教育目标。外小建立了校长领衔,包括副校长和各学科牵头人共同组成的课程中心,对学校课程进行战略性的领导和学科课程的规划,通过课程发展处对课程开发与实施进行过程性监督与反馈,形成对课程与教学全方位、全过程立体化的领导。在促进课程能力提升方面,外小建立了常态的学习机制,通过课程中心领导组织的课程理论与思想、案例与故事的集中学习与分享,有效地保证了团队的专业功底与课程视野,从而引导学校建立起以学生为中心的课程文化。

我试图构想一所"以课程为鲜明特色"的学校是什么样子,却发现这不就是学校的"应然样态"吗?无论什么办学特色都要以课程为载体才能形成,无论什么课程都要以学生的发展为出发点和归宿。外小提出的"以课程为鲜明特色"体现出一所学校对教育、对课程的深刻解读,"以课程为鲜明特色"的重点不在特色,而在于将课程放在学校的中心,而课程的中心是学生。

遇见那道独特风景
——外小品德课程的校本化之路
文 | 西陵区教科院 罗莉

说到与外小品德课题的相遇，那还是2014年9月一次去外小调研。在调研品德课时，我还听了智慧课和国际理解课。据杜校长介绍，外小的特色育人目标是培养阳光、智慧、具有民族情怀和国际视野的世界公民，目前改革步入深水区，国际理解特色课要向纵深推进，想在品德课程校本化方面做一些探索。我听后很感兴趣，于是就有了"外小'1+X+Y'品德课程校本化"省级课题的雏形。我与外小品德课题的相遇，开启了一段值得回味、值得珍惜的研究旅程。

基于此课题，我有缘遇见了一个有教育情怀、有研究能力、有拼搏精神的研究团队：戴赛男、李颖、代卫华、胡静、潘洁、陈娟、周磊、张敏敏、王华、林芳、张璐和徐小玉。为了外小的学生，他们主动去寻求改变，"品德课程如何与外小实际整合？教学策略上需要怎样的改变？课程校本化后如何评价学生？……"课题的研究就在老师们的这些困惑中慢慢展开了。学习课题方案，了解选题初衷；通过沟通，明确课题研究方向；使教学实践有利于学生良好品行的养成，有利于班级管理、良好班风的形成。老师们在前行

中不断细化研究专题:针对"1+X+Y"课程内容的探讨和课题方案的解读,进行"1+X+Y"品德课程的分类整合,基于"1+X+Y"课程的教学策略研究,梳理学校现有"1+X+Y"品德课程资源,等等。

课题组的老师们在数不尽的黑夜中冥思苦想一个个专题的研讨稿,在无数个假期、休息日里撰写课程整合计划,在多少个课间琢磨一节研讨课……至今我还清晰地记得那一场场激烈的争论、那眉间的愁容、那希望的眼神、那突破时的欢呼……一切仿佛就在昨天。在研究中,我欣喜地看到了他们在摔打中历练,在逆境中成长。以下是他们的几个成长片段。

片段一。研究团队的组长李颖老师在研课体会中写道:"本次我执教的内容是鄂教版小学六年级的课文《不同的肤色,人人平等》。我做了这样几点尝试:以学生为本,大胆调整教材;通过多样的活动,积极构建师生学习共同体;通过信息技术进课堂,充分调动学生学习的自主性。她告诉我,以学生为主体是教学的基本出发点,是现代化课堂提高教学质量的必要条件。课堂教学发挥学生的主体性,是教学改革的必然趋势。只有充分调动教与学两方面的积极性,并着力构建师生学习共同体,才能真正实现现代课堂,将课堂还给学生,使学生成为学习的主人。"

片段二。蔡斯琳老师执教三年级品德校本课之"智慧课程"《动物服装店》教学中,遇到了这样的问题:"故事太有趣,学生们太兴奋,一到小组合作的时候,课堂秩序就比较差。"初次试教时,学生们在小组学习这个环节还是有些杂乱,主要体现在说的人声音小,重点不突出,不精彩,所以也导致听的人不专注,更不用说补充和更正了。为了让他们学会小组合作、学会倾听,我们也想了许多办法,如:老师课前要精心选择合作学习的内容,培养学生的合作意识,课中可以引进激励和竞争机制,老师要加强对合作学习的指导,等等。教学后她深深体会到让学生先学起来,也许最初并不一定要"惊艳出场"或"语惊四座",更多的往往是"步履蹒跚"或"举步维艰",在没有老师的引导下读得动情、说得深刻、解得透彻,但那一定投入了学生真实的情感和体会,是学生真真切切地在学习。从低年级开始,我们适时地运用小组合作的学习方式,培养学生自主学习、合作探究的能力,吸取成功的经验,将课堂教学改革一步一个脚印地推行下去。

片段三。周磊老师在一次次集体磨课中有了这样的感触:"今天各位老师所看到的这两节课都分别经历了4到5次的打磨,在一次次的打磨中,我们亲身感受到两位老师从最初的'跑过程''溜教案'到真正地能站在学生的立场设计课堂活动,这其中磨的是课堂设计自然之美,磨的是课堂教学细节之美,磨的是师生活动灵巧之美……磨课是老师集体反思的过程,是老师集体成长的过程,也是每一个老师化蝶的过程,它是痛苦的,但痛苦的历程会促进老师专业素养和能力的提升,使我们能轻盈地飞翔在教育的天空中。如果在你的教学中已经经历过'磨课',那你就是幸运的一个,因为你已经拥有了一笔宝贵的'财富';如果你正在进行'磨课',那就请你收起烦躁的心,静静地去做好它;如果你还没有进行'磨课',那就请你去珍惜并争取每一次机会吧!尝试过后,你一定会在'磨课'中更快、更稳地成长!"

片段四。张璐老师在课题研讨后有了这样的感悟:电影总是喜欢设置一个开放式的结局引起观众的无限遐想,貌似说完却意犹未尽。开放式结局的表现手法贴近实际生活,而生活不提供答案,只让你寻找答案,且答案不一。开放式教育是一种鼓励学生参与学习活动、以学生为中心的学习方式,开放性体现在开放的空间、开放的环境、开放的课程、开放的态度和开放的资源运用。

片段五。代卫华老师在一次区级研讨会上感慨道:"无论是课题研究,还是课的集体打磨,都为我们营造了很好的科研氛围。我们要学会做一个智慧的品德课教师。"

…………

正如戴校长在市级课题总结会上信心百倍谈到的:"外小的品德课题研究实现了师生的共同成长。回顾来时之路,是为了让我们今后走得更远!课题研究让我们的老师们行走在幸福的教育、教研路上,我们将继续深入研究,使我校的品德课题有力地推动课程的变化,让我们成为幸福的品德课程教师,且行且珍惜!"

或许,外小课题组的老师们没有那么多高深的理论,也没有那么多豪言壮语。可就在这看似平常的只言片语中流露出的是课题组老师们的教育情结,质朴而真实;表达出的是对师生生命成长与发展的尊重,是对教育未来的憧憬与向往。

我感谢与外小课题的结缘,感恩与外小品德课题团队的相识、相伴。愿这道风景成为最美的伊甸园,让人驻足、流连。

静水流深
——感悟外国语实验小学
文|西陵区教科院 陈晓华

一、外小印象

西陵区外国语实验小学是一所充满现代气息的学校,走进校园,在走廊随处可以看到供学生们阅读的书籍;教室前是学生们自己动手制作的手抄报;走廊里,学生们见到老师主动问候,主动给客人带路,周到细致……感受外小,敬佩之情油然而生,这里的教育做得精致!

二、教师印象

外小的老师给我留下了深刻印象,他们的敬业爱生、团结协作、认真钻研、不断创新的工作态度和精神,深深打动了我。想起利用课间十分钟时间跟学生交流思想、顾不上喝一口水的刘畅老师的敬业;想起在区数学教研会上就如何制作微课侃侃而谈、让我们大受启发的姚丽老师的善于思考……我深深被这个充满工作热情,奋发向上的教师团队所感动,是啊,爱事业要爱得纯,爱学校要爱得深,爱学生要爱得真,爱同事要爱得诚。"一个人的历史是由自己的行动书写的;一个人的地位是由自己的作为奠定的;一个人的事业是由自己的奉献铸就的;一个人的口碑是由自己的素养赢得的。"如今,外小的老师们以自己的行动、自己的作为、自己的奉献和自己的素养,赢得了学生们的尊重。外小的老师们,怎么能不让我敬佩和学习呢?

三、课堂印象

每次到外小听课,听后最大的感受是老师努力地为学生搭建分享的平台,是学生学习的伙伴,与学生一起走进学习的世界,与学生一起体会学习的快乐!在每节课上,学生们的合作学习、非常有序的实验探究和倾听、质疑习惯的养成都非常棒!置身于这样的课堂之中,学生和老师都是一种享受。"你的语言要完整。""我支持你的看法。""我同意你的观点。""对你提出的观点我有补充。"……学生在倾听的同时,还提出了内容之外的意见,而关键是,所有学生这么说时都是自自然然、落落大方的,真正体现了"学为第一,教助学成"的理念,也体现了教育现代化的本质,其实就是人的现代化,是充分顺应人的天性,让每个学生都最大限度地成为他自己,是充分挖掘潜能,让每个学生都竭尽所能地发挥自己的聪明才智。外小的老师们无疑给出了一个漂亮的答案。每堂课,板块清晰,结构简洁:课前调查,课中(问题,思考,分享),课后延伸。

1.重视解决问题方案的设计和经历解决问题的过程,积累数学活动经验。

姚丽老师在执教"滴水实验"的过程中,让学生经历"提出问题,设计方案,收集数据,解释数据,自我评价"的探究学习过程,学会思考、寻找解决问题的策略和方法,积累"从头至尾"思考的活动经验,促进学生的实践精神和创新能力的发展。重视在提出问题的基础上对解决问题方案的设计。"滴水实验"的活动一是观察滴水现象,提出数学问题,明确活动任务,即引导学生提出数学问题:"设计滴水试验,推算出一个没有拧紧的水龙头一年大约会浪费多少水?"活动二是讨论实验思路,确定实验步骤,形成实验方案。由于"一年大约浪费多少水"这个问题具有开放性,很有挑战性,老师组织学生讨论,让学生积极主动思考、想出多种可行的办法、明确解决问题的思路。大多数学生的方法是先实验收集1分钟的滴水量,再推算出1小时、1天和1年的滴水量,这种从简单问题入手、把大化小的策略,蕴含着转化和类比的数学思想,而用乘法进行以小见大的推算,又体现了数学的度量思想。学生经历此活动后,思维能力得到拓展。学生的兴趣很高,他们从数据中强烈感受到了要保护水资源,这是一种保护环境意识的渗透。

2.充分尊重每一个学生,激励学生自信地成长。

在程雯老师的课堂上,只有鼓励和指点,她平等地对待学生,尊重每一个个体的生命。学生在课堂上的表现也是自信而愉悦的,给一个情境,他们就能进入;给一点阳光,他们就能灿烂。在小组合作学习时,程老师参与到每个小组中,成为学生中的一员,耐心地倾听学生的发言。程老师做的,只不过是站在学生的身后,带着一张和善而真诚的笑脸,偶尔给他们推上一把,不时朝他们竖一竖大拇指。

3.基于学生经验得出来的,是学生自己探究出来的,那就是有价值的。

在一个班级中,学生是有差异的,因此要承认学生完成学习任务的时间差和路径差。老师应该根据自己的教学目标和学生的情况,选择一条最适合的路。这条路,不一定是捷径,却应该是一条让学生经历更多事物、看到更多风景、获得更多发展的路。

马云老师执教了"画图形的学问",她结合鼹鼠钻洞的问题情境,引导学生把生活中的现实问题抽象成画图形的数学问题,并利用多样化的画图形策略解决问题。马老师让学生逐步形成有序思考的良好习惯,引导学生经历问题解读、画图重现、有序思考、列式解决四个过程,帮助学生积累数学活动经验,让学生体验了好玩的数学。整节课,马老师让其位,问题由学生提出,学生围绕自己提出的问题展开探究。马老师把学生推到讲台的中央,让学生自己上台讲解自己是怎样解决问题的。从开始学生用很复杂的画图,到能用字母、线段的表示画图,再到能够多角度、有序地思考,马老师让学生经历了一个"悟"的过程,也培养了学生的求简的意识。此时,学生的感受就是数学是一个研究的过程,而不仅是得到答案的过程。

外小校园里琅琅的读书声中,学生们可爱的笑脸、老师们美丽的身影,都如润物春雨,倾洒心田,也许"静水流深"这个词语用来形容我对外小的印象,用来形容外小的老师们再合适不过了吧!

体育课堂视角:"另类"学生的美
——观外小体育课有感

文|西陵区教科院 王晓捷

"各美其美,美人之美,美美与共,天下大同",这是费孝通先生的至理名言。它告诉人们不仅要学会各自欣赏自己创造的美,而且还要主动、积极地欣赏别人创造的美,将自己的美和别人的美融合在一起,就一定会实现理想中的天下大同之美。每一个孩子都具有独特的美,教育的作用就是发现他们的美,并帮助他们变得更美,勇于学习他人之美,使他们健康成长、不断进步。

一、案例

赵成风(化名),外小五年级某班的一名学生,身高1.56米左右,戴近视眼镜。据介绍,该学生在课堂上时有如下表现:随便插话,时常打断老师的完整讲解;不

等老师提问结束,抢先给出自认为正确的答案;提出的问题十分离谱,搞得老师无从应对;完成动作时,总是与别人的方向相反,甚至能做出十分协调的同手同脚的动作来;当课堂步入平静状态,该学生没准儿会做出一些令人啼笑皆非的举动。该学生被武断地认定为"故意捣蛋的坏孩子"!

2015年5月的某一天,我到外小听课,是由外小某体育老师上的一节田径的复习课,内容是复习快速跑。

做准备活动时,赵成风同学始终做着与同学们相反方向的动作。我看在眼里,急在心里!终于,老师忍耐不住地责备道:"赵成风,你把方向搞反了,怎么回事啊?"赵成风回答:"老师,难道做动作非要先左后右不可?做准备活动,只要考虑效果,干吗要顾及方向呢?"我陷入了沉思……接下来的任务是进行快速跑复习。

50米跑的分组练习开始了!轮到赵成风练习时,他却背对终点倒退着快速跑,大约30米后,又迅速转过身,快速冲向终点。整个课堂,长时间被笑声、喝彩声淹没。

老师板着脸怒向赵成风:"赵成风,为什么搞恶作剧,知道倒退跑的危险吗?"赵成风振振有词地回答道:"老师,我查阅了相关资料,发现倒退跑能预防含胸驼背,锻炼腰肌,减少腰部疾病,有利于腰部肌肉有规律地收缩与松弛,促进血液循环,对功能性腰肌劳损有很好的保健和治疗作用。另外,倒退跑还能锻炼小脑的平衡功能,增强与提高身体的灵活性及协调性。老师,这么多的好处,为什么不能这样做呢?"

我愣住了,"赵成风行为"属个别现象,但透过现象自然会引发笔者的思考:体育课上,怎样对待这些"异常行为"?该如何引导这样"有创意"的学生?

二、反思

赵成风的"调皮捣蛋"其实是在和传统教育较量,课堂是活的,我们不能用同样的方法对待不同的学生,动态性的课堂更加需要创新。这样的"调皮行为"反而给了我们很多灵感。

(一)课堂的美在于善待学生的个性美

新课程标准以增强体能、培养兴趣、养成品质、提高责任感和发扬体育精神等为目的,关注学生的需求,重视学生的情感体验,让学生在自主的学习过程中学会学习,培养健全的人格,使学生既学习知识掌握技能,又得到情操的陶冶、智力的开发、能力的培养,并在此基础上形成良好的个性和健全的人格。

(二)课堂的美在于整合学生身上的资源美

我们要给学生呈现民主、自由、开放的课堂,让学生施以学习能力的空间,对于"赵成风现象"在体育课堂教学中出现的生成性资源,特别是意外生成性资源,要有效利用,学会观察,学会倾听,随时捕捉新信息,选择有效的信息并及时将其转化为教学资源,调整预设的教学环节,进行生成性教学,使得正确而有效的学习方法得以在课堂教学中生成,让动态化的课程资源得以生成。

(三)课堂的美在于发现学生的创新美

课堂上要鼓励学生在学习时大胆创新。要正视"赵成风现象",他们与众不同,有独到的见解,敢于突破常规,敢于创新,追求自由奔放的学习方式。另类学生的背后,折射出的是学生的思想意识和思维情况,学生只有感受到挫折、惊喜与顿悟,才能从中获得多向思维的创新品质,这有利于老师有针对性地对学生进行教育,让学生得以获得创造性思维的空间。

后记一

我与外小的故事

我与外小有缘

2003年,当时的葛洲坝外国语小学(现为外小东湖校区)筹建,我参加校长竞聘,获任该校第一任校长。学校于2004年开学。

2008年2月,我辞去公职,前往金东方小学(简称"金小")担任该校校长;同年8月,外小由金东方租赁接管。彼时,金小是从无到有,外小则是在宜昌享有盛名的教育品牌。我是民办教育新兵,外小的掌门人则是2004年就辞职加入金东方初中的优秀的资深民办教育人杜心华校长。我们同属金东方大家庭,外小是金小的学习榜样。

今年8月,根据金东方教育集团领导的安排,我到外小任职。

十余年间,我从外小起步、离开,又回到外小,感慨人生际遇与机缘实在深不可测,亦妙不可言。

我与外小同行

时光流转,金东方小学渐渐成长;外小,则更是声名鹊起,尤其是外小的课程改革更是得到了宜昌市、西陵区各级领导与专家的高度认可与赞誉。

如果说以前对外小的课程改革还是雾里看花、不甚明晰,那么,今年调任外小后,我与外小的课程有了近距离接触。在外小的这一百天里,我了解了外小课程改革的前世今生、来龙去脉,理解了外小课程改革的源动力与初心,感受了外小一班人在杜心华校长的带领下开展课程改革的决心与韧劲。因为了解,所以理解;因为感同身受,所以十分敬佩。

我敬佩杜心华校长改革的勇气与智慧。杜校长具有敏锐的教育趋势判断力,具有超强的教育资源整合能力,具有坚定的改革信念与强大的动员能力。改革,从来就不是一件容易的事,尤其是改革的力度如此之大,就更不是一件可以一蹴而就的事。外小将常规的四十分钟的课堂改为大小课时,将体育舞蹈、游泳、沙画、口风琴、小钟琴整合进部分课程,在语文课程上推进"大单元主题教学"与"群读类学"实验,在外语课程上主动改革教材,分步实施性别教育课程、视野课程、启程课程……诸多改革令人感叹,这需要带头人的大勇气与大智慧。因此,在得知接任外小校长之时,我的压力如山一样大,如何继续高举外小课程改革的旗帜,如何进一步推动外小课程改革的实践,如何更好地落实外小课程改革的理念,这些都是我现在正在思考,却仍然有诸多困惑的问题。

同时,我又充满信心。一方面,杜心华校长荣升集团副总,对外小的课程改革仍可继续引领,这是我们的宝贵资源;另一方面,外小有着一批令我同样敬佩的管理团队与教师团队。大家在外小的这九年里,尤其是在近四年的课程改革实践中,得到了锻炼、磨砺与成长。外小的管理团队对课程的理解已经达到了一定的高度与深度,外小的教师团队对课程的落实已经达成了一定的共识。这是我未来最可依靠的伙伴,也是未来外小继往开来、不忘初心、砥砺前行的重要合伙人。

正如我在到任外小后的第一次全体教师大会上所说，尊重历史才能开创未来。因此，我要做的，不是另起炉灶，不是刻意求变，而是沿着课程改革这条道路继续前行。这个时代唯一不变的就是变化本身，在这样一个变化的时代里，随波逐流容易，不忘初心很难；跟着流行感觉走容易，咬定青山不放松很难；把一件事做了容易，把一件事做深很难。对教育而言，对外小而言，我们需要创新，也需要坚守；需要改变，也需要传承。

具体而言，我们要坚守外小"国际视野、儿童立场"的教育理念，坚守外小"学生利益高于一切"的核心价值观，这也是我们课程改革的准则，不管什么改革，最终的落脚点必须是学生的幸福与成长。我们要传承外小锐意改革的精神、先行先试的勇气与持续改进的智慧，这些是我们课程改革的支撑。我们要通过三年、六年，甚至更长的时间，努力让外小的课程更有国际视野，让外小"我从这里走向世界"的校训落地生根；我们要努力让外小的课程更有儿童味道，让外小的"学生第一"的"生本"文化发扬光大；我们要努力让外小的课程更有实效、更加科学，让外小的学子在课程改革中受益更多、拥有更多获得感与成长感。

我们想做的事情还有很多，"不畏浮云遮望眼""风物长宜放眼量"，我坚信，外小的课程故事还会继续。

郑红山
2017年秋

后记二

再次阅读完老师们的教育故事，回首半年来从酝酿到行动的艰辛，感念每个熬夜到天明而成文的满足。搁笔静思，心中突然升腾起一股豪迈雄壮之气，对课程建设的信心和决心更加坚定。

是啊！这是我平生第一次编书，并且是和外小的老师们同心协力完成的第一本课程建设的书。无论是执笔写作的一线老师，还是身体力行的外小行政团队，抑或是埋头苦干的课题研究团队，乃至和外小生存发展息息相关的每一位同仁，都为此书的创作奉献了自己的心血和智慧。这样同舟共济的合作精神，这样"心往一处想，劲往一处使"的团队凝聚力，让我深深感受到这个课改成果的来之不易，也从内心感谢这次教育与文字、课改与故事的相遇，让我在历练中得到提升，得到成长。

2017年4月，我提议，外小改革路上发生了这么多有趣的故事，我们应该编一本书来记录它，也让我们的课改求索之路留下深深浅浅的足迹。我的这一提议立即得到大家的响应，分管教育教学的副校长蔡艳峰开始牵头组建编写小组，大家集思广益，认为教育是慢的艺术，课程改革是宁静的，孩子的成长是无声的，于是将这本书的书名定为《宁静的改变》。我们确定了这本书的框架结构后，不到两个月的时间里，各个教研组的老师们写下了近百篇发生在本学科课程改革中的感人故事。老师们都说课程改革的路上有辛苦的付出，也有收获的满足，真是不吐不快。这种以故事的形式来说课程改革既接地气又有趣味。所以，每每读到老师的用心之作，我们都会感动不已。

我们的编书工作刚刚启动，就受到了夷陵区教研中心和金东方集团领导的高度关注。夷陵区研训中心汪宏军主任、集团教育研究中心李琦主任和集团董事长石少波都给予了大力支持和悉心的指导。这样，我们的工作思路更加明晰，工作热情也更加高涨。

到了暑假，老师们纷纷将修改后的文稿交到了学校，我和彭宗芝、王玉茜、蔡艳峰、戴赛男、邹琼、杨春燕等组成的编委组，开始一篇篇地审稿、改稿，最后一共选用课程管理故事18篇，学科课程故事60篇，"致明"课程的朋友们撰稿10篇，包含了外小五大领域的各类课程，记录了外小人在课改路上的酸甜苦辣和满满的收获。

此书的编撰工作也得到了各级领导及专家的大力支持与指导，在此，我要特别感谢宜昌市教科院院长范俊明、宜昌市教科院副院长李德强、西陵区教育局副局长冯发柱、宜昌市教育信息技术中心主任黄家涛、宜昌市中小学课程专业委员会副理事长汪红军、西陵区教科院院长刘春林、西陵区教科院副院长乔能俊，还要感谢市区各级教研员徐鸣、罗莉、陈晓华、王晓捷等领导和同仁的大力支持、指导，是他们给了我鼓舞和力量！

外小新任校长郑红山刚来外小不久，听说了大家的课程故事，对外小人的课程改革的热情和丰硕的成果给予了高度肯定，并决心继续推进外小的课程改革，让课程真正为学生们的成长服务。

"路漫漫其修远兮，吾将上下而求索"。将此名言作为本书的终结，也寄语每一个孜孜求索、永不放弃的外小人。

2017年9月25日